云南大学公共管理研究丛书

DIFANG ZHENGFU SHIJIAO DE
GONGGONG JINGJIXUE YANJIU

地方政府视角的公共经济学研究

张荐华　马子红　马　桑　等著

人民出版社

总　序

一

20世纪70年代末期，在西方，由于经济滞胀和政府失败的出现，引发了一场声势浩大的政府管理改革运动。这场政府改革运动随之在世界范围内展开，至今，仍在世界范围内以特有的方式走向深入。

从政府管理的角度看，这场政府改革运动与传统上的政府改革最大的不同，不仅仅在于基于现实条件下更加深入地认识政府与市场、政府与社会的关系，确定现代市场经济条件下的政府职能，即解决政府干什么的问题，更在于在行政职能的输出方式，即在政府的行政方式上进行探索，着重解决政府如何干的问题。这一场政府改革中解决政府在市场经济条件下如何履行好自己的职能的问题，在相当程度上是整个改革的一个主要内容和重大突破，其基本逻辑，是在强调政府管理的目标与价值的基础上，加强对公共产品属性认识，确认了私人和市场参与公共产品生产和提供的必要与可能，进而创新了政府管理的方法与技术，在现实中整合社会资源以满足公共需求①，从而回应了公众基本生活需求和社会经济发展的需要，并且在一定程度上治理了传统的政府难以应对的问题，即政府机构的"精简——膨胀——再精简——再膨胀"的怪圈。

政府存在的基本要求，就是处置公共事务以满足公众需求，促进社会的存在和发展，而政府管理公共事务的方式，就是公共管理模式，它

① 崔运武：《当代公共产品的提供方式与政府责任》，《思想战线》2005年第1期。

由公共管理过程中各公共产品提供者功能的定位、参与程度和参与方法等基本要素构成。在人类已有的公共管理实践中,主要出现过在公共产品的提供中政府为主并有限投入的公共管理保护模式、政府全面负责乃至完全垄断的干预模式,政府与社会和市场合作的市场模式。①因此,公共管理模式本质上是在公共管理过程中存在或可供选择的政府与市场、政府与社会的分工方式。无疑,自从20世纪30年代中期第一次世界经济危机以后,以政府对经济和社会的全面干预为起点和标志,随着行政国家的出现,在政府作为公共事务主要甚至是唯一管理者的情况下,现实的公共管理模式就是典型的干预模式或垄断模式。然而,自20世纪70年代以来,现实政府管理的变革,现实的结果就是公共管理模式的变革,公共管理市场模式的出现和成长。② 正是在这一现实变革的基础上,基于理论与实践的互动,尽管人们对当前是否已有一个不同于传统的公共行政的新的公共管理理论的出现存在不同的观点,但可以肯定的是,正是现实变革的推动和新的公共管理理论的迅猛发展,越来越多的人基于对范式的深入理解,认为即便不把公共管理视为一个新的理论或学科,但至少已是一种正在成长的新的研究范式。这一点,在我国,从20世纪90年代中期教育部规定的学科专业目录的调整,以及近期社会科学研究及管理部门的及时调整,也足以说明。

在当代中国,自1993年建立社会主义市场经济体制的改革展开以来,可以说正是得益于建立社会主义市场经济体制改革的展开和深入,以及社会主义市场经济体制的初步确立,公共管理模式的转换已成为一个不以人的意志为转移的客观进程。概言之,这一客观进程的内在逻辑是,一方面,建立社会主义市场经济体制改革的逐步深入,导致了

① 郎佩娟:《公共模式研究》,《政法论坛》(中国政法大学学报)第20卷第1期,2002年2月。

② 崔运武:《公共事业管理概论》(第二版),高等教育出版社2006年8月,第二章。

公共需求的日益丰富和复杂，对政府公共管理的方式提出了新的要求。另一方面，随着社会主义市场经济体制改革的展开和深入，党中央和国务院及时地认识了当代中国公共需求的发展变化，把握了公共管理发展的内在逻辑，因而随着改革的深入，提出必须以社会主义市场经济运行的基本要求来确定政府职能，必须大力培育和发展社会中介组织，并且制定了一系列促进民间组织发展的方针和政策，要求加强社会管理和公共服务职能，提出要努力提高干部和公务员的现代公共管理素质，建立一个既与当代公共管理发展总体趋势相一致，又符合中国特点的新型公共管理体制。一句话，当今中国，公共管理模式的转换应该已是一个不争的现实。

正如同当代西方的"新公共管理"在实践上与传统的公共行政或说公共管理有明显的不同，因而在理论与实践的互动中形成了对传统的公共行政理论进行重大变革，进而形成"新公共管理理论"一样，当代中国公共管理模式的转换作为一种在中国出现的客观现实，一种在中国未曾有过新的公共管理实践，它为能够对这一实践做出解释并做出进一步改革的理论构建提出了要求。正因为如此，在当代中国的社会科学领域，自 20 世纪 90 年代中期至今，公共管理研究已成为一个理论热点，一个正在探索的、理论面向现实的重要领域。

二

在当代中国，对公共管理理论的探索，我们认为基本目标有二：

第一，总结研究当代世界的公共管理变革和理论发展。具体言之，即审视当代世纪范围内，尤其是 20 世纪 70 年代末期以来政府管理改革先行国家公共管理改革的实践，总结其经验和教训，研究其新公共管理理论之所以产生的动因、理论发展的脉络，如从管理主义、公共选择理论，到新公共管理理论，再到治理理论、新公共服务理论内在的发展逻辑与现实影响因素。在把握当代世界范围内公共管理变革的基本趋势，追踪理论发展前沿的基础上，探求公共管理中具有普适性的因素，本着“他山之石，可以攻玉”的原则，促进当代中国公共管理变革及理论的发展。

第二，探索有中国特色的，能对中国公共管理实践有解释、说明和预测的公共管理理论。当代中国的公共管理，是对当代中国公共事务进行协调和控制的过程。这一过程是在基于中国文化传统的发展，在当代中国特定的社会经济发展条件下，在有中国特色的社会主义政治制度下，在中国共产党的领导下展开的，是有中国特色的一种公共管理模式。因此，对当代世界范围内公共管理理论的追踪和研究，归根到底，就是要探索有中国特色的公共管理理论，尤其是要通过这一理论的探索和建构，对改革开放以来我国经济的高速而持续地增长，社会稳定，民主进步，人民群众不断增长的物质和文化需求得到满足，公众生活质量不断提高的这一“中国模式”做出令人信服的解释和说明，为未来的进一步发展做出有价值的预测和判断。

如何展开这一探索，从理论建构的角度看，我们认为最基本的就是要在学科综合的基础上来进行。当代公共管理理论的产生和发展，正如人们所公认的，当代正在成长的公共管理理论，它的关注焦点由“内部取向”转变为“外部取向”，由重视机构、过程和程序研究转到重视项目、结果与绩效的研究，从而使战略管理、管理的政治环境、项目执行、绩效评估、公共责任及公共管理伦理成为核心问题；它倡导的管理理念，其中心问题是“如何提供公共利益和服务”；它提供的一整套管理的方法和技术，则是十分注重在处理公共管理问题，尤其是政府与市场、企业与社会关系时，提供一整套不同于传统公共行政学的新思路与新方法。

而这一切之所以成为可能并形成一种较完整的知识体系，则是由于它的知识基础，即公共管理学作为一种广泛和综合的知识框架，把当代经济学、管理学、政策分析、政治学和社会学等学科的知识和方法融合到公共部门管理尤其是政府管理的研究中。因此，要追踪研究当代世界的公共管理知识，尤其是要建构有中国社会主义特色的公共管理理论，必须走一条基于以政府为主要研究对象，但又不局限于政府，以公共行政学为基本视野，但又必须同时关注相关的多学科，即基于以公共事务管理为核心，基于公共管理又必须溢出公共管理，溢出公共管理又必须回归公共管理的多学科研究路径。

三

云南大学在国内对公共管理理论的探索者的行列中，不是先行者，但肯定是一个积极的、孜孜不倦的参与者。

云南大学有较悠久的政治学和行政学的研究传统。1923 年云南大学正式建立后，即于 1925 年建立了政治学系，展开了政治学和行政学的探索。新中国成立后，云南大学的政治学和行政学走过的是和其他兄弟院校一样的历程。改革开放后，云南大学迅速恢复了政治学学科，并于 20 世纪 80 年代初结合地方社会经济发展的需要，开办了少数民族干部行政管理大专班。这一行政管理干部大专班沿至 20 世纪 90 年代末，在为云南省培养了大批合格的素质不断提高的少数民族行政管理干部的同时，也促进着我们对行政管理理论和教学的探索。1986 年，云南大学获得了政治学理论硕士授权，即在这一专业中根据当时学科划分的要求，开设了行政学方向，培养行政管理方面的高级专业人才。随之，在国家进行学科专业调整，明确地建立行政管理专业后，云南大学先后获得了行政管理的本科专业和硕士点，开展了行政管理的专业教育。

1999 年，世纪之交，世界范围内公共管理模式的变革和我国建立社会主义市场经济体制改革的步步深入，使正在成长的公共管理学科，展现出了前所未有的蓬勃生机。针对云南省社会经济发展的需要，感觉到了时代的脉动，以及公共管理这一高度整合的新兴学科必将成为社科领域的一个显学，一个极为重要的人才培养基地的巨大需求，云南大学依托学校既有的相关学科优势资源，以原政治学与行政管理学系为基础，于 1999 年 7 月正式建立了公共管理学院，云南大学公共管理学院也得以成为全国第一个正式建立的公共管理学院，从而使我们对公共管理理论的追踪关注，对新型的具有公共管理理念、掌握当代公共管理技术和方法的多学科的交叉型、复合型、应用型的人才培养，有了坚实的学科平台和新的人才培养条件。

云南大学公共管理学院建立后，我们积极追踪公共管理理论，展开公共管理学科的建设。我们的建设战略，一是以行政管理学科建设为基本支撑；二是积极将教学与研究相结合，将理论与实践相结合，将科学研究与教学研究相结合。如此，"九五"期间，行政管理学科被列为云南省重点建设学科。在复旦大学等高校的支持下，我们行政管理重点学科建设获得了极大的发展，获得了一大批国家社科基金、教育部基金、教育部青年教师奖基金、国家新世纪重大教改项目等，支撑了整个学科建设，使学科力量不断得到发展，于 2003 年获得了 MPA 教育授权，2005 年获得了行政管理博士授权，并建立了省部共建的公共管理实验教学中心。

"十一五"伊始，得益于正在深入发展的改革现实对公共管理的需求，基于我们从"九五"开始的以行政管理为基础的学科建设，以公共管理学科建设为目标——一个以公共管理为核心，相当程度上是一个更加综合的学科整合的建设，即公共管理学科建设，被列为云南省十一五重点建设学科，使我们对公共管理理论的追踪和探索，有了新的更高的平台。我们基于公共管理的学科特点和基本内涵，确定了公共管理理论与公共事业管理、公共政策与地方政府治理、公共经济与政府理财、区域高等教育发展与管理、电子政务五个建设方向，同时，也从更宽广的视野或学科入手，依赖于以往建设的基本路径，展开了新的积极的探索。

为了记录和展现我们探索的结果，我们编辑了"云南大学公共管理研究丛书"。当然，尽管当今世界已是一个信息社会，资讯的传递和使用已非传统社会可比，但由于原有的学科基础和研究力量，以及地域等条件所限，我们对当代公共管理理论的追寻和探索，难免前瞻与后顾并存、深刻与肤浅共融。但我们认为，对在一个诱人的，但实际上又充满艰难、困惑，迷宫般的思想殿堂里的探索者而言，或许同样重要的，不仅仅在于所得，还在于有一种为理想而追求的锲而不舍的探索精神，一种为中国公共管理理论发展贡献一得之愚而带来的创造的欢乐。

是为序。

崔运武

2010年1月5日星期二于昆明

目　　录

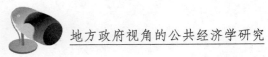

绪　论

公共经济学(Public Economics)也称政府经济学(Government Economics)、公共部门经济学(Public Sector Economics)或政府管理经济学(Government Management Economics),"是研究政府及其他公共部门的经济行为、经济职能和效率及其对国民经济影响的一门新兴经济学科"①。从地方政府的视角研究公共经济学,就是运用公共经济学的原理,对地方政府的经济行为、经济职能和效率及在其管理区域内的公共资源配置及相关制度和政策问题展开研究,为地方政府的经济管理提供理论支撑和政策分析工具。

一、地方政府及其在国民经济管理系统中的地位

地方政府是设置于地方各级行政区域内的政权机构。在不同的国家,设置有不同层次的地方政府。在我国,地方政府是指省、市、县和乡镇四级政府,在英国、美国等国家,是指县(或郡)、市和村镇政府。尽管各国的地方政府都不同程度地享有自主权力或自治权力,但都要服从中央政府的管理。各国地方政府有不同的组织形式和名称。资本主义国家中,有的国家由于实行"地方自治",地方政府由选举产生;有的国家地方政府由中央政府直接任命,受中央政府直接控制。我国地方各级人民政府对本级人民代表大会负责并报告工作,全国各级人民政府

① 张荐华:《政府经济学概论》,湖北人民出版社 1997 年版,第 2 页。

都服从中央人民政府的领导。

世界各国的政府体制即政府管理体制不尽相同，但根据对中央与地方基本关系的规定，可将之大致分为单一制和联邦制两种。

所谓单一制是指宪法规定的各项政府权力都一并由中央政府掌握的政府管理制度。在实行单一制的国家，宪法不对中央政府与地方政府各自的权责做出明确规定，中央政府可根据需要对地方政府进行授权，地方政府作为中央政府在各地的代表，执行中央政府做出的各项决策。英国、法国、中国、日本等国是实行单一制的国家。

联邦制则是由若干国家结成联邦，组成联邦政府，由参加联邦的各个国家向联邦政府授权，对各个国家的公共事务进行管理。于是，参加联邦的国家政府成为区域性地方性政府，通常称为州政府，而联邦政府成为中央政府。在联邦制管理体制下，州政府拥有较大的权力，而中央政府的权力受州政府的授权范围的制约。例如，美国是实行联邦制的国家，美国的联邦宪法对联邦政府与州政府的权力划分从总体上做出了“列举权力”和“保留权力”的规定，联邦政府的权力仅限于“列举权力”，而未列举的权力均属“保留权力”，由州政府行使。除美国外，澳大利亚、瑞典、巴西、印度等国都是实行联邦制的国家。

尽管实行单一制的国家和实行联邦制的国家在处理中央与地方关系上有很大不同，但随着生产社会化和市场经济的发展，对政府行使经济职能的效率提出了越来越高的要求，而提高政府行使经济职能的效率的一项重要措施，是合理划分中央政府与地方政府的职能，正确处理中央与地方的关系，其结果是，实行单一制的国家，逐步由中央政府向地方政府更多地授权，而实行联邦制的国家则不断扩大中央政府的权力，使各个国家的中央和地方的关系具有了很多共同之处。因此，似乎可以做出这样的结论：在市场经济发展中，对政府经济职能及中央与地方政府职能的分工有某种共同的要求，虽然不同的政府体制使各国的政府采取了不同的处理中央与地方关系的方式，但殊途同归，政府的职能和中央政府与地方政府的职能分工，总是要与市场经济及社会事业的发展要求相适应。

第二次世界大战以后，随着科学技术进步和市场经济的发展，随着生产的社会化和国际化程度的提高，要求中央政府在更大的范围、以更大的强度对经济实行宏观调控，因而不论是实行单一制的国家，还是实行联邦制的国家都扩大了中央政府的权力，表现在财政关系上就是中央政府财政直接支出在各级政府直接支出中都已占相当大的比重。因此，不论一个国家的政府管理体制怎样，其中央政府的集权程度都必须符合市场经济发展的要求。①

二、地方政府在国民经济管理中的职能定位

中央政府与地方政府的职能分工应根据什么来确定呢？我们说，应根据市场经济中生产和供应公共物品的需要来确定。从广泛的意义上来说，政府的职能就是供应公共物品。但公共物品可以根据其受益范围划分为全国性公共物品和地区性公共物品，地区性公共物品具有消费在地域上的排他性，因而是一种准公共物品。但是，如果仅从一个地区的角度看，地区性公共物品本身也可以根据其具有的排他程度，划分为地区性纯公共物品和地区性准公共物品。如城市街灯属地区性纯公共物品，而幼儿园属地区性准公共物品。

我国实行改革开放以来，地方政府行政管理体制改革和职能转变取得了显著成绩，以间接手段为主的政府宏观调控体系框架基本建立，市场体系建设取得了重大进展，政府管理经济的方式和方法有了较大的转变，决策民主化有了很大提高，促进经济和社会协调发展的职能不断加强。但是，由于长期以来社会主义计划经济体制下所形成的思想观念束缚和经济社会发展阶段的制约，地方政府职能定位明显滞后，政府管理职能并未得到根本性的转变。

其他国家的经验表明，要提高政府行使职能的效率，必须由中央政

---

① 张荐华：《政府经济学概论》，湖北人民出版社 1997 年版，第 210 页。

府和地方政府分别承担全国性和地区性公共物品的生产和供应。虽然各个国家在中央政府与地方政府的职能分工方面的做法不尽相同，但一般都明确做出规定：全国性公共物品如国防、外交、跨地区的大型基础设施等，由中央政府提供；而地区性公共物品如治安、消防、公共图书馆和城乡基础设施等，由地方政府提供。

为什么不能将所有的公共物品都交由中央政府来提供呢？究其原因，主要是因为由地方政府供应公共物品，往往更能符合当地人民的偏好和需要，而且，由于地方政府对地区性公共物品的生产和供应可以拥有更多的信息和进行就近的监督管理，因而能够取得更好的效益。例如，在少数民族地区建立民族自治政府，实行区域民族自治，可以更好地提供当地人民所需要的公共物品。同时，地方政府承担本地居民的公共物品生产和供应，符合"谁受益，谁支付"的公平原则。关于这一问题，斯密在《国富论》中写道："一切公共工程，如不能由其自身的收入维持，而其便利又只限于某特定地方或某特定区域，那么，把它放在国家行政当局管理之下，由国家一般收入维持，总不如把它放在地方行政当局管理之下，由地方收入维持，来的妥当。"①因此，由中央政府生产和供应全国性公共物品，由地方政府生产和提供地区性公共物品，能够使政府行使职能的效率提高，因而可以用它作为划分中央政府与地方政府职能的主要根据。总结各个国家的经验，我们可以按照公共物品在生产、供应和消费范围上的不同性质，将中央政府和地方政府的职能大致做如下的划分：

中央政府在提供全国性公共物品方面应行使的主要职能包括：(1)国防建设与国家安全事务；(2)外交事务与对外经济贸易的协调管理；(3)跨地区的大型基础设施建设和服务；(4)全国性国有资产的管理；(5)大型基础科研；(6)对教育、卫生、医疗、文化、环保等事业的管理；(7)微观经济规制与宏观经济调控和监督管理；(8)制定和实施统一

① [英]亚当·斯密：《国民财富的性质和原因的研究》，商务印书馆1974年版中译本下卷，第292页。

的社会保障及社会福利制度；(9)中央所属行政机构的管理；(10)对中央级财政金融等部门的管理，对地方政府的管理及其他由中央政府管理的事务。此外，中央政府还要制定和实施国民经济的中长期发展规划，统筹抗灾救灾和社会救助等公共事务。

地方政府在生产和提供地区性公共物品方面的主要职能包括：(1)本地区基础设施的建设和服务；(2)本地区的教育、科研、卫生、医疗、文化、环保等事业的管理；(3)地方治安保卫、消防服务；(4)对地方政府资产的管理；(5)对地区性财政金融等部门的管理；(6)结合本地区实际贯彻实施中央政府制定的微观经济规制和宏观经济调控的各项政策措施；(7)实施全国统一的社会保障及社会福利制度；(8)对地方政府所属行政机构、对下级政府的管理及对当地其他事务的管理。此外，地方政府还要制定和实施本地区国民经济的发展规划，管理抗灾救灾和社会救助等公共事务。

对某些公共物品的生产和供应，是需由中央和地方政府共同承担的，如教育、科研、社会保障制度等等。但各国的情况有很大的不同，例如，对教育包括对公立学校、就业培训等的管理，在美国主要由各个州政府承担，而在法国主要是由中央政府负责。

尽管在中央与地方的职能分工上有不少差异，但各个国家在处理中央与地方的关系上，一般都把能够最有效地生产和供应公共物品，作为划分中央政府与地方政府职能的最重要的原则，这一原则的具体内容包括：(1)有利于形成统一、开放、公平竞争、运转有序的市场；(2)有利于形成统一的高效运行的微观经济规制和宏观经济调控及监督管理体系；(3)有利于在财政资金的有效筹集和合理运用上充分发挥中央和地方两个积极性；(4)有利于民主制度及政府管理体制的健全和完善以及政府本身的建设。近两个世纪来特别是第二次世界大战以来，西方国家政府职能迅速膨胀。因为社会经济迅速发展，社会公共事务不断增加，为满足较高的社会发展，政府活动也随之增加。这就是“瓦格纳法则”。19世纪德国经济学家瓦格纳认为，为满足较高的社会发展，政府活动也必然随之增加。他的这一论断被称为“国家活动不断增加的法则”,该法则不断被世界各国的发展历程所证实。①

三、从地方政府视角研究公共经济学的意义

改革开放以来,随着社会主义市场经济体制的逐步建立,中国公共经济学初步形成。目前,由于公共经济问题的凸显,中国公共经济学迎来了难得的发展机遇。例如,在社会主义市场经济条件下,应如何确定市场与政府的界限?以政府为主要组成部分的公共部门应如何更有效地发挥作用?公共部门在经济社会发展中的角色应如何定位?还有,具有中国特色的经济转型与二元经济结构并存带来的收入分配问题、公共规制问题、转型期公共部门的活动范围与经济增长问题等等,这些都是中国公共经济学应当立足国情加以研究并给予科学回答的问题。从地方政府视角看,公共经济学研究具有重要的理论和实践意义。

首先,公共经济学研究政府及其他公共部门的经济行为、经济职能和效率及其对国民经济影响的理论,离不开对地方政府的经济行为、经济职能和效率及在其管理区域内的公共资源配置及相关制度和政策问题的研究。地方政府所面对的公共部门经济问题,与中央政府有所不同,一方面,地方政府要贯彻执行中央政府的方针政策,在本地区实施中央政府委托的一些职能;另一方面,地方政府要发展本地区的经济,要解决一系列本地区的经济问题,必须从理论上对地方性的公共经济发展问题进行研究,才能为地方政府的经济管理提供理论支撑和政策分析工具。

其次,我国正处于从计划经济向市场经济转型时期,其中政府职能的转换具有重要的地位。地方政府的经济职能如何界定、如何转换,是我国各级地方政府面临的重大任务。我国的地方政府,在经济职能上存在着“越位”、“错位”和“缺位”的现象,在处理各种关系上,还存在着政府与市场、政府与企业、政府与社会的关系仍未能理顺等问题。从地

① “瓦格纳法则”,参见 http://www1.chkd.cnki.net/kns50/。

方政府的视角研究公共经济学，运用公共经济学的原理，对地方政府的经济行为、效率、职能等进行经济学分析，并科学地界定地方政府的经济职能，可以为地方政府职能转换，实现政府管理创新，提供科学依据。

最后，从地方政府的视角研究公共经济学，可以为地方政府管理本地区的公共经济提供政策分析的理论和方法。例如，如何满足本地区公共物品的需求，如何筹措本地区公共物品供应的资金，如何为区域性公共物品定价，如何建立最佳的地方公共财政体系等等。从地方政府的视角研究公共经济学，已经形成了许多公共经济学的原理，如区域性公共物品理论、俱乐部物品理论等等。从地方政府的视角研究公共经济学，必将丰富公共经济学的基本理论和方法。

四、基于地方政府视角的公共经济学的基本框架

从地方政府的视角研究公共经济学，其基本思路是以科学发展观为指导，运用公共经济学的原理，对地方政府的职能、效率等进行经济学分析，研究区域性经济发展与当地公共经济部门发展的关系，对地方政府的各主要经济职能领域展开分析和研究，以求对地方政府的公共经济发展的制度和政策做出经济学分析，为地方政府做出科学的经济决策提供理论和方法。本书的基本框架为：

(1)一般理论分析，包括市场失效理论与地方政府的职能界定，地方性公共物品理论，公共选择理论中有关地方政府行为的分析，地方政府间合作与竞争的理论，地方政府民主决策的经济学分析等等。

(2)对地方政府公共物品的供给与需求展开理论研究，包括地方性公共物品供给的范围与领域，地方政府供给的公共物品的定价，地方性公共物品的需求及供给与需求平衡分析等。

(3)对城镇建设规划、乡村建设规划、基础设施建设、土地管理、地方政府产业发展政策、环境保护等展开经济分析。

(4)对地方政府包括人力资源开发与管理，科技、教育、公共卫生、

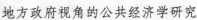

医疗和文化发展在内的教科文卫事业管理做出经济分析；对地方政府人口、就业、收入分配、扶贫、灾害防范与救助及民政管理和社会保障管理做出经济分析。

(5)地方政府的经济规制分析，包括对市场准入规制、商品质量规制、企业组织规制、行业协会组织规制、对市场的监管、地方公营企业经营与管理等做出经济分析。

(6)对地方政府公共财政预算与收支的制度、对建立科学合理的转移支付制度做出经济分析；对地方政府财务管理制度包括财务审计与内部审计监督和外部监督等做出经济分析，探讨地方政府廉政建设管理的相关制度和措施。

第一章 公共经济学理论与地方政府

公共经济学的一般理论，既适用于中央政府也适用于地方政府，其中有专门研究地方政府的公共经济理论。从地方政府的视角看，有很多理论问题需要深入研究，如政府职能的界定、地方政府提供公共物品的范围和效率、中央政府与地方政府的关系及地方政府之间的合作与竞争等问题。

一、市场失效理论

经济学理论认为，政府介入资源配置的原因在于存在着市场失效。市场失效或市场失灵(Market Failure)的概念，最初是由美国经济学家弗朗西斯·M. 巴托于 1958 年 8 月发表的《市场失灵的剖析》一文中提出。如果在某些领域市场不能有效地配置资源，就说明市场是失效的，政府可以通过干预经济以矫正市场失效。市场失效的主要表现有：垄断、外部性、公共物品、信息不对称、收入分配不公平、经济周期波动等。

1. 垄断

当一个企业通过垄断地位制定较高价格以实现利润最大化时，社会潜在的生产能力并没有充分发挥，这是第一个损失；而消费者承担了较高的价格水平，这是第二个损失。垄断带来的效率损失可以用“哈伯格三角”来表述。

图 1.1 中的三角形 AEB 就是垄断所造成的效益损失。垄断厂商

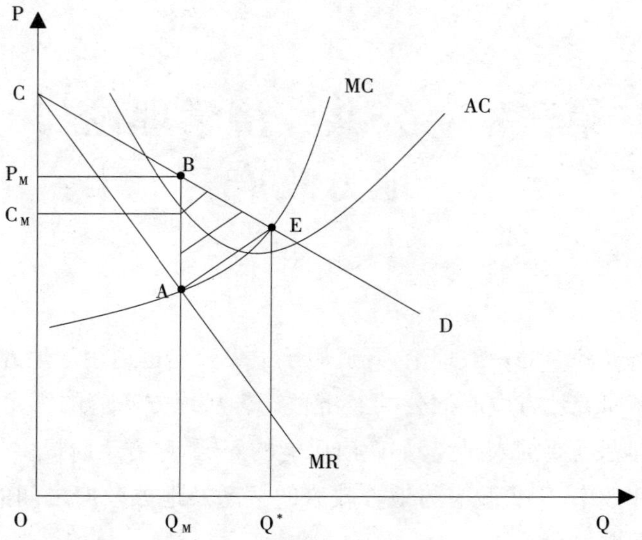

图 1.1 垄断所造成的净效益损失

根据边际收益等于边际成本的原则，决定利润最大化的产量为 Q_M。在此产量下，厂商价格为 P_M，成本为 C_M，因价格高于成本，厂商获取了超额利润。但是，一方面，因为厂商并没有充分发挥最大化的生产能力，所以，对社会生产能力来说，造成了浪费。另一方面，消费者支付较高价格，这是垄断造成的消费者福利损失。可分析出三角形 ABE 为消费者剩余和生产者剩余的损失，也就是因为垄断而产生的总福利损失。

2. 外部性

如果一个决策者实现其效用或利润的某些变量对他人造成了影响，就可以说存在着外部性。根据影响的好坏，可将外部性分为正的外部性和负的外部性；根据主体的不同又可以分为生产者—生产者的外部性、消费者—消费者的外部性、生产者—消费者的外部性等类型。在存在外部性的情况下，有关各方无法通过市场机制来解决其所带来的问题。恰当的补偿可以使外部性的生产者考虑他的行为对别人的影响，促使他减少有害行为，增加有益行为。

3. 公共产权

公共产权是这样一种资产，它不为某一个人所有，它的服务用于生产或消费。例如，海洋渔场、公共放牧地、公路等等，都属于公共产权，而公共产权也会造成低效率。对于公共产权，因为无所限制而导致过于密集使用，就会导致低效率，因为这降低了个人决策者投资于提高资源生产率的积极性。倘若每个人都认为他或她将得益于其他使用者的投资，那么，即使单个人得到的那部分收益超过这种投资的成本，也没有谁去投资。在这种情况下，市场失灵了，因为在任何单个人不拥有界定清晰的且容易执行的排他权利的情况下，没有市场可言。

4. 公共物品

公共物品与私人物品相对应，指私人不愿意供给或供给不足的社会需要的产品或服务。萨缪尔森认为市场不能提供公共物品，因为公共物品具有非竞争性和非排他性。[①] 非排他性是指公共物品不能防止不付费者的享用；非竞争性是指在该种商品的消费过程中，某个人的消费不会影响其他任何人的消费，或者说增加一个人的消费所带来的边际成本为零。严格具有非排他性和非竞争性的公共物品称之为纯公共物品，如国防。公共物品的非排他性和非竞争性决定了市场经济不可能满足其供给的效率条件。

在公共经济学中，与公共物品相关的概念，常提到的还有“公地的悲剧”和“搭便车”的现象。“公地的悲剧”揭示了在某种公共物品产权没有清晰界定的情况下，该物品将被过度使用，最终造成其效能的下降，如公共牧场等。“搭便车”现象揭示了因公共物品的非排他性，导致人们对公共物品有乐于不付费消费的倾向。因为公共物品领域存在的

① ［美］保罗·萨缪尔森、威廉·诺德豪斯：《经济学》，萧琛主译，人民邮电出版社2001年版。

“公地的悲剧”和“搭便车”的现象，使得某些跨地区公共物品往往供给不足，比如我们常看到跨区的公路往往修建很慢或道路质量很差。

二、地方政府职能界定理论

正是因为市场并非总是有效，由于某些原因会出现失效，所以，需要政府干预经济以消除偏离帕累托效率条件的问题。可是，政府在参与微观经济活动、配置资源的过程中，也同样会出现低效率，即通常所说的政府失效。政府失效主要源于以下两点原因：第一，政府所执行的政策源于政治家、公民以及公共企业的管理者和雇员的行为和相互作用。每个行为人的利益目标是不一致的，政府的政策也就不能保证符合全体公众的利益；第二，决策和管理都需要信息，而信息又不是免费物品，获取信息和传递信息需要花费成本。所以，过分强调市场调节的作用或过分强调政府调节的作用都是有失偏颇的。现代经济是一种混合经济，既需要市场调节，也需要政府调节。

美国著名经济学家理查德·A. 马斯格雷夫（Richard Musgrave）认为政府有三个经济职能：第一个是稳定职能，保证经济处于价格稳定的充分就业状态；第二个是资源配置职能，政府干预经济以实现资源的优化配置。政府可以通过购买产品，直接干预资源配置，也可以通过税收和补贴，间接干预资源配置；第三个是收入分配职能，即关注社会生产的产品如何在其成员间进行分配，关注公平和效率如何取舍等问题。① 马斯格雷夫提出的“三职能”为研究政府职能提供了清晰的思路。

在财政分权的政府制度设计中，核心问题是哪些职能应当由哪一级政府来执行或分配。蒂博特—马斯格雷夫在他们的分层蛋糕模型中认为，公共部门的稳定和分配职能必须由中央政府来执行。例如，应该

① [美]理查德·A. 马斯格雷夫、佩吉·B. 马斯格雷夫：《财政理论与实践》，邓子基、邓力平译校，中国财政经济出版社 2003 年版，第 6 页。

由中央政府承担货币发行职能，制定并实施货币政策。尽管从理论上说，地方政府也可以发行自己的货币，但必然会造成金融秩序紊乱，所以，由中央政府承担货币发行职能是必然选择。又如，调节收入分配的职能主要由中央政府来实施比由地方政府实施更为有效，其主要原因在于地方政府通过税收调节收入分配的努力将因为纳税人的流动与受领人的迁移而受阻。假定一个城市向富人征税，并且计划将征收的税款通过转移支付划拨给穷人以调节收入分配。一些为了逃避税负的富人将会离开该城市，导致税收总量的减少。同时，一些贫困家庭将会迁入福利较好的城市，导致该城市人均转移支付的减少。

除经济稳定职能和收入分配调节之外，中央政府还应该负责提供全国性公共物品，像国防、外交、跨地区的基础设施及全国性的社会救助等涉及全国利益的产品和服务。国防和外交由中央政府实施无可争议。全国性的社会救助由中央政府组织实施，可以最为广泛地动员社会力量，实施最为全面和及时的救助，2008 年中国汶川地震中，中央政府发动全国力量实施的救助就是最好的例子。并非所有的公共物品都能覆盖整个国家。实际生活中接触更多的是地方性公共物品，其收益只覆盖于有限的地理范围内。随着地方人口规模的扩大，这些地方性公共物品将变得拥挤。纯公共物品不会因为人口的增加而降低其消费的数量或质量，而准公共物品会因为人口的增加而降低消费的数量或质量，所以，必须解决准公共物品的最佳数量和消费该产品的地方最佳人口规模等问题。另外，跨地区的基础设施如果由地区组织实施，必然存在成本和利益分担不均或谈判交易成本过高的弊端，在这种情况下，由中央政府组织提供是高效的，如我国的三峡工程。

地方政府的经济职能主要在于介入资源配置、管理公共经济，具体分析地方政府的经济职能，有以下几个方面：

第一，制定地方社会经济发展规划及产业规划。一个好的、切合实际的发展规划将促进该地区社会经济良好协调地发展。比如，我国长三角地区各省市结合地区实际情况，制定了较为客观合理的社会经济发展规划，近年来经济发展始终保持前列。地方政府的另一职能是，做好地方产业规划。根据要素禀赋理论，一个地区应该发展其在要素方面具有优势的产业，从而增进利益。搞好产业规划，就是要充分挖掘地区发展潜力，更好地促进地区经济发展。

第二，制定产业规制政策。地方政府的一个主要职能在于对地方产业进行规制。在现代经济中，垄断已经成为一种常见现象。垄断必然造成效率损失。一方面，社会资源没有得到充分利用；另一方面，消费者以较高价格消费商品，造成福利损失。地方政府可以对垄断企业实施各种规制，限制其产品销售价格，减少消费者福利损失。地方政府也可以对其他产业实施规制，正确引导其良性发展。

第三，提供各种地方性公共物品。提供公共服务是地方政府的一项基本经济职能。地方政府提供地方性公共物品，主要包括教育、医疗、公路、公共安全、消防、公园和污水处理等。地方政府应积极组织提供具有自然垄断特征的产品。如果某一产品的生产易受相对大的规模经济的影响，即随着生产规模扩大，企业生产成本逐步减少，就会出现自然垄断。对于自然垄断行业，由政府组织生产是高效的，如地方政府应该积极组织提供诸如污水处理、基础设施建设等具有自然垄断性质的行业产品。

三、地方政府间的合作与竞争理论

一个国家内部不同地区之间经济发展程度或多或少会存在差异，这也就决定了地方政府之间的复杂关系。一般来说，为了实现各自利益，地方政府之间的关系表现为一定的竞争与合作的关系。

1. 地方政府间的利益关系

地方政府间的利益关系，就是地方政府在发展本地区经济的过程中与其他地区发生的各种各样的利益关系。无论是从一个国家还是世界范围来看，由于自然条件、社会状况等因素的影响，经济发展的不平衡都是存在的。各地方政府为追求本地区经济利益的最大化，各地方间的关系会演变成激烈的竞争关系，这必然造成各地区争先向中央要政策、各地区经济上的地方保护主义等现象的形成。另一方面，在某些条件下，各地方政府又存在共同利益，各政府间会因为追求共同利益最大化而开展合作。

中国各省之间的利益关系可以很好地诠释地方政府之间的利益关系。由于历史和地理条件的原因，中国各省之间经济和社会发展呈现出很大的差异。主要表现为东部沿海地区和中部、西部之间的经济发展水平差异。这种差异既有地理位置的原因，也有中国在发展经济过程中所采取的优先发展某些地区的政策因素。但是，地区之间经济发展差异过大，必将影响整体经济的发展水平，也会成为经济发达地区进一步发展的障碍。

2. 地方政府之间的竞争关系

按照常理，良性的竞争应该是有利于促进社会进步的。但是，地方政府之间的竞争往往具有特殊性。据布坎南的公共选择理论的假定条件，政府也可以假定为“经济人”，它是理性的、自利的。① 关于地方政府之间的利益矛盾，区域经济学将其归结为地方保护主义、诸侯经济、地方封锁、产业同构、重复建设、资源大战等问题，这使市场分割、生产要素流动受阻，从而无法合理配置资源。

地方政府间的非合理竞争主要表现在以下几个方面：

第一，重复建设。重复建设是生产同类产品的企业过多，造成生产过剩、生产资源闲置浪费的现象。地区间的重复建设引起的产业结构趋同所带来的经济增长只能是暂时的、短暂的，而从长远来看，对国民经济具有很大的危害性。重复建设一方面导致资源浪费严重，另一方面也使产业结构趋同。

第二，资源大战。生产能力过剩和原材料供应紧张，使各地区政府

① [美]詹姆斯·M. 布坎南、戈登·塔洛克：《同意的计算》，陈光金译，中国社会科学出版社 2000 年版，第 11 页。

之间在资源及市场方面的矛盾加深，会影响经济社会的稳定。

第三，“诸侯经济”。地方政府作为地区利益的代表者，一旦在竞争中出现不利于本地区利益的情况，就会采取增设关卡、封锁市场、禁止外地商品进入本地或禁止本地资源流入外地等手段，保护本地企业的利益。

中国各省区政府之间的竞争也带来了一些负面影响。在1994年实施分税制的财政预算管理体制改革以前，中国财政预算管理实施的是财政包干体制。在这种体制下，各地方政府都有极力增加财政收入的冲动，虽然在很大程度上促进了各地区经济的快速发展，但也造成了很多问题，如各地方政府无视全国经济的协调发展，大干快上，重复建设，资源浪费严重。这段经济发展历史折射了地方政府之间的竞争关系。国家必须处理好地方政府之间的经济竞争关系，在协调经济整体良性发展的前提下，保持经济的适度竞争。

3. 地方政府之间的合作关系

促进地方合作是协调解决地方政府之间矛盾的主要途径。地方政府的合作形式主要有三种：

第一，城市政府联合体。主要是城市政府在经济、行政、文化等方面的合作。比如，我国较早建立的以沈阳为核心的城市政府联合体，目前正在建设的以郑州为中心的中原城市群等。

第二，经济区内各地方政府的合作。经济区的形成是地方政府推动的结果，而经济区形成后，区内地方政府出于利益考虑，又将加强与其他地方政府之间的合作。例如，我国珠江三角洲、长江三角洲地区城市之间因经济区而建立的合作关系。

第三，跨地区的地方政府合作。跨地区的合作有利于形成技术、资金等方面的优势互补，各自获得相应的利益。而有些跨区域之间的合作是在中央政府的倡导之下进行的。比如，在中国西部大开发的进程中，中央政府鼓励东部发达省区与西部经济落后省区之间开展对口帮扶，这一举措缓解了西部地区在经济发展过程中资金、技术短缺的局面。

四、地方政府民主决策的经济学理论

地方政府如何提供公共物品？地方政府提供公共物品的种类、数量怎么决定？这些问题是公共经济学致力于回答的问题。可以从不同的角度回答这些问题，比如行政管理的角度、政治学的角度等。很多经济学家用经济学的方法对地方政府民主决策进行了分析。

政府决策是集体的或政治的决策。根据参与角色的不同，可以分为直接民主决策和间接民主决策。直接民主决策是指全体公民都参与决策，采用“一人一票”原则，投票表决通过，可分为全票通过和多数票通过两种原则。在全票通过的情况下，所有决策都必须一致同意。一致通过，当然可以满足全体投票者的意愿，然而，在实际操作中，一项决策谋求一致通过的可能性甚微，要么需付出高昂的代价，要么最终毫无结果。因而全票通过原则在实际工作中几乎不被采用，一般是采用多数票通过原则。但是多数票通过原则面对众多的不同偏好，有可能没有一种方案能获得多数，出现循环投票的弊端。寻求一种既不会陷入投票困境，又能将所有人的偏好转换为社会一致偏好的决策程序，实际上是不可能的。但是，在实践中，通过投票来做出决策仍不失为一种合理的、可行的决策机制。

间接民主决策，则不是由全体选民直接投票进行公共决策。在间接民主决策中，有三种参与者的行为会对决策结果产生影响，即选民、政治家和管理者。拥有选举权的公民通过投票选举他们的代表，当选的代表有法定任期，代表是否能够继续当选，取决于多数选民对他的信任程度，从而决定是否投他的票。通过选举产生的代表被称为政治家。政治家的责任是代表选民进行决策，主要目标是取得多数选民的信任，并争取继续当选。由政治家聘任来执行和实施决策的人称之为管理者，管理者不是决策者，而是执行政治家做出的决策。但是，显而易见，管理者行为对政治决策会产生重要的影响，管理者也是政治决策程序中的一个重要角色。

在公共经济学领域，很多经济学家提出了各种理论进行分析，推动公共经济学理论不断发展。阿罗提出的投票悖论分析了民主决策的可能性；布坎南提出的公共选择理论则全面分析了政府决定公共决策方式的过程，成为公共经济学中最为重要的理论之一；布坎南和蒂博特的俱乐部理论则提出了一个地方性公共物品的供给模型。

1. 投票悖论

地方政府的民主决策主要是关于公共物品和公共服务的决策。但是，选民、政治家、管理者之间的利益往往是不一致的，被选择的决策可能并不符合社会公众的利益。所以，设计一套能真正反映社会公众利益的机制是重要的。投票是现代民主决策常采用的方式之一。但是，有时投票并不能做出最优选择，投票悖论就阐述了这一问题（见表 1.1）。

表 1.1　投票悖论

投票人	第一选择	第二选择	第三选择
个人 1	A	B	C
个人 2	B	C	A
个人 3	C	A	B

表 1.1 是一个最基本的分析投票悖论的模型。模型反映出投票根本不可能得出最优结果。著名经济学家阿罗提出了如何进行社会选择的原则条件：理性假设、不相关选择的独立性、帕累托效率状态、无限制原则、非独裁性。但是，就像现实中不存在经济学中假定的完全竞争性市场一样，阿罗提出的条件严格且苛刻。阿罗认为，根本不存在一种能满足他提出的所有条件的社会选择原则，这就是著名的阿罗不可能定理。①

① ［美］肯尼斯·约瑟夫·阿罗：《社会选择和个人价值》，陈志武等译，四川人民出版社 1995 年版，第 2 页。

阿罗的论述揭示了社会选择的困境，对研究社会公共决策具有重要意义。但是，很多经济学家也对阿罗的结论持否定态度。很多的学者认为，社会选择更多地是由社会精英做出的选择。

2. 公共选择理论

公共选择理论作为西方经济学的一个分支，是运用经济分析方法来研究政府决策的方式和过程的一种理论。在市场经济体制下，市场与政府是两种相互依存的资源配置方式。以亚当·斯密为代表的经济学家主要致力于市场理论和市场运行机制的研究，并形成了不同的学派。但随着资本主义矛盾的加深，特别是1929年发生的资本主义世界经济危机，使人们进一步认识到了政府在资源配置中的重要作用。

詹姆斯·布坎南认为，公共选择是政治上的观点，它从经济学家的工具和方法大量应用于集体或非市场决策而产生。它是观察政治制度的不同方法。按照美国学者缪勒的说法，公共选择理论可以定义为对非市场决策的研究，或简单地定义为将经济学运用到政治科学。① 在分析过程中，公共选择理论采用的方法论有其独到之处。表现在三个方面：

第一，个人主义的方法论。他们认为，人类的一切行为，不论是政治行为还是经济行为，都应从个体的角度去寻找原因，因为个体是组成群体的基本细胞，个体行为的集合构成了集体行为。

第二，经济人的假定在政治学中再现。经济人的假定是指，作为一个人，无论他处于什么地位，人的本性都是一样的，都以追求个人利益、追求个人的最大满足程度为最基本的动机。这就是假定人都具有经济人特点。这一假定反映了人类行为的基本特点，是社会中所有个体的统计特性。

第三，政治过程具有经济学分析的交易特征。布坎南认为经济学中的基本命题不是“选择”，如消费者选择最有利的消费组合、生产者选

① [美]丹尼斯·缪勒：《公共选择》，王诚译，上海三联书店1993年版，第1页。

择最大化利润的生产组合之类，而是交换，即不同经济个体之间的交换。在政治活动领域也一样，重要的命题并不是社团、党派与国家，而是这些集团之间与组成集团的个体之间，出于自利动机而进行的一系列交易过程。

公共选择理论认为，经济市场是由需求与供给组成的一个交易结构。作为供给方的生产者向市场提供商品与劳务，作为需求方的消费者到市场上去购买自己需要的商品与劳务，供求双方经过讨价还价，最后在双方均满意的价格与数量水平上成交。

与经济市场类似，政治市场是指人们参与政治活动时与其他政治体和组织发生关系的场所。这里也是由供求双方组成的。需求者是选民与纳税人，供给者是政治家与政府官员。政治家与政府官员负责向社会提供一定数量与质量的公共物品。选民与纳税人获得公共物品并支付一定的税收款项，至于具体的公共物品的种类、数量、税收额等等，则是通过选举过程“讨价还价”完成的。

政治市场与经济市场交易结构的相似性，归根到底，取决于人的自利本性。由于利益制约是对人类行为的最终制约形式，在政治市场上政治人必然仿效经济市场上的经济人行为，以经济人的面目出现。尽管人的本性决定了政治人与经济人在不同市场上的选择具有类似之处，但是，政治市场与经济市场运行特点及其供给物品的特性不同，又导致两个市场上的个人选择存在差异。

然而，国家的活动并不总像理论上说的能够做到的那样“有效”，在布坎南看来，国家作为共同利益的保证人，其作用是弥补市场经济的不足，并使各经济团体和个人所做决定的效应比国家进行干预以前更高。否则，国家的存在就无任何经济意义。但是，政府决策往往不符合这一目标，有的政策的作用恰恰相反，政策效果可能会削弱而不是改善了社会福利。因此，对公共行动的深层次分析就构成了公共选择学派“政府失败”理论。

公共选择学派在分析了“政府失败”之后提出了两方面的政策建议：一是制止国家权利增长的对策。布坎南等人认为，现代资本主义社会陷入了一种恶性循环，即国家总是要求更大的权利。我们应该努力从这种处境中解脱出来。最佳办法是，修改我们的政治技术，努力确定表现偏好的新方式和在公共部门中恢复竞争和实行新的奖惩制度；二是减少国家福利浪费的措施。公共选择学派以下述观点为基础，即最好的社会政策是不会妨碍经济法则的作用，以及利用市场解决问题的政策，而不是硬要取消市场，或者哪怕是“限制”市场的政策。

总之，公共选择学派认为，一旦发生公共生产低效率的问题，就应该从现行体制上寻找原因，从政策上着手，确立一种选拔和制约政治家的程序与规则，以减少政府失败。

3. 俱乐部物品理论和以脚投票理论

俱乐部理论对于理解地方性公共物品供给问题具有重要的意义。现代俱乐部理论的奠基人是布坎南和蒂博特。但两人研究的内容是独立的，内容各有侧重。布坎南描绘了一个俱乐部的性质，以及一个独立俱乐部中会员关系的最优条件。蒂博特则从需求方面指出，人们对地方性公共物品显示偏好的机制是用脚投票。[①] 下面分别对两种理论做简要介绍。

布坎南的俱乐部物品理论考察特定群体中公共物品最优量及群体成员数量确定问题。桑德拉和谢哈得(1980)在考察俱乐部理论的文章里，给俱乐部下的定义是：一个群体自愿共享和共担以下一种或多种因素(即生产成本、成员特点或具有排他利益的产品)以取得共同利益。布坎南第一次使用模型研究了自愿俱乐部的效率性质。模型包括如下假设：一家俱乐部排除非会员不需要成本；俱乐部里的会员不致受到其他会员的歧视；会员分摊相同的成本和收益。该模型主要分析了以下两个问题：第一，决定应当供应的公共物品数量；第二，决定俱乐部成员数的最佳规模。

① Tiebout, Charles: A Pure Theory of Local Expenditure, *Journal of Political Economy*, 1956, 64(October): 416 - 424.

首先,决定公共物品最优供应量的条件是在最优点上,生产最后单位的公共物品所消耗的边际成本刚好等于消费者消费公共物品时所获取的边际收益。其次是俱乐部最优成员数的确定。假如俱乐部的产品规模和成员数一定,对于某一成员而言,随着成员数的增加,给他带来的边际成本为负值,因为成员数增加减少了分摊成本。最后,随着成员数的增加,带给某一成员的边际效用最初为正值或零,然后逐渐变为负值。每一成员为了获取最大收益,必须保证在最大成员数时的边际收益等于边际成本。由于每一成员都是同质的,单一成员获取最大收益也就保证了所有成员获取了最大收益。所以,满足上述条件的成员数就是在俱乐部产出既定情况下的最佳成员数。

蒂博特的以脚投票理论分析论证了地方性公共物品供给的最优条件。个人在提供地方性公共物品的社区之间移居具有许多重要的含义,个人选择居住地的过程把人口从空间上划分为相同爱好的"俱乐部"。这种情况不需要投票。所有偏好都通过人们无声息的以脚投票,即退出或进入某个社区来显示。如果存在着足够多的社区,每个人都能满足自己对公共物品的偏好,不存在对相冲突的偏好进行协调的问题。因此,可以断定这样一种均衡是具有帕累托效率的。蒂博特认为,人们对公共物品的偏好和在私人物品市场上对私人物品的选择是一样的。如果满足以下条件,则可以使这种选择机制完美运作。第一,迁移是没有成本的;第二,居民们拥有关于社区间税收、服务组合差异的完全信息;第三,有足够的社区供不同偏好的成员选择;第四,没有生产公共物品方面的规模经济;第五,社区成员收入不存在地理性约束;第六,不存在辖区间的外部性。

可以看出,蒂博特提出的模型假定具有很大局限性,从而决定了他提出的地方性公共物品供给机制也存在很多局限性。首先,现实中不可能存在足够多的社区来供成员做选择。也就是说,如果社区数量是固定的,就不可能存在足够多的社区来满足成员的每一种偏好;其次,不可能存在足够多的居民使公共物品的生产处于最低成本;最后,社会成员的流动性是不完全的,迁移肯定存在成本,同时还存在成员的适应性等问题。

与多数票通过规则和一致通过规则相比，布坎南的俱乐部理论和蒂博特的以脚投票理论认为，将人们分成具有相同兴趣的群体，就能够完成显示个人偏好的任务。由于公共选择的任务就是显示对公共物品的个人偏好，俱乐部的形成和以脚投票解决了部分公共选择问题，其方法就是限制其选择范围。布坎南的俱乐部理论是论证地方分权合理性的基础，他为国家理论的形成做了另一个解释。俱乐部理论在许多方面得到运用，包括分析拥挤问题、设置拥挤税、建立联盟、选定社区和城市最佳群体规模等。蒂博特的以脚投票理论则提供了一个公共物品资源配置的独特视角。他首次从理论上提出了以下问题：搭便车、分权化、财政竞争、分区制、进入和退出等。

第二章　地方性公共物品的供给与需求

在市场经济条件下，地方政府的主要职能之一是保证地方性公共物品的有效供给。由于地方性公共物品自身的特点，决定了地方性公共物品的需求和供给有别于全国性公共物品。本章主要研究地方性公共物品的性质和范围、地方性公共物品的需求与供给等问题。

一、公共物品和地方性公共物品的概念界定

在现代经济学意义上，公共物品(public goods)一般是与私人物品(private goods)相对应的。尽管公共物品的概念已经在经济学领域得到了广泛的使用，但是要对公共物品下一个精确的定义是相当困难的。其原因主要有两个方面：第一，经济学家对公共物品有不同的理解，众说纷纭；第二，公共物品所包括的范围很广，不同的公共物品在供给和需求特征上具有很大的差异。

考察公共物品理论的发展历史，以下三种定义最具代表性[①]：

(1)萨缪尔森的定义。按照萨缪尔森的观点，所谓公共物品就是所有成员集体享用的集体消费品，社会全体成员可以同时享用该物品；而每个人对该物品的消费都不会减少其他社会成员对该物品的消费。或者说“公共物品是这样一些产品，无论每个人是否愿意购买它们，它们

① 黄恒学：《公共经济学》，北京大学出版社2002年版，第56页。

带来的好处不可分割地散布到整个社区里。”[1]萨缪尔森为纯公共物品举出的例子有社区的和平与安全、国防、法律、空气污染控制、防火、路灯、天气预报和大众电视等等。

(2)奥尔森(Olson)的定义。这是奥尔森在《集体行动的逻辑》一书中所提出的。他认为,“任何产品,如果一个集团 $X_1,\cdots,X_i,\cdots,X_n$ 中的任何个人 X_i 能够消费它,它就不能适当地排斥其他人对该产品的消费”,则该产品是公共物品。换句话说,该集团或社会是不能将那些没有付费的人排除在公共物品的消费之外的;而在非公共物品那里,这种排斥是可能做到的。[2] 这个定义现为很多经济学家所接受。

(3)布坎南(Buchanan)的定义。在《民主财政论》一书中,布坎南指出“任何集团或社团因为任何原因通过集体组织提供的商品或服务,都将被定义为公共物品”。按照这一定义,凡是由团体提供的产品都是公共物品。“某一种公共物品只可以使很小的团体,比如包括两个人的小团体受益,而另外一些公共物品却可以使很大的团体甚至全世界的人都受益。”[3]

经济学家引入两个概念——非排他性和非竞争性来区分公共物品(尤其是纯公共物品)与私人物品的差异。

非排他性(non-excludability)。在纯私人物品中,财产权决定人们对物品的所有权。拥有财产权的个人完全有权享用该物品,并能因此而排斥其他人对该物品的占有。在纯公共物品的例子中,排斥其他受益者在技术上可能是行不通的。国防是最常被引用的纯公共物品的例子。如果在某个地区,比如一个国家内提供国防服务,要把这个国家内的任何居民排除在受保护范围之外就是极其困难的。纯公共物品不仅是非排他的,它们还具有非拒绝性。因此,不管乐意与否,居住在一个

---

① 保罗·A. 萨缪尔森、威廉·D. 诺德豪斯:《经济学》(十四版),胡代光等译,北京经济学院出版社 1996 年版,第 571 页。

② 奥尔森:《集体行动的逻辑》,陈郁、郭宇峰、李崇新译,上海三联书店、上海人民出版社 1995 年版,第 13 页。

③ 梁小民、睢国余等:《经济学大词典》,团结出版社 1994 年版,第 7 页。

国家内的居民都受到保护。居民只能通过迁移到一个不受保护的地区，才能拒绝接受国防服务。

非竞争性(non-rivalness)。当增加一个人消费某物品的边际成本为零时，这种物品就可以说在消费上是非竞争的(也可称为供应的联合性)。非竞争性包含两方面的含义。第一，边际生产成本为零。这里所说的边际成本，是指增加一个消费者对供给者带来的边际成本，而非微观经济学中经常分析的产量增加导致的边际成本。在公共物品的情况下，消费者增加导致的边际生产成本和产量增加导致的边际生产成本并不一致。例如，灯塔是较典型的公共物品，增加一艘船经过邻近海域得到指引并不需追加任何生产成本，但若再造一座灯塔，则边际生产成本显然并不为零。而公共物品的非竞争性强调的是消费者增加带来的边际生产成本。第二，边际拥挤成本为零。每个消费者的消费都不影响其他消费者的消费数量和质量，这种物品即使是共同消费的，也不存在消费中的拥挤现象。非竞争性的例子包括一节不满的火车车厢或一台没有得到充分利用的电脑等等。非竞争性产生于产品的不可分割性。增加一个消费者(考虑到容量约束线)，并不增加生产非竞争性物品的可变成本，因此也不增加其边际成本。纯公共物品的定义含有这样的意义：由于再增加一个人也不会有任何他人对该产品的消费减少，所以它具有消费上的非竞争性。非竞争性物品未必是非排他的。在桥或体育馆的例子中，这些产品在容量约束范围内是非竞争的，但是却可以采用简单的排他手段，比如收费站的设置就可以使排他成为可能。

对于公共物品的分类来说，根据不同的视角可以有很多种分类法。从受益区域的角度来看，公共物品可以分为整个国家共同消费的全国性公共物品和地方性公共物品。

所谓"全国性公共物品"(national public goods)，是指那些受益范围是跨区域的，可供全国居民同等消费并且共同享用的产品，如国防、法院等。从纯理论的意义上讲，全国性公共物品的基本特征有三：一是无论国土面积大小，其受益范围都被限定在整个国家疆域之内的全体公民；二是无论公共物品的内容如何，其受益在整个国家疆域内散布得相当均匀(至少全国性公共物品提供者的愿望是如此的);三是全国性公共物品的提供者一般不可能是某一级地方政府,而只能是中央政府。

所谓"地方性公共物品"(local public goods),也称为"区域性公共物品",是相对于全国性公共物品而言的,是指那些存在形态和受益范围局限于或主要局限于一个特定辖区的公共物品,即在地方层次上被消费者共同地且平等地消费的产品,如城市的治安警察、消防队、路灯等。一般而言,地方性公共物品只能满足某一特定区域范围内居民的公共消费需求。

地方性公共物品与全国性公共物品既有联系又有区别。两者均具有公共物品的基本特征:非排他性和非竞争性。相对于全国性的公共物品,地方性公共物品具有以下特点:

第一,受益范围上的地方性。这是指地方性公共物品在消费上受地理空间限制。全国性公共物品在主权范围内不受地理空间限制。但是像义务教育、治安、交通、环境保护等只能是就近的居民才能享受,受益范围有明显的地域特征。

第二,存在外部效应和拥挤效应。这里的外部效应是指某一公共物品的受益范围与行政上的地理范围不一致,其受益范围大于行政界限,从而向周围地区扩散的现象。例如,某地方政府对于河流的治理不但大大改善了当地居民的生活环境,而且也对虽不在同一地区却在同一条河流下游的居民提供了很好的外部效益。地方性公共物品的外部效应既可能是正的也可能是负的。地方性公共物品的拥挤效应是指由于大多数地方性公共物品的受益只覆盖在有限的地理范围,随着人口规模的扩大、使用者的增加,使公共物品的使用变得拥挤。因此不可避免地付出拥挤成本。例如,随着城市居民数量的上升,交通系统会变得拥挤不堪。

第三,地方性公共物品具有层次性。首先,在现实生活中,完全具有非排他性和非竞争性两个特征的公共物品并不多,即使具备,其强弱程度也不同。公共物品特性的强弱特征之分,使其具有明显的层次性。其次,由于地方性公共物品受益范围的不同,需要由不同级次的地方政府来提供，所以地方性公共物品具有提供上的层次性。

地方性公共物品的分类可以从溢出效应的空间范围、公共物品的经典分类标准以及生产的集成技术不同指标搭配中，得到下述地方性公共物品分类的四种主要方式。①

(1)地方性公共物品溢出范围和经典型式的复合分类(见表 2.1)

该分类揭示了两种不同类型公共物品之间消费的非排他性和非竞争性的不同，以及它们各自溢出范围的区别。由于公共物品数量庞杂，要明确界定每一具体公共物品的类型及其溢出效应是非常困难的。另外，对于公共物品外部性的评价，不同的消费主体有不同的主观感受和不同的自身情况，因而导致不同物品对特殊消费群体有不同的外部性。

表 2.1　公共物品的溢出范围与经典型式的复合分类

产品类型 / 溢出范围	纯公共物品	俱乐部产品	公共资源	混合物品
全国性公共物品	国防安全	国内交通、通讯网络	国内公共渔场	教育、行政事务
地方性公共物品	地方治安	辖区内道路	有限开放式公园、绿地	独占性教育资源

(2)地方性公共物品溢出范围与集成技术的复合分类(见表 2.2)

这种分类方法的核心在于个体贡献和公共物品总体水平之间的关联，即公共物品有不同的“集成技术”。对于不同地区之间在进行地方公共管理的合作与发展以谋求解决共同面对的公共问题时，有四种至关重要的不同的集成技术，即总和、最佳者提供、最弱连接和加权和，除了这四种技术外，还有一种所谓的“门槛技术”，即提供某种公共物品必须具备的最低限度的阈值。

① 陈文理:《区域公共物品的界定及分类模型》,《广东行政学院学报》2005 年第 4 期。

表 2.2　公共物品溢出范围与集成技术的复合分类

集成技术／溢出范围	总和	最佳者提供	最弱联系	加权和
全国性公共物品	沙漠化控制	大区域流行疾病	有毒废弃物控制	酸雨减少
地方性公共物品	地方范围内空气污染	小区域内可治愈的流行疾病	地方流行疾病	地方局部污染

(3)地方性公共物品的特征分类

地方性公共物品按照特征划分,可以分为纯地方性公共物品和准地方性公共物品。纯地方性公共物品是指在特定的辖区内效用的不可分割性和消费上具有完全非排他性和完全非竞争性。效用的不可分割性是指公共物品在数量上不可分割成细小单位,其所提供的利益也不能分割而由个别消费者独自享用。消费的完全非排他性和完全的非竞争性是指一个人对某种公共物品的享用不会影响其他人对该公共物品享用的数量和质量,不会产生使用上的拥挤现象。准地方性公共物品是指那些虽具有效用的不可分割性,但并不具有消费上的完全排他性和完全竞争性的公共物品。必须指出的是,纯地方性公共物品与准地方性公共物品的划分不是绝对的,而是相对的。在一定的技术条件下,两者可以互相转化。比如某些电视频道,以前由于技术所限,不得不向公众无偿提供,但随着科技的发展和进步,电视台有能力将不付费的消费者排除在外了。在现实生活中,大多数的地方性公共物品都是准地方性公共物品,如公路、桥梁、有线电视节目等。① 除了上述主要的分类以外,一般公共物品的划分标准也可用来对地方性公共物品进行分类,例如从物质、制度和精神文化层面进行分类;从供给主体的角度,可以分为单位垄断供给、双方合作供给、多方供给产品等;从双方或多方

① 欧阳正仲:《地方性公共物品部分市场化问题研究》,《江海学刊》1997 年第 3 期。

关系是否对等，可以分为对等条件下的合作和不对称条件下的博弈等等。此外还可以从地方性公共物品外部性的性质出发，分为地方性公共好品和地方性公共坏品等等。

二、地方性公共物品的有效供给

经济学意义上的有效供给，包含着以适度的生产成本尽量满足消费需求和偏好的深层次内容。公共部门对地方性公共物品的提供是一种经济活动，因而也就必须按照效率标准来行事。一方面，地方性公共物品的有效提供，与提供主体的选择有着密切的关系。另一方面，地方性公共物品的有效提供也与公共部门之间的竞争性密切相关。

1. 提供主体的选择

当提及公共部门对地方性公共物品的提供时，首先的问题是：是否由中央政府出面来提供地方性公共物品。从理论上讲，中央政府也可以提供地方性公共物品。但是当中央政府提供地方性公共物品时，往往会忽视不同地区的个人和群体之间的消费偏好差异，很可能造成对某些地区提供的公共物品过多，出现强迫消费，而在另一地区又存在公共物品提供不足的情况，这将有违社会效率原则。地方性公共物品供给的有效性分析分析不同的公共物品由哪一级政府提供是适当和有效的。

全国性公共物品。全国性公共物品的受益范围是整个国家，如果由地方政府提供，会造成整个社会的效率损失。首先，从地方的角度看，全国性公共物品的效益是外溢的，即受益范围超出本地区，因此地方政府不会具有提供全国性公共物品的积极性。即使提供，也会是不充足的，这是社会的一种效率损失。其次，还有一些公共物品，虽然其直接享用者的范围是可以有限定区域的，但是只有在全国范围内提供时才能达到最优效果。例如，政府提供的社会保障，实际上具有全国性公共物品的性质，它不仅能使公民的基本生活需要得到必要的保障，而且能够促进资源要素在全社会范围内合理流动。但这只有在由中央政府在全国范围内统一实施的条件下才能充分实现，如果由地方政府单独实施，社会保障政策的有效性就会受到影响。一个明显的事例是，各地方政府若通过对本地区收入再分配，来提供对低收入者的养老金、失业救济、住房补贴等社会保障支出，那些低收入者较多地区的支出负担必然重于低收入者较少的地区。低收入者较多的地区要么提高本地区税负水平来满足社会保障支出的需要，要么降低本地区社会保障水平，结果都会导致人口和资源不利于低收入地区的流动。这显然是与社会保障政策的经济目标相悖的，也是社会效率的损失。最后，对于全国性公共物品，必须由中央政府提供，才能保证必要的供给和实现社会效率的优化。

准全国性公共物品。准全国性公共物品由于难以实现全国范围内的消费上的均等化且有一定的外部效应，如果规定由某一级政府提供而其正外部效应又得不到合理补偿的话，就会导致供应量的减少。为了保证此类公共物品的有效供应，通常的做法是将外部效应内部化，即把那些存在严重外部效应的公共物品的配置职责集中起来，由上一级地方政府直至中央政府统一提供；或者由某一地方政府提供，但由上一级政府直至中央政府提供某种补贴，以补偿那些受外部效应影响的行政辖区，保证公共物品的适当供应量。

地方性公共物品。地方性公共物品的受益范围限于一定的区域，从理论上说，中央政府也可以提供地方性公共物品，但最终结果却不尽如人意，其原因有二：一是地方政府对于本地居民对地方性公共物品的偏好的了解程度优于中央政府；二是与中央政府提供地方性公共物品相伴的高度集权型财政体制会带来较大的效率损失。

这里的关键问题在于许多地区居民对一定的地方性公共物品的偏好程度通常是各不相同的，这又决定了不同地区居民对这种公共物品的需求量也是各不相同的。在理论上，若由中央政府提供地方性公共物品，它就必须考虑各个地区的需要，从而选择一个尽可能照顾到各个地方综合利益的量。可是这个“量”对某一地区也许是有利的、合度的，但对其他地区却未必如此。如果由中央政府集中地提供地方性公共物品，那么，中央政府往往会忽视不同地区的个人和群体之间的消费偏好差异，很可能造成对某些地区提供的公共物品过多，出现强迫消费，而在另一地区又存在公共物品提供不足的情况，这将有违社会效率原则，可由图 2.1 表示这一点。

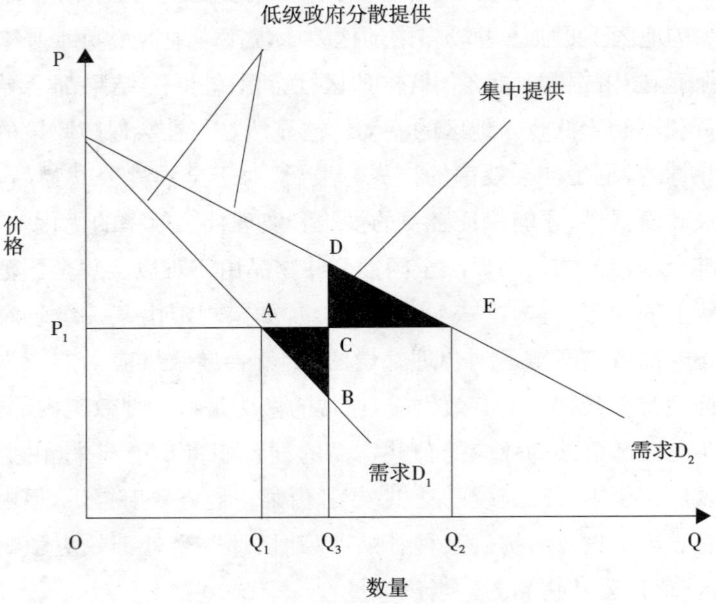

图 2.1　公共物品的中央集中提供与地方分散提供

在图 2.1 中，假设有两组人口，他们对于公共物品的偏好是不同的，一组人比另一组人的需求更高些，第一组人的需求曲线为 D_1，第二组人的需求曲线为 D_2，假设公共物品以不变的人均成本供给（例如价格为 P_1时），第一组人的理想产出水平为 Q_1，第二组人的理想产出水平为 Q_2。假设这时的政府提供的服务为 C 点（对应的提供量为 Q_3），则对于第一组的人来说，由于政府供给水平高于其需求而产生了浪费，相应造成的效用损失为三角形面积 ABC；而对于第二组的人来说，由于政府提供不足而产生的效用损失面积为三角形 DCE。

如果地方性公共物品采用的是由地方政府提供的方式，则相应属于第一组人的地方政府提供的是 Q_1 的公共物品，属于第二组人的地方政府提供的是 Q_2 的公共物品。这时，两组人都认为提供的公共物品是合理的，没有效率损失。因此，其效率要比中央政府集中提供更高。

总之，不同层次的公共物品由不同级次的政府来提供才能实现高效化，从根本上说是因为不同层次的公共物品具有不同程度的外溢性，或者说具有某种性质的差异。国防这种公共物品之所以要由中央政府在全国范围内提供，原因在于它在地区之间的外溢性极强，如果让地方政府提供，就会在全国各个地区的居民中产生外溢作用，各地居民有效选择的结果，最终会导致国家承担提供国防这一纯公共物品的责任。与国防相比，教育的外溢性作用要小，路灯、公园、消防等的外溢性作用又依次更小。这样，就要求地方政府为本辖区提供这些公共物品。

2.“以脚投票”与地方性公共物品的提供效率

当亚当·斯密在《国富论》中谈及“看不见的手”时曾经指出，人们从各自利益出发所做出的选择和决定会导致效益的最大化，生产者之间的竞争会使他们向消费者提供尽可能低价的一般商品。与这一研究背景相关联，蒂博特于 1956 年发表了《地方支出的纯理论》一文，分析了地方政府提供公共物品的效率问题。他认为，各个地方政府之间的相互竞争会促使其更有效地提供人们所需要的公共物品。这就是著名的“蒂博特模型”。

蒂博特把地方性公共物品在一个由众多辖区组成的体制中的提供看成类似于私人物品在一个竞争性市场上的提供。从地方政府来说，为了使自己的辖区对纳税人具有吸引力，每个地方政府都具有确保公共物品有效供给的内在动机，从而形成地方政府之间在供应公共物品上的竞争态势。同时，市场经济保障一国国民在国内自由迁徙的权利。从个人效用最大化出发，每个居民如果认定所在地政府提供的公共物品带给他的边际成本大于边际收益，他就会选择离开这个地区。这个过程直到他找到一个边际收益等于边际成本的地区时才会终止。所以，蒂博特认为，在地方政府之间提供公共物品的竞争和以自由迁徙为前提的"用脚投票"的相互作用下,地方性公共物品的供应可以达到帕累托最优,从而实现资源的有效配置。

三、地方性公共物品由地方政府提供的理论解释

亚当·斯密曾经对地方性公共物品的供给进行过论证,主张地方性公共物品由地方政府来提供是最有效率的。制度经济学中的"职能下属化原则"(the principle of subsidiarity)也确立了财政分权和公共物品分层供给的理论,它主张:应将集体行动中的每一项任务放置在尽可能低的政府级别上;政府的大量任务都能被分散化,并由相互竞争的机构来承担。为此,相对应的一般性财政制度设计上,要尽可能制止公共资金的纵向转移,并迫使每个行政机构为其负责的任务或其已选择由它自己靠征税、收费和借贷来完成的任务筹措资金。斯蒂格勒(George Stigler)认为,与中央政府相比,地方政府更接近于自己的公众,即地方政府比中央政府更加了解所管辖的选民的效用与需求。因此,居住在各个地区的公民也应有权自己选择公共物品或公共设备的种类和数量。他认为:"一般说来,更分散地提供公共物品和服务——由地方社区提供的产品和服务——不仅为在社区中开展竞争奠定了基础,而且还获得了蒂博特所强调的潜在利益。"①斯蒂格利茨希望分权能引起地方政府之间的竞争并且公民能在公共物品、服务和税收结合得最好的地方居住,他认为,和管理完善的社区相比,管理良好的社区可以以较低的成本提供公共服务,因而可以吸引移居者,增加财产价值。因此,和企业里的竞争一样,社区里的竞争也发挥着相同的作用,它不仅确保了公共物品得以有效的供应,而且在公共物品的数量和种

① George Stigler:"Tenable Range of Functions of Local Government", in Federal Expenditure Policy for Economic Growth and Stabilit(Washington, D. C):Joint Economic Committee, Subcommittee on Fiscal Policy, 1957, p. 213.

类上也更符合公众的需求。另外，社区里的竞争还为社区的变革注入了活力，使社区适应人们的偏好和技术的变化。

尽管地方性公共物品的供给具有特殊性，而且各区域消费者的偏好不同，地方性公共物品的供给水平也不同。但从理论上讲，一个理性的供给者在生产地方性公共物品时应满足帕累托效率条件。假设某区域R里只有两个消费者 $i(i=1,2)$，x_i是该区域消费者 i 拥有的私人物品，Z_N为该区域消费的全国性公共物品，Z_L为该区域消费的地方性公共物品，W_i为消费者 i 的资源禀赋，$C(Z_N)$为 Z_N的生产成本，$C(Z_L)$为Z_L的生产成本。x_i、Z_N、Z_L、W_i、$C(Z_N)$和 $C(Z_L)$均可以用货币来度量（即都为计价物），Z_N和 Z_L的供给是连续的。

根据帕累托效率的定义，在给定某一消费者 2 的效用水平下，若另一消费者 1 的效用达到最大，这时的资源配置（x_1、x_2、Z_N、Z_L）在 R 内达到帕累托最优。即：

$$\underset{(x_1,x_2,x_N,x_L,)}{Max}\ U^1(x_1,z_N,z_L)$$

$$\begin{aligned}&U^2(x_2,z_N,z_L)=\bar{U}\\&x_1+x_2+C(z_N)+C(z_L)=w_1+w_2\end{aligned}\tag{2.1}$$

从第二个约束条件里解出

$$x_2=w_1+w_2-x_1-C(z_N)-C(z_L)\tag{2.2}$$

并代入目标函数，得到如下拉格朗日函数

$$L=U^1(x_1,z_N,z_L)+\lambda[U^2(w_1+w_2-x_1-C(z_N)-C(z_L)-\bar{U}]\tag{2.3}$$

对L关于 x_1，z_N 和 z_L 求一阶偏导数并使之为零

$$\frac{\partial L}{\partial x_1}=\frac{\partial U^1}{\partial x_1}-\lambda\frac{\partial U^2}{\partial x_2}=0\tag{2.4}$$

$$\frac{\partial L}{\partial z_N}=\frac{\partial U^1}{\partial z_N}-\lambda\frac{\partial U^2}{\partial x_2}C'(z_N)+\lambda\frac{\partial U^2}{\partial z_N}=0\tag{2.5}$$

$$\frac{\partial L}{\partial z_L}=\frac{\partial U^1}{\partial z_L}-\lambda\frac{\partial U^2}{\partial x_2}C'(z_L)+\lambda\frac{\partial U^2}{\partial z_L}=0\tag{2.6}$$

由(2.4)—(2.6)，可得

$$\frac{\frac{\partial U^1}{\partial z_N}}{\frac{\partial U^1}{\partial x_1}}+\frac{\frac{\partial U^1}{\partial z_L}}{\frac{\partial U^1}{\partial x_1}}+\frac{\frac{\partial U^2}{\partial z_N}}{\frac{\partial U^2}{\partial x_2}}+\frac{\frac{\partial U^2}{\partial z_L}}{\frac{\partial U^2}{\partial x_2}}=C'(z_N)+C'(z_L) \tag{2.7}$$

或者

$$MRS_{x_1x_N}+MRS_{x_1x_L}+MRS_{x_2x_N}+MRS_{x_2x_L}=MC(z_N)+MC(z_L) \tag{2.8}$$

式(2.8)表明，在具体帕累托最优效率的资源配置下，一个区域内所有消费者的私人物品和该区域内的全国性公共物品及地方性公共物品之间的边际替代率之和等于生产全国性公共物品和地方性公共物品的边际成本。这即为区域R内提供Z_L的地方性公共物品的帕累托最优效率条件，它实际上是对纯公共物品供给的萨缪尔森的一个简单扩展（$i=2$且存在全国性公共物品和地方性公共物品之分的情形）。[①]

四、地方性公共物品的供给机制

目前，随着私人对公共物品生产与供给的参与，公共物品的供给有了公共供给、市场供给和混合供给三种基本方式，地方性公共物品的供给可以参照这三种基本方式与相应的生产方式结合，构成丰富的地方性公共物品供给模式。

1. 公共供给

即是指公共物品由政府无偿地向消费者供给，以满足社会的公共消费需要。对于消费者来说，他可以无条件地获得这些公共物品的消

① 公式：$\sum_{i=1}^{H} MRS_{xi}^{h}=MRT_{xi}$是萨缪尔森规则，它表明当公共物品与每一种私人物品的边际转换率等于所有家庭关于这两种物品的边际替代率的总和时，就实现了公共物品的最优供给。

费权，而不需要付出任何代价。属于公共供给的公共物品，主要是公共物品中的纯公共物品，如国家安全、外交、气象、基础科学研究、农业技术的研究和推广、大型水利设施、社会科学研究等。地方性公共物品的公共供给主要表现为地方治安警察、消防队和路灯等方面的供给。

采取公共供给的方式对这些公共物品进行供给，是由纯公共物品的供给规律决定的。一是这类公共物品的受益是社会公众，而不是具体地对某些人供给服务，即没有具体的受益者，因而无法收费；二是这类产品在增加消费者人数时并不增加政府开支，而如果政府对这类产品进行收费，则会妨碍这些产品效率的提高；三是由于受益对象的不确定，因而即使政府要想对这些产品进行收费，在技术上也是十分困难的，同时，也会产生不公平的现象①。

2. 市场供给

即主要由市场生产供应公共物品。在一般情况下，供给者将通过收费来收回成本，并有一定的利润。在这一情况下，公共物品的供给单位自负盈亏，实行企业化经营。通常，公共物品的市场供给可以按竞争的方式进行，但总体上这是在政府管制下的市场供给。在现实中，采取市场供给的公共物品主要是集中于这样一些准公共物品，主要是属于公用事业范围的水、电、煤气、城市公共交通等，以及电讯、邮政、铁路运输等。在市场供给中，地方性公共物品的供给范围主要是属于地方辖区内的道路、有限开放式的公园和绿地等。

3. 混合供给

即指政府以成本价格为基础，通过政府补贴和向受益人收取一定费用的方式来供给公共物品。混合供给的特点一是以成本价格为基础，是一种非营利的供给方式；二是在构成成本的支出中，一部分向受

① 崔运武:《论当代公共物品的提供方式及其政府的责任》,《思想战线》2005 年第 1 期。

益人收费，另一部分由政府补贴，其补贴比例可在1%～100%之间；三是适用于有明确的受益人，且通过公共消费而获得一定利益的公共物品。通过混合供给方式供给的公共物品主要有教育、卫生、医疗、体育、出版、广播、文化等。

这样，在理论上，地方性公共物品的生产方式与供给方式就存在如下的组合：第一，公共生产、公共供给，即由地方政府依靠公共财政支出，直接投资并组织公共物品生产，然后无偿地提供给居民。第二，公共生产、混合供给，即由地方政府组织公共物品生产，并通过收费方式向当地公众供给。这种收费是不以盈利为目的，只是对成本进行补偿。如目前我国地方的国有事业单位以及行政机关为公众供给的某些产品和服务。第三，公共生产、市场供给，即由公共企业生产，按盈利原则定价，并向使用者收费的供给方式。通常，具有地方政府垄断性质的产品，或者接近于私人产品性质的准公共物品，如煤气、水、电、电讯、公共交通等在一定情况下也可以采用这种方式进行生产和供给。第四，私人生产、公共供给，即由地方非政府组织乃至私人部门生产，通过政府采购方式由政府获得产品的所有权，并无偿地供给的公共物品。如某些地区治安管理、某些地区公共工程建设等。第五，私人生产、混合供给，即在政府相关的法规、行业政策和规划的指导和监督下，由地方非政府组织或私人部门投资和组织生产，并由其自行向社会供给。一般来说，涉及教育、文化等行业的非政府组织的产品就是以这种方式供给的。第六，私人生产、市场供给。这主要是指对那些可以比较好地进行“选择性进入”的产品，如俱乐部产品，对这类产品私人与社区可以通过契约进行社区内的公共物品的生产和供给，如付费后可以进入的音乐厅、高尔夫球场等。

改革开放以来，随着我国地方性政府行政、经济体制改革的逐步深化，财政管理体制的日趋完善，我国地方性公共物品的供给逐步规范化、合理化，公共物品的数量和质量有了明显改善。但由于种种原因，供给缺位、错位现象还非常严重，整体上呈现出一种低效状态。突出地表现为三个方面：

第一，政府和市场的供给错位。该由地方政府财政配置的公共物品却因为地方财政的缺口而不得不“自筹解决”，如巡防、灯光照明和垃圾回收等；该由地方财政机制部分配置的准公共物品又称混合品（如教育、卫生、文艺、体育、公共交通、邮政等）因社会中介组织的发育不全等原因，造成地方政府财政难以承载、市场机制又不能正常发挥作用的局面；本不该由地方财政配置或部分配置的私人物品或集体用品（产权角度），却冠之以制度优越性由地方政府财政分配，造成当今体制下最大的分配不公，如住房。

第二，中央和地方性公共物品供给错位。中央和地方在提供公共物品的权限和责任上划分不明确，供给错位，是我国公共物品得不到有效供给、供需不平衡的主要制约瓶颈之一。如中小学基础教育、计划生育、基本医疗等关系国家长治久安和可持续发展的项目，本应该由中央政府提供的全国性公共物品却转嫁给了地方政府。以教育为例，目前的基本情况是，大学教育中央管，中学教育省市管，小学教育县乡管，就是一种严重的错位。

第三，地方性农村公共物品供给缺位。城市公共物品一直由地方政府负担，而农村公共物品的短缺却由自己解决，由各种费用来弥补。农村公共物品的供应仍受到很大约束。同时，城市的公共服务尤其是为农民工提供的公共服务亦严重不足。表现在：公共部门不能及时提供有效的就业信息；职业培训不足；就业受到诸多限制而且不稳定；合法权益得不到保护；居住、医疗、文化娱乐难；子女上学困难等。

地方性政府公共物品供给呈现不足其原因很复杂，如地理位置、自然条件、历史遗留、国家政策倾斜等等，但是地方政府能力是影响地方性公共物品供给不足的重要因素。政府要承担公共物品的供给责任，就必须有足够的资金来保证其职能的履行。地方政府的财政收入状况直接影响到地方政府提供公共物品的热情。当地方政府财政收入较多时，它就有足够的财力来建设基础设施，改善公民的生存环境，提供良好的教育、医疗条件。而当地方政府的财政收入较少时，在它自身的运转都难以维持的情况下，就没有多余的资金用于公共物品的供给上。这是由地方政府的财政支出能力导致的供给不足。经济体制改革后，地方政府投资主体地位加强了，地方政府的投资行为有了一个错综复杂的行为取向，就是将更多的精力用于发展地方经济，增加地方财政收入上，而对“社会福利、文化、市容”和“发展基础设施及环境”等目标则相对来说关注不够。政府更多地还是履行其经济职能，而不是社会职能。如中西部地区由于经济发展水平比较落后，所以加快经济发展更成为政府关注的主要目标，而将财政支出大都用于那些可以很快见到效益的项目上，在公共物品的投入方面则比较少。但是很快，公共物品的严重匮乏就成为了制约中西部发展的瓶颈。而中西部的经济越不发达，其财政收入就越少，就越没有能力提供公共物品。这样就陷入了恶性循环。地方政府的竞争能力低也会导致公共物品供给不足。改革开放前，我国政府间的竞争主要是纵向竞争，即下级政府争夺上级政府的支持，获得更多的资源。政府间的横向竞争并不明显。改革开放后，中央对地方进一步放权，地方政府逐渐成了相对独立的利益主体，为了维护自身利益，发展本地区经济，地方政府间的横向竞争越来越激烈。如果某个地方政府没有能力提供足够的和优质的公共物品和服务，政府效率低下，那么根据“用脚投票”理论，资源就会离开或者不进入该区域，而流向有利于不同类型资源有机结合并且能创造更大价值的地区。如我国西部地区虽然自然风光优美、自然资源丰富，但是自然条件却较差、基础设施薄弱、市场化程度低。这些客观条件影响了这里的投资环境，限制了经济活动的产出和效益，无法吸引大量现代化生产要素的投入。那里的投资回报不如东部，投资风险却比东部高得多。所以，如今外国投资和国内投资大都集中在东部发达地区，劳动力也大量向东部转移。这使得中西部地区的经济社会发展更为艰难。中西部的经济发展越艰难，其提供公共物品和服务的能力就越低，在区域竞争中就会处于劣势地位。此外，地方政府的合作能力低也会导致公共物品供给不足。虽然地方之间利益是客观存在的，但是全国作为一个整体，集体的利益还是不容忽视的。如果不顾集体利益而一味强调地方利益，那么地方保护主义就会越来越严重，各种要素的自由流动就会受到限制，地方政府之间的公共物品供给差距也会越来越大。而且由于某些公共物品具有很强的外部性，地方政府之间如果不加强合作，协调发展，就会导致重复建设，浪费资源。

五、地方性公共物品的需求分析

为实现地方性公共物品有效供给，基层政府等公共物品提供者应了解社会成员的真实需求，才能在供给上做到有的放矢，提高公共财政资源的效率。但是，无论是全国性公共物品，还是地方性公共物品，相对于私人产品而言，无法通过市场价格反映消费者的需求信息。

首先，公共物品的需求是难以显示的，原因有三：一是居民作为公共物品的需求者，在信息非对称条件下，其自身偏好显露存在着局限性。基于公共物品的特性，作为理性“经济人”的居民会有或夸大或低水平地显示，甚至是隐瞒其对某种公共物品需求的动机。二是地方性公共物品的主要提供者——基层政府，虽然在了解当地居民对公共物品需求偏好上具有优势，但他们往往不愿意耗费大量交易成本用于收集相关的需求信息来决定公共物品的供给。三是居民社区是由许多个成员组成的，这些社区成员的收入水平、家庭结构、年龄等各不相同，对公共物品的偏好也不相同，由“阿罗不可能定理”可知，将众多社会成员的不同偏好汇总为社会偏好是很困难的。

其次，影响地方性公共物品需求的因素是复杂的。以农村为例，李永旷的研究表明，目前农业技术、市场信息、农产品流通渠道和金融服务等“软”公共物品已经成为农民共同关注的焦点和需求重点，而农民对农田水利设施和大型农具等“硬”公共物品的需求强度相对减弱。就具体公共物品项目的需求而言，收入水平与农民的市场信息需求存在正相关关系，文化程度对农民的市场信息和农业技术需求均存在正向影响，政府在加大农产品市场和信息服务体系以及农业科研和技术推广服务体系建设的同时，应注重对经济文化欠发达地区进行市场和技术观念的宣传示范，强化农民的信息与技术需求，增强其生产经营的竞争能力；农民对教育和培训都表现出较低的需求强度，这说明农民对教育和培训的生产性功能普遍认识不足，政府必须大力发展农村职业教育，尽快提高农民的文化技能素质。村干部与普通农民的公共物品需求偏好基本一致，各项公共物品需求强度差异较小；村干部和普通农民选择的出发点不同，普通农民主要从家庭生计角度选择，村干部则将家庭需要和工作需要相结合，致使二者的需求又略有差异。由于农村公共物品的需求主体具有零散性，只有将农民需求的个体决策转化为集体意志，才能有力地影响供给主体的行为目标。①

为有效地满足某地公民对地方性公共物品的需求，要考虑以下几个手段。

1. 民营化

即更多地依靠民间机构，更少地依靠政府来满足公众的需求。正如萨瓦斯所言，应在地方性公共物品提供方面减少政府的作用，增加其他社会机构的作用，以此获得效率的提高和供给的灵活。民营化具有多种形式。签订合同，由私营公司承包垃圾处理、公共房屋维修等是民营化；由非营利机构合同承包养老院的餐饮供应或经营托儿所同样是民营化；政府授权，由私营公司赞助、建设、拥有、经营高速公路、隧道、水利设施等也是民营化。当城市居民自愿组织巡逻队的时候，当郊区居民自愿参加消防工作的时候，他们都在实践着民营化。民营化的主要形式包括：从政府服务转到合同承包、补助、凭单、特许经营、志愿或市场安排。取消补助（对生产者的补助），代之以凭单、志愿或市场安排。尽可能放松对特许经营的管制，取消价格控制和进入障碍，允许通过市场安排来满足人们的需要。②

2. 公民参与

即完善民主决策机制，扩大公众的参与决策权。在建立、完善村民

---

① 李永旷：《农村公共物品供给中的偏好显示问题分析》，《经济与社会发展》2007年第8期。

② E. S. 萨瓦斯：《民营化与公共部门的伙伴关系》，中国人民大学出版社2002年版。

委员会、社区委员会，市、县和乡人民代表大会制度的基础上，建立地方性公共物品的需求表达机制和决策、监督机制，使公众能够通过直接或间接的渠道，充分表达自己对承担公共物品成本的意见，实现地方性公共物品供给决策机制由自上而下向自下而上的转变，让受益人直接参与到受益项目的决策过程中。在具体做法上可以采用直接民主与代议民主相结合的灵活方法。如在最基层的自然村，可以实行直接民主，全体村民进行投票，按多数原则确定出本村公共物品供给的方案；在乡一级，可以实行代议民主制，即由各村的代表共同决定最后方案。此外，还应该建立能够代表本地区公众利益、能与国家政权对话的民间组织，这一组织有反映地方公众意愿的信息机制，能够代表广大居民参与公共物品的决策，以扩大公众在公共物品供给决策中的参与决策权。①

3. 立法建制

即加快立法，规范私营经济介入地方性公共物品供应的范围，针对具体项目实施具体措施。结合我国实际，各级政府应合理定位职能，理顺自身的管理和服务范围，并扩大私营经济部门的活动边界，以提高公共部门的运行效率。例如，地方政府可将交通设施、职业教育交由私营经济部门办理，由于交通建设一般不易通过价格机制完全收回成本，这就需要政府依据具体情况采取相应的奖励措施，适度给予补贴。虽然这样可能造成财政负担，但同完全由政府建造及营运相比，仍能在很大程度上减轻地方政府的财政压力。另外，由私营经济参与投资与运营，可以提高整体经济活力和资源配置效率。同时也正是因为以上的补贴诱因，我们应加快立法，使整个投资营运过程制度化、透明化，避免其成为官私勾结的工具，否则不但不能达到改善公共物品供应的目的，反而会造成财富分配更加恶化的不公平现象。

① 洪源：《村级公共物品供给模式创新——建立公共物品需求偏好表达机制》，《山西财政税务专科学校学报》2004 年第 6 期。

4. 户籍制度改革,发展以自由迁徙为前提的用脚投票

蒂博特认为,在地方政府之间提供公共物品的竞争和以自由迁徙为前提的用脚投票的相互作用下,地方性公共物品的供应可以达到帕累托效率,即资源的有效配置。因此,应尽快改革现行户籍制度,取消“农业户口”和“非农业户口”的人为差别,逐步建立城乡统一的户籍管理制度,使农民真正拥有自由迁徙的权利,从而使蒂博特模型发挥作用。这样用脚投票将使公共物品的提供者更多地考虑居民的需求意愿,使不同偏好的消费者找到最符合个人需要的社区,同时,用脚投票在客观上也促进了地方政府之间的竞争,会迫使其不断提高效率,降低公共物品的供给成本。

六、公共物品的偏好显示理论

在对公共物品偏好显示问题的解决过程中,西方经济学家通过设计各种各样的投票模型,以公共选择的方式将个人对公共物品的需求(偏好)转化为公共(集体)需求,进而为公共物品的供给提供真实的需求基础。其中比较有代表性的模型是林达尔均衡模型和蒂博特模型,它们的均衡结果分别以“以手投票”和“用脚投票”的偏好显示机制为前提。

1. 建立“以手投票”的公共选择机制作为地方性公共物品需求偏好表达机制的基础

所谓公共选择机制是指公众通过直接投票方式决定公共政策,或者通过投票选举施政偏好与己相同的当政者来左右公共政策的机制。把公共物品的提供与公共选择机制结合得较好的模型当属维克塞尔—林达尔均衡模型。维克塞尔—林达尔均衡通过将公共物品的供给与实际政治生活的决策联系起来,为人们之间如何确定公共物品的合理负担份额和产量提供了思路。

林达尔认为,如果每个社会成员都按照其所获得的公共物品或服务的边际效益的大小,来捐赠自己应当分担的公共物品或服务的资金费用,则公共物品或服务的供给量可以达到具有效率的最佳水平。

林达尔均衡的假设前提是:第一,每个社会成员都愿意准确地披露自己可以从公共物品或服务的消费中获得的边际效益,而不存在隐瞒或低估其边际效益从而逃避自己应分担的成本费用的动机。第二,每个社会成员都清楚地了解其他社会成员的偏好以及收入状况,甚至清楚地掌握任何一种公共物品或服务可以给彼此带来真实的边际效益,从而不存在隐瞒个人边际效益的可能。

假定存在一个由 A 与 B 组成的两人社会,他们对公共财政支出即公共物品供给水平的偏好决定了政府的公共物品支出。林达尔把政府的作用看做是一个拍卖过程,他首先将不同的税收份额提供给当事人 A 和 B,由 A 和 B 申报在既定税额下各自对公共物品的偏好水平,若偏好不一致,则政府需要重新调整税额,提高需求高者的税负份额以使其需求降低;同时降低需求低者的税负份额以使其需求增加。这个拍卖过程将一直持续下去,直到双方各自在不同的税收分摊额下,对公共财政支出水平的偏好相同时为止。在这个全体一致同意的均衡点上也就意味着公共物品供给的帕累托效率解。这个过程可用图 2.2 来描述。①

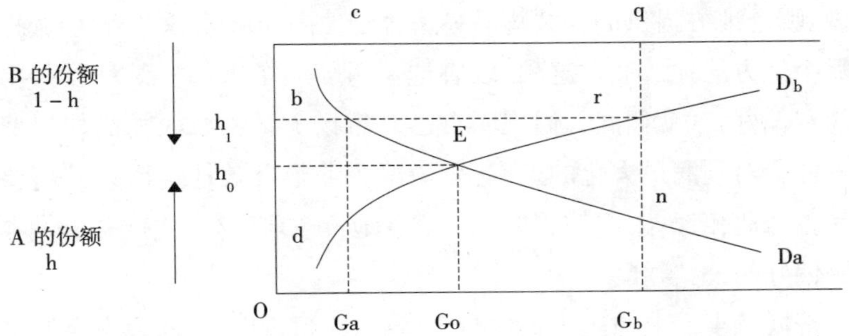

图 2.2　维克塞尔—林达尔均衡模型

① 曹荣湘:《蒂博特模型》,社会科学文献出版社 2004 年版,第 19 页。

设图中纵轴由下往上代表个人A承担公共物品供给总成本的份额，$h=1$时代表全部由A承担。按照条件，当个人A的成本承担份额是h，则个人B的份额是$(1-h)$。横轴代表公共物品数量，曲线Da和D_b分别代表个人A和B在各自的不同份额下对公共物品的需求量。再设政府最初设置的公共物品成本承担份额h_1，这时，个人A愿意得到Ga水平的公共物品，而B愿意得到G_b，两者就有了分歧。为此政府将提出另一份成本承担方案，由A和B重新决定。可以看出，只要调整之后双方对公共物品的需求量仍不一致，这个过程将继续下去，直到公共物品成本承担份额是h_0为止。在点h_0处，A和B都同意公共物品的产出水平为G_0，组合(h_0，G_0)是帕累托最佳结果，由双方一致通过所决定，意味着任何个人如果改变配置将使结果变坏，从而阻止这种改变发生。

2. 建立“用脚投票”的公共选择机制作为地方性公共物品需求偏好表达机制的补充

蒂博特认为，人们之间偏好的不同以及人口的流动性，制约着地方政府生产和提供公共物品的种类、数量和质量。如果有许多地方和相应的地方政府，且每一地方分别提供不同的公共物品，那么对于每个人来说，哪个地方提供的公共物品最适合于他的需求偏好，他就会选择前往哪个地方居住。通过这种“以脚选择”，表明了人们对某种公共物品的消费偏好，这就如同人们表明自己对市场上某种私人物品的消费偏好一样。对利润最大化的追求，刺激着企业最有效地生产人们需要的产品。与此相似，人们的选择也刺激着地方政府，努力生产并提供本地居民偏好的公共物品。

蒂博特事实上描述了这样一个模型：人口可以流动，存在足够多的潜在或者现存社区，这些社区提供不同的公共物品束，居民能够通过无成本的迁移选择提供最好的公共物品和税收组合的社区，并且通过这一过程显示出他们对公共物品的真实偏好。其结果是这样一个均衡：居民们在社区间的分布建立在对公共服务的需求这一基础上，每个居民获得他们自己最想要的公共服务/税收组合。

具体来说，蒂博特模型的假设是①：

第一，居民们拥有关于社区间税收/服务组合的差异的完全信息。

第二，迁移是无成本的。

第三，地方性服务的提供是以最小平均成本进行的。

第四，存在许多社区——足以使每个居民住在一个正好满足自己需求的社区。

第五，公共物品是通过一次性税收提供资金。

第六，不存在辖区间的外部性。

给定这些假设，蒂博特认为，人们可以将地方性公共物品的供应看成类似私人产品的竞争市场。社区间的竞争将使得各个不同的公共物品束被提供出来，居民们将通过迁移（用脚投票）显示出他们对这些公共物品的偏好。这一个过程将导致一个有效的结果。导致有效的原因有两个：一是因为公共物品是以最小平均成本提供的；二是因为每个居民都住在正好能满足自身需要的辖区。根据显示偏好，本来可以迁移的居民选择不迁移，从而不能使自身状况得到改善。

假设公共物品的生产具有规模报酬不变的属性。在这种情况下，社区规模是不重要的，因为仅仅由一个居民组成的社区也能以最小平均成本提供公共服务。进一步地，假设消费者的偏好被定义在一个用X表示的私人物品组合和一种用G表示的公共服务上——这一公共服务能够被地方政府以不变的边际成本c生产出来。如果存在足够多的社区，消费者将迁入正好能够满足自身偏好的社区，从而这些社区将由同质的居民组成。在这种情况下，选择同一社区的居民们将对公共服务有着相同的偏好。因此，所有居民愿意为公共物品支付的总和仅仅是n个相同的需求曲线的和。进一步地，如果公共提供的服务是通过一次性税收来筹集资金的，则每个居民只需支付等于 $\frac{1}{n}$ 的税收份额。

① 欧阳正仲：《地方性公共物品部分市场化问题研究》，《江海学刊》1997年第3期。

消费者的选择问题是：

$$Max \quad U(x_i, G) \tag{2.9}$$

$$\text{s. t.} \quad x_i + t_i T = M$$

政府的预算约束为 cG=T，而且给定社区中每个人支付相同的一次性税收 $t_i = \frac{1}{n}$，这里 n 是社区中的居民数量。因此，消费者的选择问题能够被写为：

$$Max \quad U(x_i, G) \tag{2.10}$$

$$s.t. \ x_i + \frac{c}{n}G = M$$

最大值的一介条件意味着：

$$MRS_{G,x} = \frac{c}{n} \tag{2.11}$$

根据萨缪尔森的条件，我们知道，公共物品的有效供给要求所有居民的边际收益之和等于生产该公共物品的边际成本。因此，有效的供给要求：

$$\sum_{i=1}^{n} MRS_{x,G}^{i} = c \tag{2.12}$$

将等式(2.11)代入(2.12)得：

$$\sum_{i=1}^{n} MRS_{x,G}^{i} = \sum_{i=1}^{n} \frac{c}{n} = c \tag{2.13}$$

式 2.13 表明，如果蒂博特模型的假设得到满足，那么将会出现地方公共服务的有效率配置情况。

蒂博特模型的偏好显示类似一种优选机制，通过社区居民不断迁移，用实际行动显示出人们对所居住区域公共物品供给水平和供给效率的偏好，并最终寻找到与自己的收入水平、税负能力、期望的公共服务标准等相适应的社区，经过若干次迁移，达成某种均衡状态并相对稳定下来。

总之，地方政府要有效率地供给地方性公共物品，其前提是深入了解地方居民对公共物品的需求，而这种需求的得出必须依靠需求表达机制。所以，只有通过一套完善的需求偏好表达机制，地方政府才能有效地了解地方居民需要什么样的公共物品，从而有针对性地对公共物品进行供给。

七、地方政府供给的公共物品定价

1. 地方政府供给公共物品应遵循的原则

弥补成本原则。地方性公共物品的福利性质决定了地方性公共物品的定价不能以追求高额利润为原则。对于公共部门来说，一方面谋求盈利是不适当的，原因在于当收费高于成本时，高出的部分相当于对受益者的征税；另一方面，如果收费低于公共物品成本，低出的部分则相当于对受益者的财政补贴。在这样的情况下，对受益者的征税加重了其额外负担，提供补贴则加重了政府财政负担。因此，补偿成本是大部分公共收费最恰当的标准。根据弥补成本原则，地方性公共物品定价必须以生产或提供这种公共物品的成本耗费为最基本的计价依据。该计价依据除了保证在公共部门从业的人员有合理的收入外，还要能弥补公共经济活动中投入的物化劳动耗费，这是公共物品再生产得以持续进行的前提条件。否则公共经济部门将出现亏损，最终影响公共物品的持续有效供给。

薄利原则。地方性公共物品的提供，主要是为了提高当地居民的生活质量和社会文明程度，因此，不宜通过制定高价来限制地方性公共物品的消费。所以地方性公共物品定价一般以能弥补成本耗费为依据，制定较低的价格。但由于地方政府财力有限，并为了引入竞争机制以提高公共物品提供效率，可以在一些准公共物品领域允许盈利，以吸引其他投资主体。但这些领域的盈利水平应控制在合理范围内，政府应关注这些领域的成本收益状况，尤其是公共物品提供成本的变动，不应使“薄利”变为“暴利”。

受益原则。按照受益原则，只有当一项公共物品给当事人带来可以用货币测度的具体受益，并且收费的最高限度不超过受益量时，对此项公共物品的收费才是合理的。根据这一原则，应避免下列情况：一是收费项目是“为收费而收费”而设立，与当事人受益面无关；二是收费过多，收费水平超过了成本上限，成为付费者沉重的负担；三是真正使居民受益的项目收费不足。

适应当地经济社会发展原则。各地的经济社会发展存在差异，地方政府财力及当地居民收入水平也存在差别，受财力限制，地方政府必须在理清公共物品提供主体即哪些公共物品应由地方政府提供，哪些公共物品应由中央政府提供，哪些公共物品可引入市场投资主体的基础上，着重解决最紧迫的关系到当地民生的公共物品的提供。在地方性公共物品定价时，应根据当地情况制定最有利于当地经济社会发展的定价。

2. 公共物品分类定价的理论分析

从纯公共物品的定价看，纯公共物品定价追求的效率标准是帕累托最优状态。按照这一标准，公共物品的定价必须使得每一种产品的价格与该产品的边际成本相等。林达尔均衡可以在理论上解决这一问题(详见图 2.3)。

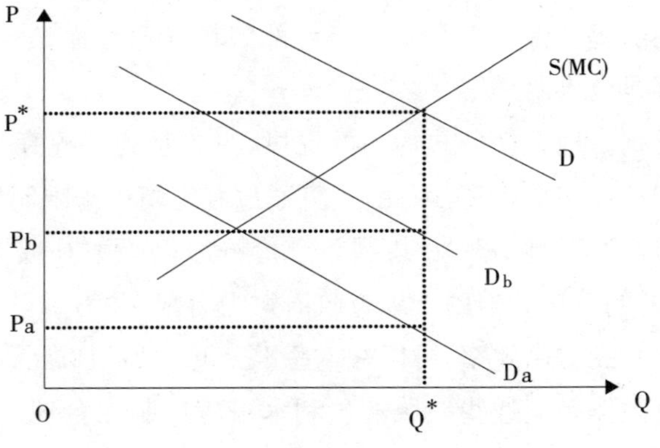

图 2.3　林达尔均衡图

图 2.3 描述的是假设一个社会中只有两个消费者的情况下，公共物品的林达尔均衡状况。公共物品的市场需求曲线 D 由消费者 a 和消费者 b 的需求曲线垂直加总而成。公共物品的供给曲线 S(MC)与市场需求曲线的交点，决定了公共物品的最有效率的产量 Q^* 和市场

价格 P^* 。在公共消费量 Q^* 下，消费者 a 愿意支付价格为 P_a，消费者 b 愿意支付的价格为 P_b，那么社会愿意支付的总价格 $P^* = P_a + P_b$ 。

根据林达尔均衡，公共物品的生产成本要按照林达尔价格来分摊，即消费者 a 负担的价格为 $T_a = P_a/P^*$ ，消费者 b 负担的价格为 $T_b = P_b/P^*$ 。纯公共物品的生产者——政府可以按照林达尔价格征税以弥补生产成本。假定公共物品的生产成本为 C，那么向消费者 a 和消费者 b 课征的税收分别为 $T_{ac} = (P_a/P^*) \times C$ ；$T_{bc} = (P_b/P^*) \times C$ 。

但在现实生活中，这种按消费者的付费意愿分摊价格的做法是很难实现的。首先，为避免支付较高的公共物品消费价格，消费者会故意较低地显示自己的需求；其次，调查消费者的偏好信息和价格信息所需成本是很大的；最后，公众要想真实地表达自己的偏好，必须对公共部门信息有充分的了解，以便做出正确的选择。但由于支出计划涉及公共物品的数量和质量问题，收入计划涉及公众负担问题，所以政府要把详细的支出计划和收入计划公布于众，而不只报总账，这在实际中是难以做到的。

从准公共物品的定价看，可以有几种方法①：

第一，公共资源的定价方法。公共资源具有非排他性但又具有竞争性。这种竞争性意味着谁占用就归谁，当不能有效地阻止消费时，就会导致资源的枯竭和对公共资源的破坏，即“公地的悲剧”。但由于公共资源不具有消费的排他性，无法对实际使用者进行收费，所以应由政府提供，再通过征税来弥补生产成本和经营成本。其定价方式见上述纯公共物品的定价。

第二，俱乐部产品的定价方法。俱乐部产品具有相对的非竞争性，即这类产品有一定的消费量限制，在这个限量之下消费，不存在拥挤现象；一旦超过这个限量，消费者就要承担拥挤成本(如图 2.4 所示)。

图 2.4 中 DD、MR、MC 分别为需求、边际收益和边际成本曲线；

① 高丽峰、田雪欣：《准公共物品定价的经济学分析》，《商业时代》2007 年第 9 期。

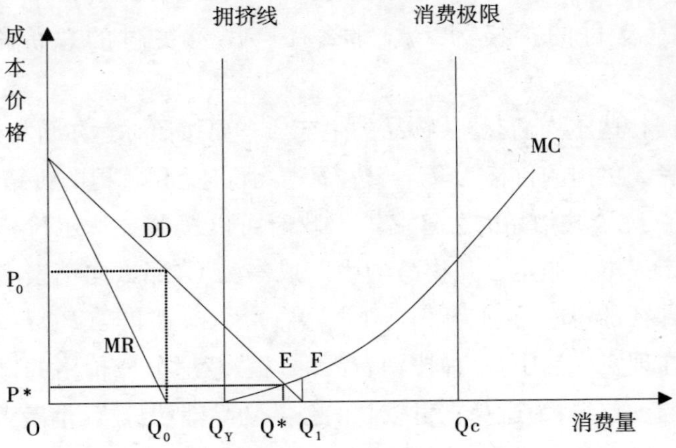

图 2.4　俱乐部产品的定价方法

Q_Y 为拥挤线，Q_c 为消费极限。拥挤线与需求线相交，表明在一定价格下，产生了拥挤现象。此时，厂商的边际生产成本仍然为零，但由消费者承担的拥挤成本却增加了。如果仍免费供应，就会出现过度消费，造成社会福利损失 EFQ_1。避免过度消费的办法是收费。按照边际拥挤成本确定价格为 P^*，消费量为 Q^*。不过，由于边际拥挤成本线 MC 难以事先测算，在实际定价实践中一般实行试错法，以保证不出现过度拥挤为准。

第三，自然垄断产品的定价方法。自然垄断产品随着使用者数目的增多，每个使用者所分担的成本将下降。因此，由一个供给者来供给该产品将最为经济，例如电力输送、自来水供给等。这类公共物品也被称为公用事业产品。对于自然垄断产品而言，其定价方法可有以下三种（如图 2.5 所示）。

第一种是市场化定价法——利润最大化。市场化定价方式是指由供求力量自由决定均衡价格的定价方式，即 $MR=MC$。由于自然垄断产品的边际成本与平均成本均是递减的，若按 $MR=MC$ 定价，则供给者会出现亏损：DD、MR、MC、AC 分别为需求、边际收益、边际成本、平均成本曲线。按 $MR=MC$ 确定价格为 P_1，数量为 Q_1，消费者剩余

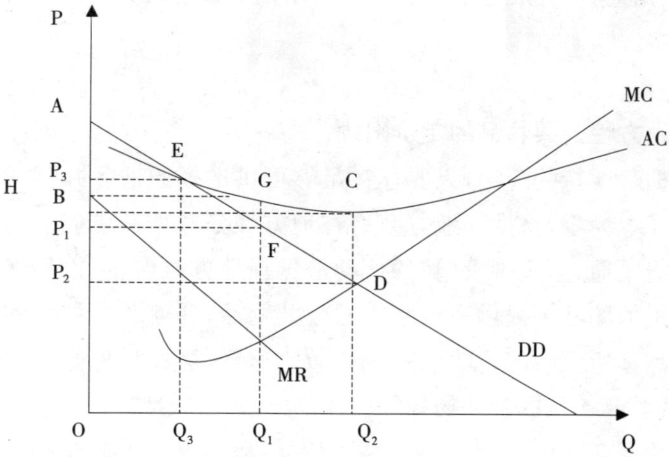

图 2.5　自然垄断产品的定价方法

为 AP_1F 。此时的价格 P_1 并不能完全弥补供给者的生产成本，亏损为 P_1FGH ，这说明，采用利润最大化定价，政府要对供给者给予一定补贴。

第二种是边际成本定价法。按照边际成本来定价 $P = MC$ ，价格为 P_2，数量为 Q_2，消费者剩余为 AP_2D ，此时价格 P_2 仍然无法弥补供给者的生产成本，亏损为 P_2DCB ，但消费者剩余要比按利润最大化定价时大：$AP_2D > AP_1F$ 。这说明按边际成本定价，供给者的亏损较大，但社会福利损失较少，因此，此时政府应对供给者和消费者给予一定的补贴。边际成本定价法是目前政府较为常用的定价方法。

第三种是平均成本定价法。按平均成本定价，价格为 P_3，数量为 Q_3，消费者剩余为 AP_3E 。此时，价格 P_3 刚好可以弥补供给者的生产成本，没有亏损。但消费者剩余相较于前两种方法却是最少的。这说明，采用平均成本定价，有利于自然垄断产品的市场化操作，但为了确保一定的社会福利性，政府应对消费者给予一定的补贴。

综上所述，政府在对公共物品进行定价时，要明晰其定义、特性及分类，根据公共物品的定价原则，针对不同类型的公共物品采用不同的定价方法。

3. 地方性公共物品的定价困扰①

根据蒂博特的理论，只要存在足够可供选择的地区并且居民迁徙的边际成本为零，将推动地方政府在地方性公共物品供应上的相互竞争。而居民通过“用脚投票”的行动来选择地方政府，可以促使地方政府按居民的偏好来提供一定水平的公共物品，并使其所提供的公共物品水平和其所征收的税收水平相一致。这样，居民从偏好出发的地理选择，就形成各地区公共物品的最优供应，并形成地方性公共物品的均衡价格。但在我国，长期以来户籍制度的限制决定了居民不可能自由迁徙或迁徙的成本过高，这使得居民不具备“用脚投票”的可能。因此，其对公共物品偏好的表露就不可能通过市场表达出来。

地方性公共物品的定价困扰主要表现为以下几方面：

第一，公共物品价格与价值和居民经济承受力出现双重背离。受历史因素影响及地方政府出于经营城市的需要，公共物品作为吸引人才、投资的福利，一直按照低于成本和资源价值的价格来提供，间接导致公共物品生产亏损和效率低下等问题。然而，公共物品一旦实现向其价值的回归，又与居民经济承受力出现背离。这也是我国公共物品价格改革举步维艰、左右为难的根本问题所在。

第二，社会对纯公共物品成本效益缺乏关注。由于政府的活动具有不以直接营利为目的的公共性，政府直接提供的公共服务，其供给就具有明显的非价格特征，也就是政府不能通过明确的价格从供给对象那里直接收取费用，而主要是依靠财政支出维持其生产和运营。这样，具体成本很难被明确计算出来，地方政府也因此缺乏降低成本提高效益的直接利益驱动。同时居民税收上缴地方后，更关注的是地方政府用税收办了多少实事、好事，一般不关注其在提供公共物品时到底花了

① 牛艳玉：《地方公共物品的定价困扰》，《浙江经济》2006 年第 3 期。

多少成本。地方政府官员为了得到社会的好评，获取政绩，也往往以办实事、好事为己任，片面追求地方性公共物品提供的数量，至于成本并不放在当地政府决策的重要位置上。而在成本扩大化之后，政府的自利很容易得到满足，这也是地方政府公共支出效率低下的根本原因。

第三，存在价格歧视。在地方性公共物品的使用上，存在本地居民和外地人两个市场，在这两个市场上，地方性公共物品具有不同的价格，即价格歧视。这将导致居民自由迁徙的成本过高，影响居民以及与之相关的资金、技术等要素流动；外地人进入本地市场后，在降低原住居民对公共物品负担的边际成本的同时还会带来“拥挤成本”，影响城市竞争力以及公共物品供给水平的提升。

第四，地方性公共物品的定价缺乏成本约束。地方性公共物品，除少部分纯公共物品由政府直接提供外，多数公共物品是由地方政府委托企业提供的，形成政府与企业之间的委托—代理关系，例如城市供水、供气、电信网络服务等具有自然垄断性质的行业，其所提供公共物品的价格由政府指导制定。在这种市场独占或寡占的情况下，垄断行业成本的控制程度往往取决于委托人的监管效率与代理人的经营目标函数。由于企业提供产品的定价基础在于产品的生产成本，因而企业内部就可能从增加企业的开支中获取更多个人收益，具有明显的成本最大化动机。加上在公共物品价格制定、调整审批环节，价格主管部门与企业在成本信息上的不对称，以及缺乏准确估算机制去审核企业成本的真实性，往往出现成本增加引起价格提高的政策性效率损失。

第五，政府统筹定价导致最差价格均衡出现。虽然政府拥有对许多公共事业的垄断经营权和最终定价权，但对地方政府而言，在制定公共物品价格时，既要考虑其成本的变动，保证生产企业能够获得合理的利润，又要考虑价格变动对其他部门、行业及居民生活的影响，保证地方社会稳定。而企业在提出调价要求时，往往只从本行业利润出发，采取多报成本支出的办法来达到提高价格的目的。在这种情况下，所谓国家定价，往往演变成企业与政府价格主管部门之间的讨价还价。由于信息不对称等原因，垄断企业具有经济话语权，导致两者之间博弈的结果，往往是"成本"涨多少，价格就提多少，甚至是价格的上涨比成本的提高还要快。虽然目前价格听证制度迅速发展，但政务、财务不公开的情况下，居民无法准确知道公共事业的合理成本，并且由于居民群体组织的相对涣散，因此在听证会上往往处于劣势，对最终价格制定缺乏话语权。

第六，地方性公共物品价格管理理念存在一定偏差。地方性公共物品定价的原则应以有效配置公共资源为目的，现实中却被各种主观愿望所取代。有的强调要为政府分忧，坚决不涨价；有的则强调用价格作为惩罚手段，教训区域内"违规"的消费者；有的则干脆以敛财为目的，不顾社会公正，使政府形象受到损害。此外，地方政府对价格管理部门职能配置过于单一，只是就价格而管价格，无法参与地方性公共物品市场准入、需求管理及运行成本的监控，因而无法从整个环节对公共物品定价形成制衡机制，对公共物品的价格监管也就缺乏有效性。

4. 优化地方性公共物品合理定价的路径选择

强化人口自由流动，引入城市竞争机制。首先，应改革户籍制度，强化人口自由流动，为居民"用脚投票"提供现实可能。在能够自由流动并且迁徙成本不高的条件下，居民会根据不同地区公共物品的供给状况和税收水平选择定居的地点，而居民以及与之相关的资金、技术等流动，又会导致地方政府之间为竞争更多、更好的要素而努力提高公共物品的供给水平。就此而言，公共物品的供给具有很强的竞争性，而允许人口流动无疑有助于地方政府更好、更有效率地提供公共物品。其次，要强化城市竞争。公共物品的分层次供给，使得如何更好地提供地方层次的公共物品成为地方政府间横向竞争的重要内容。出于城市规模扩张带来的政府效用满足和政绩自利的需要，竞争会使得地方政府想方设法增加本地公共物品的有效供给，同时降低与公共物品供给直接相关的税负水平。这虽然是出于提高地方竞争力的需要，但却能有效地改善地方性公共物品的供给。最后，应消除地方性公共物品使用中的价格歧视。在教育、医疗、城市公园及其他公用设施使用上，不制定歧视性价格,使外来人员真正享受到“国民待遇”。从而促进人才等要素的流入,增强城市吸引力和竞争力。

对地方性公共物品的生产经营进行环节分解,在非自然垄断环节引入市场竞争机制。有些属于自然垄断的行业或产品,虽然整体上看是垄断的,但其生产经营的整个过程中并非每一个环节都具有自然垄断性。例如,电力的生产经营过程就可以分成发电、输电和售电等环节。其他垄断行业如通信、城市供水、供电等也可以做出大致的划分。电力行业的电网、电信行业的通讯网、城市供水供气的管道等具有自然的垄断性,而其他环节则不一定就具有自然垄断性,例如,无论是城市供水、供气还是供电,在一个城市或区域内,大都可由多家生产。首先,在地方自然垄断行业中将不具有垄断性的环节引入市场竞争机制,使其价格在市场竞争中形成。可以在地方性公共物品供给上引进民间资金,改变目前公用事业投资效率低下的现状。其次,对于自然垄断环节应继续实行政府定价或政府管制价格。这样可以提高规模效益,避免重复建设及其他形式的浪费。但前提是要改善政府定价的效率和质量,制定出既反映企业成本又反映居民收入现实的科学价格,通过正规法定程序,由地方性公共物品提供企业执行。

改革地方性公共物品价格形成机制和成本约束机制,理顺价格关系。首先,应规范地方性公共物品价格构成。一要完善公共物品成本项目构成;二要确立公共物品提供者公正的报酬率标准。价格管理部门要破除与经营企业成本信息不对称的难题,强化成本监测,合理确定公共物品提供成本和报酬标准,使定价结果能够最大限度地保护消费者的权益,同时又保障生产者开展正常经营的积极性。其次,深化价格改革,理顺价格关系。取消地方性公共物品价外加价现象,将各种基金或收费并入价格中。与此同时,改变长期以来公共物品价格扭曲现象,按照合理补偿成本原则使生产经营企业能够基本上做到收支平衡乃至略有盈利,但同时,要重视价格听证,通过利益相关者的参与和公开对话建立各方利益诉求的平台和通道,实现各方利益的对接,并引入专家论证制度,增强价格决策的公信力。再次,建立规范的行业价格监管体制。建立职能完备的价格管制机构，以价格管制为中心，将价格管制与市场准入、运行规程、需求调控、成本监审融合在一起，实现价格审批与成本监控一体化。最后，要规范监管程序，实现价格公平，成本负担合理，在全社会培育起有效的公共物品价格监督体系。

第三章　城市化与地方政府对城乡建设的管理

地方政府在城市化、城乡建设规划、基础设施建设、土地与住房管理、城乡环境保护等方面发挥着非常重要的作用。

一、地方政府在推进城市化进程中的作用

在一个地区的城市化进程中，地方政府起着决定性的作用，没有地方政府的推动，城市化水平往往难以快速提高。然而，在城市化进程加快的同时，由于各种因素的影响，城市化也走入了一些误区，如有些地方政府在城市化中"重规划"而"轻产业"，不仅城市发展缺少产业支撑，而且城市建设缺乏自身特色。城市化中重城市扩张而轻网络建设、重市民而轻农民，使城市化建设未能走上良性的发展轨道，制约了城市化建设，使得人们对这种"政府推动型"的城市化提出了质疑。因此，地方政府在城市化进程中的职能如何定位，已经成为一个需要思考的重大现实的问题。为了进一步推进城市化进程，必须切实发挥地方政府的作用，积极做好以下工作。

1. 制定和落实城市建设规划

地方政府作为一定地域内的行政组织，应合理制定经济社会发展规划，把大中小城市和小城镇的合理布局以及各城市的特色当做地方政府的一项重要任务来抓，从实际出发，将规划落到实处，为产业及企业提供一个良好的发展空间与环境，使城市建设不断向纵深发展。

2. 加快城乡一体化发展进程

从农村城镇化和城乡一体化趋势来看，小城镇门槛低，发展成本低，容易发展，是在我们这样一个农民占绝大多数的发展中大国实现城乡一体化的必由之路。小城镇架起了让农民走进城市转变为城镇居民的桥梁。小城镇建设是乡镇企业摆脱分散化粗放经营困境的根本途径，对于减少耕地占用、完善乡镇企业的基础设施及服务的配套、降低生产成本、发展第三产业、吸纳更多的农村剩余劳动力具有重要作用，也是实现整个国民经济增长方式转变的重要内容。地方政府可以运用政策、法律法规，将分散的乡镇企业引导到建制镇上集中落户，这样既可以节约用地，繁荣乡镇市场，也可以使乡镇企业由粗放型向集约型发展，引导乡镇企业调整产业结构，形成规模经济。地方政府还可以通过典型示范，使农民从有限的耕地中转移出来进入乡镇企业，使土地向种植大户集中，使单家独户的经营向大规模农场经营转变，使农业由落后的手工操作为主向机械化、现代化转变。同时，在城镇化进程中，要发挥现有超大城市、特大城市和大城市的带动功能和辐射作用，并不断提高中等城市的功能覆盖率，大力吸纳农村剩余劳动力。

3. 完善公共服务职能

地方政府公共服务职能，主要包括地方政府承担的发展各项社会事业、实施公共政策、扩大就业、提供社会保障、建设公共基础设施、健全公共服务体系等方面的职能。第一，地方政府通过运用公共财政政策，重点加强城市供排水管网、燃气管网、供热管网、防灾设施及城市公共交通设施建设，创造良好的人居环境。第二，地方政府要有计划、有步骤地推进市政公用事业改革，坚持社会公共利益至上的原则，根据不同类别、不同行业的特性，逐步将生产性、经营性和作业性事业单位进行企业化改制，使其成为独立的市场主体，同时将其承担的市场管理和监督等行政职能全部划归政府管理部门。根据不同地区社会经济的发展水平和市政公用事业设施的实际运行情况，稳妥推进市政公用事业相关单位改制。通过健全相关行业的市场准入制度，既保持适度竞争，又有效维护各类竞争者的公平权益。政府可以通过向企业提供经济利益补偿，给予适当特许经营权，控制商品和服务的价格审核权，取消经营资格以及保留必要的惩处手段等，加强政府在维护社会公正和公平方面的调控能力，切实维护公众利益和公共安全。第三，地方政府通过加大教育和人力资本投资，培养城市经济发展所需的人才，推动城市经济可持续发展。如大力发展职业技术教育、专业成人教育等来培养本地区所需人才。同时要注重人才环境建设，通过制定各种优惠政策多方引进高层次人才，促进人力资源的市场化配置，为人才创造发挥作用提供有利的条件和平台。第四，完善和加强软环境建设，为城市化发展提供保障。地方政府应强化服务是“第一要务”、执政为民、科学发展的理念，以提高办事效率为重点，营造廉洁高效的政务环境：要加强行政管理体制改革，深化行政审批制度改革，强化机关作风建设，健全政务公开制度，增加政务透明度；以加强执法队伍建设为重点，营造公正文明的法制环境。地方政府要切实增强领导机关和领导干部的法制观念和依法办事能力，防止和纠正“重权轻法”和“权大于法”的思想和行为，不断完善行政执法责任制，健全评议考核制，实行责任追究制，确保行政机关依法行政。

4. 转变城市化发展方式

首先，要从依托土地为主转变为土地、劳动和资本并重。土地资源的开发利用，是当前城市化建设的一项重大举措，以土地为基础扩大城市规模，以土地为条件招商引资，以土地的运作与买卖变现建设所需资金等等，土地在城市化进程中成了各地政府的主要依靠。然而，城市化发展方式不能总是依托土地资源为主，而应将城市的土地、劳动与资本充分运用起来，调动各方面积极性，让土地得到最好的利用，让资本发挥最大效用，让劳动尽其所能，从而使三要素达到最佳的效用状态，提升城市的竞争能力。

其次，要搞好资源节约利用。严格保护基本农田，切实改变用地中的浪费状况，节约集约使用土地。坚持开源与节流并重，加强城市节约用水工作，减少供水与排水管网漏损，做好污水再生循环利用工作，从有利于城镇污水回用来研究污水处理设施布局，为利用中水创造条件，提高利用效益，节约水资源。重视和搞好建筑节能，改革供热体制与供热方式，加强新建建筑执行节能标准的监督，推进既有建筑的节能改造。推广应用高性能、低材耗、可再生循环利用的建筑材料。

最后，要用更宽广的发展理念构建开放合作新格局，促进第三产业的发展。要顺应时代发展要求，发展现代服务业，重点是引进品牌、引进商业集团、引进大服务业，发展特色农副产品专业市场、批发市场、超市、休闲购物中心、民俗风情旅游、乡村运输业、社区家政服务、餐饮业等，扩大地方消费，方便广大群众，提高广大人民群众生活水平。要根据市场需求和人民群众的需要，积极做好房地产开发，不断改善城镇居民住房条件和解决农民进城难问题。

5. 推进生态城市的建设

随着城市化水平的提高，现代城市的生态管理也日益成为城市发展与管理的突出主题，在城市经济、社会、文化、生态等系统要素的协调发展中，城市生态成为面向未来发展战略中最令人关注的协调要素。地方政府在对资源的合理利用方面：一是要修订完善科学的城市、城镇环境规划；二是要依法管理、依法治理城市生态建设和环境保护工作；三是要根据城市功能和科学规划的要求，对城市布局做更进一步的科学综合、合理分区；四是积极研制和引进先进技术和工艺，为城市生态管理优质化奠定科学基础。保护环境与发展经济一样，不仅需要政策引导，而且需要科学技术。如果能及时地把新兴技术运用于工业生产，那么不仅可以较大程度地提高产品的质量，降低物质消耗，提高经济效益，同时也会大大减少废弃物的排放，使得对环境的污染大为减轻。地方政府在城市生态规划管理中需应用科学方法，认真实施城镇环境质量的评价工作，保障城市扩张、经济建设、生态环境保护的协调发展。

二、地方政府与农村建设的管理

地方政府对农村建设的管理主要体现为制度的管理。根据制度经济学观点，产业结构既是经济发展的动因，又是经济发展的结果，必然受到现实经济中存在和变迁着的制度的深刻影响。地方政府对农村建设的管理应将制度作为决定农业产业结构的内生变量，寻找制约农村建设发展的制度原因，通过制度创新，解除制度约束，实现以适应市场为导向，以推动农业产业结构优化为目标的创新型乡村建设模式。具体而言，地方政府应从以下几个方面来加强农村建设的管理工作。

1. 处理好区域内城市与乡村的发展关系

根据新兴古典经济学的城市发展理论，经济结构的形成和贸易壁垒的高低有着密切关系。随着贸易壁垒的降低，如交通条件等环境因素的改善，使得商品、资源流动更加便捷，市场交易效率快速提高，资源聚集效应促进以城市为中心的区域经济快速发展。随着城市规模的扩大，城市内部道路拥挤、市场竞争加剧等因素也反过来使城市内的交易费用不断提高，城市居民的整体生活费用增长超过收入增长，产生外迁动机，并最终形成以城市为中心，以小城镇为辐射，由城市和乡村共同构成的乡村次级经济圈。地方政府应在农村建设管理的过程中强化农村次级经济圈的功能，进一步加深此次级经济结构的专业化、功能化演进。长期以来，城市在我国的地区中并非单纯发挥经济城镇的功能。城市首先作为各级行政中心，进而逐步向经济中心演化发展。自觉和不自觉的行政干预所造成的资源“易进难出”抑制了城乡层级经济结构的合理自发形成。在“优先发展城市”的理念下，为促进城市的快速发展，地方政府实际采用了市管县、县管乡镇、乡镇管村的垂直一体化管理模式。这种垂直一体化的行政管理模式使得城市的发展更多依赖于行政方式，城市自主拓展能力受到抑制。同时，由于城市化进程是一种城市意志下的改造过程，而非自主融入过程，城市发展更多表现为对农村资源的低成本汲取，使得城市的发展和周边乡村的落后形成了越来越清晰的城乡边界。北京市周边“环京津贫困带”便是最好的例证。因此，地方政府在农村建设管理的过程中应首先通过打造乡村次级经济圈，改善城乡经济圈的整体层级结构，促进城乡的和谐发展。具体而言，可考虑以下三方面的制度措施：一是尝试建立公开运作的、以城市发展收益为资金来源的农村发展基金资助城市周边乡村的发展与建设；二是以提高农村资源的整体利用效率为目标，给予农村更多的发展选择权，将以城市需要转变为以农村当地需要作为资源选择的衡量标准，提高资源的整体利用效率；三是以农村社区建设为基础，激发农村自主发展的动力。通过农村社区建设，提高农民组织化程度，增强农民的自主参与能力。

2. 完善农业管理体制和运行机制

当前，由于农村发展所面对的外部环境发生了很大变化，给农村建设的管理工作带来了新的挑战，同时也创造了新的机遇和空间。如何抓住机遇调整地方政府的工作力量，合理配备使用现有地方政府人员，更好地服务“三农”，维护基层社会稳定，推进农村发展。从今后的发展趋势看，地方政府要从推进发展、社会管理等方面不断完善农业管理的体制机制。

在推进发展方面，应逐步淡化政府的经济职能，改革现行农业管理和考核方法，从经济指标考核逐步转移到建立和完善市场机制方面，取消主要农产品流通的垄断性限制，按有利于发挥比较优势和提高农业国际竞争力的原则调整农产品流通、贸易和农业财政、税收与金融和投资等产业政策，尤其要尽快纠正“以粮为纲”和“米袋子”工程背景下出台的农业财税和投资政策，纠正农业建设项目脱离农业生产力实际的“形象化”、“样板化”、“政绩化”现象，引入市场机制，改革农业投资管理办法，杜绝“寻租”行为；同时应加强农产品生产、加工、流通体系，提高农业生产组织化程度，加大农业招商引资力度，推进农业产业化和农村城镇化。

在社会管理方面，应从体制和机制上推动社会化服务体系的建立和运行，为农民提供信息支持和知识服务。信息和知识产品很多具有公共物品的性质，必须由政府提供，做好农业信息的发布和传播工作是政府的一项无可替代的职能。对不具备公共物品性质的信息和知识，政府应从体制、机制等制度供给的角度积极推进其市场化进程，主动地填补市场的不足。激励农业技术研究、开发、推广的专业人员以及农村经纪人面对市场，按市场规则提供农业信息支持和知识服务；同时进一步强化地方政府对促进乡村教育的倾斜和扶持政策，推动农民科学文化素质和农业专业技能的不断提高。

3. 不断提升地方政府对农村建设的管理能力

地方政府对乡村建设的管理能力，主要表现为发展生产力的能力和公共服务能力。在发展生产力的能力方面，地方政府应把人与自然和谐的基本精神贯穿于乡村建设管理实践的全过程，重视生态伦理建设，进而推动乡镇地方生产力的发展。乡村建设的实践反复证明，地方政府在生态环境保护方面负有不可推卸的责任。地方政府在引导乡镇居民树立环保意识时，首要的是地方政府对生态环境的终极关怀。任何在生态环境保护方面的短视行为，必然带来生态环境的破坏。同时，地方政府应理性对待“投资热”、“开发热”，尊重客观规律，按规律办事，防止出现盲目投资与盲目开发。地方政府在吸引投资与开发时应首先考虑乡村居民的生活来源问题。事实上，地方政府的盲目投资与开发已造成对投资区与开发区周边相当部分乡村居民的日益边缘化。此外，地方政府应坚持以人为本的原则，正确处理人与自然的关系。地方政府应在实际乡村建设管理工作中尊重人的价值与尊严，充分调动乡镇居民的积极性、主动性与创造性，密切地方政府与乡村居民的关系，进而推动乡村社会经济的全面进步与发展。

公共服务能力主要表现为地方政府的创新能力、协调能力、冲突识别与解决冲突能力以及统筹兼顾与综合平衡能力。创新能力指地方政府根据乡村建设发展的实际，及时转变地方政府职能，适时进行管理方式的变革，从管理制度方面推动乡村的建设和发展；协调能力表现为地方政府能恰当协调地方政府系统内部各职能部门的关系以及协调地方政府和乡镇政府、乡镇居民之间的关系，使地方政府提出的乡村建设和发展方案获得乡镇政府、乡镇居民的认可和支持；冲突识别与解决冲突能力则表现为地方政府在利益多元化以及历史传统、人们认识水平不同的现实管理环境中合理区分冲突的性质，有的放矢，对于建设性冲突应给予支持、鼓励、保护，对于破坏性冲突则应采取相应措施加以遏制，全面、发展、辩证地认识和处理管辖区域内的各项冲突，调动一切积极因素为地方乡村建设和发展以及社会经济的全面进步创造一个良好的社会环境。同时应在农村建设管理的实践中根据乡村建设与发展的战略需要和乡村居民的根本利益，认真处理政府、企业与乡村居民三者间的关系，统筹兼顾，搞好综合平衡，使有限的人、财、物资源合理流动、配置优化，为乡村建设与发展提供一个良好的制度环境。

三、地方政府与城乡建设规划管理

为了推进城乡经济社会的协调发展，地方政府往往要制定城乡建设规划。把大中小城市、小城镇的合理布局以及乡村特色当做一项重要任务来抓，这也是地方政府各项行为的前提和依据之一。如每个城镇的规模，究竟多少人口合适？这就要求地方政府根据国民经济发展的情况和本地区的实际情况来决定。这样才能顺利完成农村剩余劳动力的转移。因此，随着城市化、城镇化进程的推进，各地方政府在城乡建设规划管理中将发挥越来越重要的作用。

1. 制定科学合理的城乡发展规划

地方政府在制定和实施城乡规划时，应当遵循城乡统筹、合理布局、节约土地、集约发展和先规划后建设的原则，改善生态环境，促进资源、能源节约和综合利用，保护耕地等自然资源和历史文化遗产保持地方特色、民族特色和传统风貌，防止污染和其他公害并符合区域人口发展、国防建设防灾减灾和公共卫生、公共安全的需要。针对不同种类，不同层次规划的具体情况，地方政府或者其规划主管部门按照事权分别负责制定城镇体系规划城市总体规划、镇总体规划、控制性详细规划、修建性详细规划等并明确规划的审批程序。

2. 加强对城乡发展规划的监督检查

首先，为了加强对城乡规划编制、审批、实施、修改的监督检查，地方政府应确保人大监督、行政监督、社会监督以及各项监督措施的顺利实现，应向本级人民代表大会常务委员会报告城乡规划的实施情况；应加强县级以上人民政府及其城乡规划主管部门对城乡规划编制、审批、实施、修改的监督检查。

其次，为广泛听取群众意见，城乡规划报送审批前，地方政府应组织编制机关依法将城乡规划草案予以公告并采取论证会、听证会或者其他方式征求专家和公众的意见。城乡规划是城乡建设的基础，城乡建设又与百姓生活息息相关。但是，当前普通百姓仍然很难参与到城乡规划的制定中去，为此，地方政府在城乡规划报批前，应向社会公告且公告时间不得少于30天，组织编制机关应当充分考虑专家和公众的意见，并在报送审批的材料中附具意见采纳情况及理由。

最后，社会主义新农村建设，规划先行。相对于城市规划，目前乡村规划管理非常薄弱。现有的一些规划未能体现农村的特点，难以满足农民生产和生活需要，农村无序建设和浪费土地严重。为了破解“新农村建设无规划”的现状，地方政府应对乡村规划的制定、实施、修改做出明确规定，应加强各级政府对乡村规划的管理。通过加强城乡规划管理，协调城乡空间布局改善人居环境，促进城乡经济社会全面协调可持续发展。城乡规划将是一个统筹城市、城镇和农村的建设规划，不仅包括城镇体系规划、城市规划、镇规划，也包括乡规划和村庄规划。其中，省、市人民政府负责城市规划；县、乡(镇)人民政府负责组织编制城乡规划、村庄规划，规划内容包括规划区范围、农村生产生活服务设施、公益事业等各项建设的用地布局、建设要求以及对耕地等自然资源和历史文化遗产保护、防灾减灾等的具体安排，应充分发挥村民自治组织的作用，引导村民进行合理建设，改善农村生产生活条件。

3. 避免随意更改规划

为了保证规划的稳定性，地方政府应严格执行《城乡规划法》的相关规定，经依法批准的城乡规划，是城乡建设和规划管理的依据，未经法定程序不得修改。省域城镇体系规划、城市总体规划、镇总体规划的组织编制机关，应组织有关部门和专家定期对规划实施情况进行评估，并采取论证会、听证会或者其他方式征求公众意见；应组织编制机关向本级人民代表大会常务委员会、镇人民代表大会和原审批机关提出评估报告并附具征求意见的情况。为了强化法律责任，地方政府应责令未按法定程序修改城乡规划的下级人民政府进行改正、通报批评，应对有关人民政府负责人和其他直接责任人员依法给予处分。

4. 保护历史文化遗产和传统风貌

近年来，我国一些地方在建设中大拆大建，自然资源、文化遗产面临严重破坏。在城乡规划和建设的同时，如何保护自然资源、体现文化特色，成为地方政府需要解决的一个重大问题。为了使城乡规划尽量保持地方特色、民族特色和传统风貌，地方政府应从法律上明确：城市新区的开发和建设需合理确定建设规模和时序，充分利用现有市政基础设施和公共服务设施，严格保护自然资源和生态环境，体现地方特色；旧城区的改建，需保护历史文化遗产和传统风貌，合理确定拆迁和建设规模，有计划地对危房集中、基础设施落后等地段进行改建。

四、地方政府与城乡基础设施建设

基础设施是一个国家或地区经济发展的基础条件，决定着经济发展的速度和经济长期持续发展的潜力，需求方面的这种重要性已成为一种共识。通常，将基础设施分为两大类，即“生产性”或“经济性”和

"非生产性"基础设施。这种分类的优点是可以将基础设施的效能和价值的创造相联系,但这种划分比较粗略,在实际经济生活中对生产性和非生产性的活动划分难度很大。在此,我们将基础设施分成经济性的基础设施和社会性的基础设施。经济性的基础设施包括:交通运输设施、邮电通讯设施、能源供给(主要是指电力、供气等部门)设施和其他城市基础设施。社会性的基础设施包括:教育设施、科学研究设施、环境卫生设施、社会福利设施。基础设施的物品属性决定了地方政府作为提供主体的地位,而政府的组织特点又决定了它的先天不足。因此,地方政府在基础设施供给方面要发挥重要作用,主要体现为以下四个方面。

1. 引入市场竞争机制

一方面,地方政府应从基础设施领域逐步、有序地退出。要加快地方政府和企业的脱钩,取消政府对垄断企业保留的行政权力,缩小自然垄断领域,加速政府性业务与经营性业务分离、竞争性环节与垄断性环节分离,实现地方政府管制职能和具体经营管理业务的分离,明确划分地方政府行政行为和企业经营行为,规范政、事、企关系,使地方政府管理机构能够独立行使管理职能。管制职能重点转向经营性自然垄断企业,强化垄断企业和竞争性企业及消费者的利益协调,逐步将现行按照所有权性质管理企业转变为按照产业性质的管理企业,取消地方政府对企业的直接管理。另一方面,地方政府应打破垄断、引入竞争。对于国家指定专营和设置行业壁垒的行为中所产生的正当垄断,必须进行法律界定并实施必要的管制措施,尽量缩小地方政府直接投资的领域和范围,财政资金主要投向当前必须有国家垄断的领域和环节,以及普遍服务和政策性业务的投资或财政补贴。对于需要保留国家垄断的领域和环节,也要分离竞争业务和垄断性业务,用市场的办法进行管理,最大限度地发挥市场调节的作用。

2. 促进区域经济增长

地方政府对基础设施的供给增加,能极大地促进区域经济增长。

美国经济学家西蒙·库兹涅茨(Simon Kuzenets)利用发达国家历史统计资料进行分析,论证了产业之间的演进规律:随着经济发展,基础设施所属的第三产业在国民经济中所占的份额越来越大。他还通过对工业和服务业内部结构的细致分析,认为"现代经济增长中最富有生产成分之一的运输及通讯部门,其份额显然连续一贯地上升,这些部门在GDP和总劳动力中所占的份额趋于上升"①。他的研究结果意味着运输和通讯基础设施部门创造的增加值在国民经济中所占的份额在增加,也就是说基础设施部门中交通运输和通信业创造的产值增加的速度快于平均的经济增长速度,其推动经济增长的作用在加强。钱纳里(H. Chenery)等人在吸取克拉克和库兹涅茨研究成果的基础上,进一步分析了产业结构中产业附加值结构的变动趋势和在不同阶段、不同部门对经济增长的贡献。研究发现,在初级产品生产阶段,服务业和初级产业对国民经济增长的贡献最大,制造业和社会基础设施产业较少;进入工业化阶段后,制造业和服务业对经济增长贡献的重要性在增加,社会基础设施产业对国民经济增长的贡献也在增加,而初级产业对经济增长的作用在下降;在发达经济阶段,社会基础设施产业和服务业成为经济增长的重要部门,在推动经济增长中发挥重大作用。② 不难发现,从各阶段各产业部门对经济增长的贡献动态变动趋势来看,社会基础设施建设在经济增长中发挥的作用越来越大,地方政府为了推进区域经济增长,必须重视这项工作。

3. 不断降低经济成本

国民经济的增长与社会生产力的综合水平密切相关。生产力是由劳动者、劳动对象、劳动手段、劳动条件等要素共同组成的有机统一体,而基础设施就是劳动条件的核心内容。基础设施的水平先进与否、效

---

① 西蒙·库兹涅茨:《各国的经济增长》,商务印书馆1985年版,第170页。

② H. 钱纳里、S. 鲁宾逊、M. 赛尔奎因:《工业化和经济增长的比较研究》,上海三联书店、上海人民出版社1996年版,第96页。

用发挥如何，都将直接影响到生产力水平，进而影响国民经济增长。基础设施作为劳动条件的核心内容，在经济增长的过程中，所发挥的功能主要是降低经济活动的成本。经济活动包括生产活动和交易活动，前者是指人与自然之间的活动；后者是指人与人之间的活动。我们把发生在生产活动中的成本称为生产成本；发生在交易活动中的成本称为交易成本。地方政府加大基础设施的建设投入，能极大降低经济成本，主要体现在两个方面：第一，能降低企业生产成本，提高劳动生产率。在一定的经济发展阶段，基础设施投资愈不足，直接生产活动的成本愈高，但随着基础设施资本供给充裕，直接生产活动的成本会不断降低。当然，基础设施对其他产业生产成本的效应并不相同，但总体上倾向于降低生产成本，并且其降低生产成本的功效发挥有一定范围的限制。Adelheid Holl（2001）研究了 1980～1994 年间，西班牙的自治市的道路基础设施对新建制造业的区位的影响，结果显示：新的制造业工厂区位选择系统地受到公路基础设施影响；新的高速公路系统影响了西班牙在城市水平上的新制造业基地的空间分配；企业更愿意到更接近高速公路的区域进行生产活动。① 第二，能减少交易成本，促进管理效率提高。交易成本，是指获得准确市场信息所需要付出的费用，以及谈判和经常性契约的费用。主要包括：事先的交易成本，即签订契约，规定交易双方的权利、责任等所花费的费用；签订契约后，为解决契约本身所存在的问题，从改变条款到退出契约所花费的费用。交易成本之所以存在，其中一个很重要的原因是因为在现实世界中存在“信息不对称”，即交易双方对交易品所拥有的信息数量不对等。为了在交易中处于更有利的地位，必须尽可能获取更多的交易品信息。良好的基础设施就有利于交易双方获得更多的交易信息，降低交易成本。具体而言，基础设施的发展可以减少交易者获取交易信息所需的成本支出；随着市场

① Adelheid Holl：“Manufacturing Location and Impacts of Road Transport Infrastructure：Empirical Evidence from Spain”，Regional Science and Urban Economics，Vol. 34，Issue 3，2004，pp. 341 - 363.

基础设施和现代交通通讯设施的发展，交易者进行交易变得越来越容易，交易者进行交易的费用能大大地下降；由于教育发展，交易者本身素质得到提高，法律等服务机构的完善，交易者的法治意识增强，使得他们在交易时出现违约的行为会相应减少，市场交易秩序平稳，用于维护市场交易秩序的费用也相应减少。

4. 推进区域产业结构升级

一般而言，基础设施投资增加，扩大基础设施规模和更新基础设施技术，必将推动区域产业结构升级，从而构筑区域经济新增长点，推动国民经济增长。区域产业结构升级是指产业结构系统从低级形式向高级形式的转换过程，又称它为产业结构高度化。如从以第一产业为主的产业结构转变为以第二产业为主的产业结构和在第二产业内由生产初中级消费品为主的产业结构转变为生产资本品为主的产业结构都意味着产业结构升级。从产业素质来看，产业结构升级意味着新兴技术在各产业中得到广泛应用，社会有机构成得到进一步提高，产业的劳动者素质和企业家的管理水平不断上升，各产业的产出能力、产出效率不断提高，落后产业被淘汰，新兴产业不断兴起和壮大。从产业结构发展方向来看，整个产业结构由第一产业占优势依次向第二产业、第三产业占优势的方向发展；在资源结构上，由劳动密集型占优势依次向资金密集型、技术密集型占优势的方向发展；在加工工业中，由制造初级产品的产业占优势逐步向制造中间产品、最终产品占优势的方向发展。国内外的研究表明：改善乡村运输、道路、灌溉、农村电力、供水、市场等基础设施，可以减少农业生产要素的投入成本，改善农业耕作结构，减少农业活动对劳动力的需求，提高非农活动对劳动力需求，从而改变农业生产结构。如中国改革开放以来，农村经济的发展历程充分证明了这一点。同样基础设施的发展也给现代第二产业和第三产业带来了深刻的变化。如交通运输和电力设施的发展，给市场带来了繁荣，市场产生了新的需求，像电器产品需求的出现，电子工业的迅速发展；以通讯基础设施为基础的“信息革命”出现，使得以信息技术和服务为基础的现代工业和第三产业(包括金融业、政府和文化机构)的产生和其在三次产业中的比例迅速提升,同时像Internet、移动通讯、传真等信息基础设施发展进一步改变了社会的生产和生活,从而影响人们的生产结构和需求结构,带动产业结构升级,促进经济增长。

5. 不断创新基础设施建设的投融资体制机制

地方经济社会的快速发展,基础设施建设必须先行,但是仅依靠本地区的资本积累难以顺利实现,这就需要地方政府不断创新基础设施建设的投融资体制机制,按照"主体多元化、资本多样化"的方式来加快地方的基础设施建设,增加基础设施的供给量。

第一,采取财政投融资(Treasury Investment and Loan)方式。它是中央政府为实现一定的产业政策和其他政策目标,通过国家信用方式筹集资金,由财政统一掌握管理,并根据国民经济和社会发展规划,以出资(入股)或融资(贷款方式),将资金投向急需发展的部门、企业或事业的一种资金融通活动,也称为政策性金融。[①] 由于发展条件的限制,很多地方政府往往缺乏稳定规范的地方财政资金来源,无论是税收收入(城市维护建设税和公共事业附加税)、非税收收入还是政府间的转移支付都非常有限。因此,地方政府必须积极争取国家对本地基础设施建设的投资力度。地方上的一些重大基础设施建设项目仍然需要依靠国家投资来实现,所涉及的重点投资领域通常包括:跨省际的公路、铁路干线;大江大河的治理及重大水利工程和饮水工程;邮电、通信、广播、电视等信息基础设施建设中的骨干通道;非营利、非商业性开发与经营的重大公益项目;生态环境治理重点项目;重点机场和口岸建设等。

第二,采取贷款融资方式。主要包括政策性银行贷款、商业银行贷款和国际金融贷款等方式。就政策性银行贷款而言,地方政府基础设施建设投融资过程中,可以寻求我国政策性银行——国家开发银行的

---

① 张良:《公共管理学》,华东理工大学出版社2001年版,第75页。

支持。国家开发银行的主要任务是:根据国民经济发展的战略目标和发展方向,以国家信用为基础,依靠市场发债,筹集和引导境内外资金,遵循金融规则,利用各种现代金融工具,为国家基础设施、基础产业、支柱产业和高新技术产业重点建设项目提供金融服务,促进国民经济持续、快速、健康发展。就商业银行贷款而言,可以利用全国或区域范围内的商业银行,可以利用国有独资或股份制商业银行的贷款。在众多的商业银行中,资金实力最为雄厚的是四家国有商业银行,向城市基础设施提供贷款的规模也最大。就国际金融机构而言,常见的是世界银行和亚洲开发银行的贷款项目。世界银行贷款一直都是我国城市基础设施建设的重要资金来源,亚洲开发银行贷款则主要是在交通和信息等基础设施建设方面。

第三,采用 BOT(Build-Operate-Transfer)模式。它是一种利用外资和民营资本兴建基础设施的新兴投融资模式。这种模式的基本思路是由一国财团或投资人作为项目的发起人,从一个国家的政府或所属机构获得某些基础设施的建设经营特许权,然后由其独立或联合其他方组建的项目公司负责项目的融资、设计、建造和运营,整个特许期内项目公司通过项目的运营来获取利润,并用此利润来偿还债务。在特许期满之后,整个项目由项目公司无偿或以极少的名义价格转交给东道国政府。BOT 模式实质上是一种股权和债权相混合的产权组合形式,与传统的承包模式相比,有几个典型特征:有利于减少政府的直接财政负担;有利于转移和降低风险;有利于提高项目的运作效率;有利于提前满足社会和公众的需求;有利于获得先进技术和管理经验。BOT 项目运作程序一般分为:方案确定、公开招投标、签订合同、建设和运营、转让五个部分。a. 方案确定阶段。首先需要进行可行性研究,从技术和经济的角度对项目进行可行性分析,提出项目需要达到的目标等问题。其次,在可行性研究的基础之上,政府对外发布招标文件,在招标文件中,政府需要对项目实施方案和特许经营权做出说明,在某些情况下,政府还需要说明他对项目建设提出的具体要求,比如建设方式和建设程度等等。然后,进行公开招投标,政府邀请对项目有兴趣的企业参加资格预审，根据参审企业提交的企业状况进行比较分析，拟定最终参加投标的企业备选名单。最后，地方政府邀请通过资格预审的企业投标，并要求他们根据招标文书做深入的可行性分析，并提出详细的项目建议书，地方政府依据评标标准进行评标，得分最高的企业首先与政府进行合同谈判，若谈判成功双方签订项目合同。b.合同谈判阶段。主要涉及一系列合同的签订，其中最重要的合同是特许权协议。特许权协议由政府和企业签订，其确定了双方的权利和义务、分担风险的方式和范围。c.合同签订阶段。中标企业要与项目的各个参与方谈判并签订一系列合同，如股东协议、信贷协议、交钥匙总承包合同、供应合同、运营合同、保险合同等等。合同签订后，企业获得项目的建设运营权，成为专营公司。d.建设运营阶段。由专营公司独立完成整个项目，在此过程中，地方政府为了保证工程质量和进度，要对建设过程全程监督，同时对工程进度变更又有审批权。运营阶段十分关键，只有在专营公司提供的产品和服务达到标准的情况下，才能够对其产品或服务收取费用，政府必须对专营公司的产品和服务质量加以严格检测，以保证其提供合格产品与服务。e.转让阶段。意味着整个BOT项目的结束。特许期满之前，专营公司应做好必要的维修、资产评估和人员技术培训等工作，以便按时、完好地将项目移交给政府运营。当然，在项目移交后，政府仍然可以聘用原专营公司或另聘其他公司负责运营。

第四，采用基础设施支撑证券的方式。资产证券化(Asset-backed Securities，ABS)，是金融创新浪潮中新崛起的一种主流融资技术，已成为近30年来世界金融领域最重大和发展最快的金融创新工具。基础设施支撑证券是资产证券化多种方式中的一种，是以基础设施收费为基础发行的证券，是目前国际上尤其是发展中国家基础设施建设重要的和发展最快的融资方式。概括地讲，一个完整的资产支撑证券发行过程的基本流程如下：发起人将基础资产“真实出售”给特殊目的机构(SPV)从而实现发起人资产与基础资产之间的风险隔离，SPV将这些资产汇集成资产池，并通过一系列的信用增级手段提升整个资产池的信用级别，然后以该资产池所产生的现金流为支撑在金融市场上发行证券融资，最后以资产池产生的现金流来清偿所发行的有价证券。地方政府在基础设施投融资过程中，那些能够产生自身现金流的资产都可以被作为支撑基础设施证券的基础资产，例如收费公路、经过市场化运营改革后的污水处理厂、对废弃物进行加工利用的工厂等。这些企业成立并投产后，经过一定的存续期，都会产生自己的现金流，而在这些企业设立之前对他们的投资则可以通过资产证券化的方法进行融资，这样做不但可以降低政府污染治理的成本，还可以扩宽融资渠道。

6. 基础设施建设的管理制度创新

第一，要以事权定财权，明确界定中央与地方政府提供基础设施的责任和范围。基础设施的供应与受益范围呈现出分层次的特点。受益范围主要是地方的基础设施建设项目，则由相应层次的地方政府提供；具有外溢性的地方性基础设施建设项目则由中央政府和地方政府或各个受益的地方政府共同提供；不断完善现行的转移支付计算公式，按照事权与财权相对等的原则计算各项转移支付的数额，避免人为主观干扰因素的影响。以此为准则，目前，中央应主要从事跨经济协作区的大江大河大湖的治理、科技成果推广、环境保护、信息网的建设、基础科学研究以及与国防建设有关的民兵建设等。地方政府应主要从事本区域内的基础性及社会效益较显著的项目的投资。

第二，大力推进城乡基础设施统筹规划。高标准协调好城市总体规划与各区、镇、村规划：镇、村规划要突出地域经济、环境和文化特色，构建具有国际竞争力和宜居城市的城乡一体化建设新格局；实现城乡规划全覆盖，加强村镇总体规划的编制和协调；协调做好各类管线工程的管线综合规划。同时，建立健全城乡基础设施一体化统筹规划管理体制。建立省、市、区、镇、村一体化的规划管理体制，进一步理顺省、市、区、镇各级政府及规划部门的职能分工；完善村镇规划管理机构、落实城乡规划经费；建立健全乡村建设规划许可证，根据《城乡规划法》，抓紧推进乡村建设规划许可证制度，明确内容、使用范围和发放程序，有序引导农村基础设施建设；加大宣传，积极调动村委会和村民的积极性，提高农民农村规划思路的整体统筹和可持续发展理念；完善村庄规划方案审批程序，确保规划方案代表最广大农民的利益；制定村镇基础设施规划报建指引，设立村镇基础设施规划专用窗口。

第三，建立基础设施建设项目的资本金制度。资本金是指企业在工商行政管理部门登记的注册资金。按照风险与收益对等的原则，资本金承担的风险和取得的收益远远大于负债资金。因此，建立资本金制度，实际上是要求基础设施项目的投资者承担相应的经济责任，促使投资者成为风险中性者，依靠理性和资本的约束性，有效地降低投资风险。而且，在资本金足额到位的情况下，由于基础设施设施项目投产初期资本金可以少分红甚至不分红，将有力地支持企业迅速降低资产负债率，进入良性循环，确保企业可以正常经营。

第四，推行法人投资责任制。法人投资责任制度，是以现代企业制度为依据的，将基础设施项目投资的产权分为两部分，一部分是出资者的股东权，拥有对项目的决策权；另一部分是法人财产权，拥有企业的经营管理权，这种产权关系可以明确所有者和经营管理者的职责范围。同时，它还可以使企业在建设阶段就具有独立的法律地位，以法人资格开展经济活动，其行为受法律保护。法人投资责任者的内容包括：基础设施建设项目必须先有企业法人，后进行项目建设；明确投资主体，落实投资主体的责、权、利；按照谁决策谁负责的原则，建立严格的投资决策责任制度；实行企业法人对建设项目的策划、筹集资金、人事任免、招标定标、建设实施直至生产经营、债务偿还以及国有资产保值增值的全过程负责，同时按照国家有关法规享有充分自主权。

第五，完善农村基础设施建设的决策机制。一方面，要明确划分各级政府和农村社区村民自治组织供给基础设施的责任。各级政府作为政府公共权力的化身，负有供给基础设施的不可推卸的责任；村民委员会作为村民自治组织，其主要职能不是提供基础设施，而是在国家有关法律范围内，通过村民公约等方式对社区加以管理。这一方面要求各级政府充分履行责任，避免职能下放；另一方面也要求村民自治组织在理清“政务”与“村务”的基础上，充分合理地行使自治权力，既要防止“政务”对“村务”的冲击，又要防止借口自治而拒不履行法律规定的义务。另一方面，要推进基层民主的建设，建立农民对农村基础设施需求的表达机制。在此，要继续完善农村“一事一议”制度，并充分发挥村民大会和村民代表大会的作用。村民大会作为农村社区最高权力机构，对社区事务享有最终表决权。社区公共资源的筹集和公共物品的供给须经村民会议或村民代表会议表决同意，凡未经投票表决而擅自动用本社区筹集到的公共资源的行为都是违法的。对于公共资源的使用，村民大会和村民代表大会也依法拥有监督权。

第六，构建多层次的农村基础设施供给运行机制。大型骨干水利工程、义务教育、种子培育、全国性的水土保持工程、农村道路等方面的基础设施建设，由于其只有外部收益而没有内部收益，属于纯公共物品的范畴，适合于政府公共提供。但政府提供并不是说这些产品一定要由政府部门生产，政府可以通过合同的形式引进私人投资或直接交由私人生产，然后再由政府购买。地区性农业病虫害防治、中小型水利工程、农业科技教育、农技推广和农机推广、农村电力、节水农业等方面的基础设施建设，通常既有社会受益又有生产者个人受益的特点，属于准公共物品的范畴，可以在政府补贴的基础上，按照“谁受益，谁负担”和“量力而行”的原则，由农民按照受益程度的大小进行集资生产。这类产品也可以先由政府公共提供，然后按照受益大小，向使用者收取相应的使用费。灌溉、治虫、种植、养殖、农产品的加工和流通等方面的基础设施建设，由于其外溢较小且受益群体相对固定，属于俱乐部产品的范畴。对于这类产品，政府提供显然是不合理的，而对农民个人来说，由于外部性的存在，私人提供也容易造成效率损失，因而理想的方式是将农民组织起来，成立农业合作社，通过合作社将外部收益内在化，提高供给效率。发端于山东莱阳的新型农业合作社实践，为俱乐部方式生产公共物品提供了许多成功的例证。山东省肥城市潮泉镇的孟庄水利合作社、潮泉节水灌溉公司则是小区内灌溉工程俱乐部提供的成功典范。

五、地方政府与土地、住房管理

随着城市(镇)化进程的推进，土地流转市场化、城镇住宅商品化水平不断提高，城乡基础设施建设不断完善，地方政府在土地与住房管理方面将发挥越来越重要的作用。

1. 地方政府与土地管理

土地既有资源特征，也有资产特征，不仅是区域经济发展的载体，而且对区域经济可以发挥重要的调控作用。另外，作为相对稀缺的生产要素，土地既是广大农村经济社会发展的前提条件，也是城市化水平不断提升的重要保证。为此，地方政府对土地资源的管理，将影响到城乡经济社会的协调发展。

第一，地方政府行为在耕地保护中的作用明显。所谓政府行为，主要是指各级政府部门为实现行政管理目标所采取的举措和行为，也就是行政主体实施行政管理的全部实践活动，它包括行政决策、行政领导、行政执行以及部分行政监督(这里只指行政组织对内部和外部所实行的监督)。① 地方政府行为，主要是由地方政府部门采取的各种管理措施和行为。在我国，保护耕地是中央政府所追求的长期战略目标，为了实现这一目标，中央政府在全国实行省以下土地垂直管理体制，以进一步加强国家对国土资源的宏观调控，实行最严格的耕地保护制度。在耕地保护过程中，从上级国土资源管理部门到地方政府都制定了相应的耕地保护政策。目前，国家、集体和农民群众都是耕地的受益者。按照“谁受益，谁保护”的原则，国家、集体和农民群众都具有保护耕地的责任。但耕地是一种特殊的公共资源，政府是管理公共事务的核心，并且目前公众的耕地保护意识还没有达到应有的高度，地方政府自然

① 曲福田、冯淑怡:《中国农地保护及其制度研究》,《南京农业大学学报》1998 年第 3 期,第 110 页。

成为保护耕地的主体，应在保护耕地中承担主要责任，这也是由地方政府在占用耕地过程中处于绝对主导地位的状况所决定的。这种主导地位具体表现在以下三个方面：一是国家对耕地的保护通过各级政府的相关部门（如国土资源、农业、建设、财政等部门）实施，最终由基层政府部门在执行相应法律法规中得到体现。当耕地保护和当地的经济建设发生抵触时，基层政府往往会“出让”耕地，并由相关部门背书（办理手续使其合法化），导致国家政策失效。由此可见，在强化国家统一管理的前提下，充分发挥地方管理、部门管理、基层管理的积极作用，是正确处理中央政府、地方政府两者关系，实现土地资源可持续利用的必由之路。二是耕地保护“外部性”导致“政府有效、市场失效”。“外部性”是指某一经济主体的活动对与其他经济主体产生的一种未能由市场交易或价格体系反映出来的影响，从而导致资源配置不能达到最大效应。耕地保护外部性的存在，使市场机制不能自动引导“理性经济人”有效地进行耕地保护；再加上市场机制存在自发性、盲目性、滞后性等缺陷，必须依靠政府对市场活动的宏观指导和调控来加以克服和弥补。因此难以通过市场行为解决耕地保护外部性的问题，地方政府行为成了有效解决耕地保护问题的最佳选择。要保护比较经济利益低下的农业土地，不能指望市场自发形成，只能通过地方政府的强制性干预才能实现。三是地方政府决策对耕地保护效果具有直接影响。耕地资源本身所具有的公共物品的特殊属性，决定了地方政府应该肩负提供公共物品的使命，负起保护耕地资源的责任，地方政府决策应从保护耕地的公共目标出发。而政府也具有“经济人”属性，在公共决策中，一些地方政府并不总是按照公共利益进行选择。近年来，我国非农建设占用大量耕地致使耕地数量迅速下降，这同地方政府的决策有直接关系。当地方政府工作重点过多地放在经济发展上时，耕地保护就会不同程度地出现问题；当中央政府采取一定行政手段加以约束时，耕地被大量占用的势头在一定程度上会得到遏制。因此，地方政府决策对耕地保护效果具有重要影响。

第二，地方政府在土地规划方面的作用明显。一般而言，地方政府根据经济调控所要达到的目标，建立区域经济预警指标体系，通过土地价格机制、土地税收机制、土地规划机制和土地金融机制等，协同其他经济政策工具对区域经济发展施加影响，以保证区域经济持续、健康、协调发展。其中影响最为直接、最为重要的是土地利用规划政策。土地规划调控区域经济的机制与其他经济政策不同，土地利用规划带有强烈的计划性和强制性，其传导机制是计划直接调控机制而不是市场间接调控机制。土地利用规划一旦编制完毕，经上级政府审批，就具有法律效力和行政上的约束力，因此土地规划对区域经济的调控作用具有直接性和可预见性。

一是地方政府利用土地规划政策来调控区域产业结构。地方政府制定土地利用规划政策，将极大地促进区域专业化分工，避免经济结构趋同。具体表现为通过土地利用规划对污染大、耗能多、附加值低和市场严重过剩的产业新增企业和老企业扩张加以限制；对一般竞争性行业用地以盘活城市存量土地为主，以拍卖等市场方式配置土地资源；对高新技术产业、基础性产业、公益产业建设用地给予必要优惠；通过用途管制保护优质高产农田，促进农业的持续健康发展。

二是地方政府利用土地规划政策调控城市经济发展。地方政府的土地规划政策通常要有利于加快小城镇建设和大中城市的进一步发展。如果小城镇建设绝大多数落后于经济结构和就业结构的调整，结果是农民就业在城市，生活在农村，仍然是一种自给自足式的消费行为，不利于城市化进程和房地产市场的发展。另外，土地规划政策要有利于大中城市规模合理扩大和数量增加。通常而言，一个城市只要它的发展水平超过了起飞阶段必须具备的水平，就会具备一种自我发展、自我扩张的能力，这时即使原先赖以发展的优势已经丧失，它仍可以向前发展，也就是说城市规模的扩张有其内在机制。利用土地规划政策来过份约束城市用地范围的扩张，必然导致城市地价上涨，从而打破城市经济的均衡。从另一个角度来说，很多特大城市和大城市出现的一系列问题，实际上是大城市数量严重不足所造成的，大城市数量相对偏少，导致人口和经济活动分布过于集中，从而对特大城市发展产生负面影响。因此无论是从经济效益，基础设施的利用效率还是从土地利用的角度来看，土地规划政策都要有利于大小城市的规模扩大和数量的增加，促进中小城市向大城市转变，而不是去限制大城市、特大城市的发展。实际上，从土地资源利用的角度来看，城市规模越大越有利于土地的集约利用。与此同时，强化土地利用总体规划的法律效力，控制城镇建设用地规模的盲目扩大，杜绝脱离实际、劳民伤财的"形象工程"和"政绩工程"。

2. 地方政府与住房管理

第一，地方政府对住房管理体制改革的影响较大。地方政府对于居民住房的管理，实际上涉及地方政府对房地产市场的调控作用。谈到地方政府在房地产市场中的作用，势必涉及中央与地方政府的定位（各自的权力和作用）以及他们之间的相互关系。地方政府在房地产市场中的地位源于以下几个方面：一是房地产市场的特征。房地产市场不是一个全国统一的市场，而是一个分散的、区域性分割的市场。由于各地区发展极不平衡，不同地区的收入水平、经济状况、地理环境和文化背景的差异，决定了各自房地产市场的结构、供求关系和价格水平的不同。因而中央政府不可能像调节股票市场那样，直接调节区域性的房地产市场。二是房地产开发是地方经济和城市发展规划的一个有机部分。房地产业是政府监管最严的行业之一。因为政府控制土地，它通过土地供应和城建规划，把住房发展纳入其中，从而直接控制该地区的住房发展模式。一个楼盘从选址、设计、建造、验收到销售，几乎每一个环节都要经过地方政府的严格审批和监督。显然，对房地产市场的微观调控已经是地方政府的职责范围。三是房地产市场的调控主体。有人把目前中央与地方政府的博弈说成是调控与反调控之争。这种看法是肤浅而片面的。地方政府并非反对中央调控，如对中央在利率和税率上的宏观调控措施，各地政府都是严格执行的。地方政府反对的只是"一刀切"式的调控方式，例如，对住房面积、结构比例、密度、容积率和环保等因地因时而异的因素，本应给地方政府更大的决定权，采取

"一刀切"的方式很可能因"统得过死"而伤害到地方政府的积极性。事实上，在中央与地方之争的背后反映的是一个更深刻和复杂的问题，即在房地产市场这一特殊环境下，如何确定中央与地方政府的权限问题。房地产市场的发展使地方政府在微观调控上获得了较大的配置土地资源的权力。随着房地产成为地方政府的支柱产业和主要财税来源，地方政府成为相对独立的行为和利益主体。他们争取利益最大化的冲动，形成了一种积极主动、因地制宜地发展地方经济的机制。可以说，没有地方政府利益最大化的动机，不可能有今天经济的高速发展和城市化建设的巨大成功。但是，房地产市场的特殊性和财政独立化，也增加了地方与中央博弈的实力。如果中央用传统的调控手段干预市场，无疑会受到地方政府的挑战。地方政府在房地产中的作用表明，将中央与地方政府的权力混淆或完全对立起来，其结果只会削弱政府的调控能力。因此，地方政府在住房管理体制改革中作用十分显著，地方政府能对房地产业进行微观的和直接的控制，调控的主要对象是房屋的供给。其微观调节行为主要包括：一是针对房地产发展商。地方政府利用对土地的垄断地位，根据市场需求及时调节土地供给；利用城市规划指导、监管房地产商的住房计划、结构、面积、容积率和环保等住房建设中的每一个环节。二是对被征地的农民和拆迁户按照市场价格给予合理补偿。三是对由于地价提高而被排斥在住房市场外的低收入家庭给予合理补偿；补偿的方式可采用低收入家庭住房补贴，或由政府资助兴建廉租房。

第二，地方政府确保了普通商品住房用地的供应。一是增加中低价普通商品住房用地的供应。针对中等收入阶层的老百姓，要基本保证相当数量比例的中档商品住房建设，争取保持在70%左右；确保保障性住房的建设与供应。解决中低价位商品住宅供应不足的根本出路在于建立健全城镇中低收入家庭住房供应体系，确定各类住房的合理供应比例，在制度上保证各收入阶层的住房需求，实现"人人享有适当的住房"的目标。一个完善的住房供应体系应包括：中高收入阶层购买或租赁市场价商品房，中低收入阶层购买或租赁中低价位的普通商品住宅(包括具有保障性质的经济适用住房等),最低收入家庭租住廉租住房,而低收入家庭(夹心层)则承租低于市场价的可支付租赁住房。二是运用了经济适用房准入机制。根据科学统计数据确定合理的结构、比例,通过严格的审核有针对性地供给,经济适用住房的保障面应控制在20%左右。而对于廉租房的兴建和发展,需完善廉租房准入退出机制,降低廉租房的开发成本,并充分利用好现有公房,提高廉租住房的供给效率,其保障面应控制在5%左右。

第三,地方政府不断完善土地供应机制。土地供应总体上应有保有压、节约集约。一方面,地方政府应在土地供应方式上有所区分。土地招标、拍卖、挂牌出让,充分引入了市场竞争机制,不同需求者为获得土地展开激烈的竞争,地价在需求者之间的激烈竞争中形成,从而体现了市场经济等价交换和公正、公开、公平交易的基本准则。普通商品房是房地产市场的主体,也是中档收入居民消费的主体,普通住房用地的土地交易方式应采取招、拍、挂的公开出让方式。高档住房存在相当大的利润空间,为显化土地价值,高档住房用地应采取完全的市场配置方式;而经济适用房和廉租房具有社会保障功能,属于公共事业范畴,因此用地政策上应给予支持,其土地供应方式应采取行政划拨的方式。另一方面,地方政府应在土地供应来源上严格把关。立足盘活存量建设用地,严格限制新增建设用地,禁止集体建设用地用于房地产开发。挖掘城市土地潜力,提高住房用地利用集约度,最大限度地保障普通住房及保障住房的用地供应。在盘活存量、节约用地的同时,提高土地利用集约度,在土地出让合同中规定土地使用条件,控制建筑密度和容积率。在保障普通住房及保障性住房用地供应的前提下,考虑高档住房用地的供应。

第四,地方政府对住房政策的调控作用明显。目前,我国以住房公积金制度为主要内容的政策性住房金融体系虽已初步形成,但仍然滞后于住宅业的发展。除了住房公积金贷款以外,我国尚没有直接面向中低收入家庭发放的低息或无息贷款;与住房抵押贷款相配套的风险防范机制还很不完善;参加住房金融的机构也仅限于几家国有商业银行，缺乏专门的住房金融机构。因此，地方政府进行政策调控，十分必要。一是通过开展房地产、土地金融业务，在资金信贷、利率、住房首付等方面形成政策调控，引导住房市场健康发展。坚决遏制房地产市场的投机炒作，打击哄抬房价的非法行为：禁止商品房预购人将购买的未竣工的预售商品房再转让，逐步取消商品房预售制度；通过实行实名制购房和网上合同即时备案制度，制止商品房预购人变相炒买炒卖预购商品房；适当调整个人住房贷款利率，适当提高个人住房贷款最低首付比例。二是加快房地产、土地税制改革，形成一套科学合理的包括不动产保有、流转、增值、营业、资源占用环节税种、税率的不动产税制。着重在土地保有和流转两个环节制定土地税费制度，针对目前土地市场发育不成熟、土地投机、房价过高的现象，地方政府应提高保有环节税收，降低流转环节税率，鼓励土地流动，刺激对土地的投资，促进土地市场繁荣，增加有效供给起到稳定房价的作用，最终起到集约和节约利用土地的目的。

六、地方政府与城乡区域环境保护

环境是人类赖以生存、繁衍和发展的空间依托和基本条件，不仅是人类经济和社会发展必需的资源基础，也是人类废弃物的容纳场所。21世纪是环保的世纪，在生态环境日益恶化的今天，有效解决环境问题更为迫切。因而，地方政府在开展城乡区域环境保护工作中具有举足轻重的作用。

1. 地方政府的环保角色定位

为了充分发挥地方政府在城乡区域环保工作中的作用，我们有必要明确地方政府在环境保护工作中的角色定位。

首先，地方政府在处理环保纠纷中是裁判者的角色。环境纠纷有两类：一是民事纠纷，即发生在制造污染的污染主体和受损害的损害对象之间的纠纷。这种纠纷一般由具有专业能力的环境职能部门来处理。二是行政纠纷,即发生在环境管理部门和受制裁的污染主体之间的纠纷。同级地方政府有权受理环境行政纠纷中被制裁主体提出的行政复议。无论是地方政府还是环保职能部门,作为裁判者,都有义务在符合法定程序的前提下,公正、公平、公开地处理环境问题。

其次,地方政府是环境保护的投入主体。环境保护是公共行为,是地方政府的重要职责。有效运用政府资源加强和推进环保,是地方环境保护目标实现的关键。地方政府资源包括政策资源、组织资源、物质资源。地方政府可以出台有关环保经济政策、遵循市场规律、发挥经济杠杆作用,促进民间资本向环保领域流动;运用政府权威和组织能力动员全社会治理污染,保护生态环境;组织多方力量,进行多学科的科研攻关,解决治理环境污染的技术问题;联合环境教育单位,对地方政府工作人员、工商业主、公众进行环境教育,增强他们的环保自觉性;组织一定生态区域和居民社区的环境活动,提倡成立环境社团,运用政府资金、土地、矿产、水资源等有形资产加大环保物质投入等。

最后,地方政府是环保工作的协调者和监督者。治理环境是一项系统的社会工程,需多个部门之间密切配合,协同工作。为避免在环境治理中的冲突、内耗,地方政府应发挥协调作用,减少环境治理过程中的管理摩擦阻力。如对于污染源的控制就必须由地方政府牵头,政府领导人挂帅,协调各部门,分工负责。另外,地方政府环保部门是按照中央及地方政府有关法规对各类企业实行环境管理,并努力提高审批效率,创造更好的生产环境。通过审批实行最终监督是一种有效的预防污染的方式。地方环保部门通过审查验收、制裁等基本职能来实现对污染的控制预防。

2. 地方政府在城乡区域环境保护中的职能

由于生态环境保护具有正外部性与公共物品的属性,由于市场机制不能在生态环境领域实现资源的帕累托最优配置,为弥补市场的不足,地方政府应在这个领域发挥重要职能。

第一,统筹兼顾环境保护与经济发展。地方政府在考虑环境与发展的关系问题时，应当避免两种极端的观点，即先发展后治理的观点和环境至上的观点，既不能对环境问题漠不关心，任其不断恶化，又不能不考虑本地经济发展的现状，一味地强调环境保护而抑制经济的发展。良好环境的价值要用它们的机会成本来衡量。几乎可以肯定的是，很少有人愿意为了良好的环境而忍受经济落后、物质匮乏、营养不良、生活贫困。地方政府应当兼顾环境与发展，遵循社会福利最大化的原则。在发展的过程中尽可能实现以最小的环境代价来换取最大的经济效益，并以经济发展所获得的资金加强对环境保护的投入，从而最大幅度地提高社会整体福利水平。这样才能在衡量环境与发展的问题上有一个客观的、可操作的标准，使其制定的环保政策更具有连续性。例如，要兴建一座小型的造纸厂，建成后的经济效益表现为利税和工人就业，其经济损失表现为排污引起的环境损害。我们要做的就是比较该造纸厂兴建或关闭引起的损益，而且这种比较应当延续到可以预期的将来。从理论上讲，社会对一项具有正负效应的项目的容许程度应该达到财富的边际效用与污染的边际损害相等的那一点为止。在污染控制问题上，可以通过平衡社会成本收益的方法来确定排污量，即寻找控污的社会边际收益等于控污的社会成本的平衡点，在这一点上社会的净福利效益最大。地方政府的任务就是采取各种手段，将排污水平控制在这个平衡点上，从而实现经济、社会和环境效益的统一。

第二，要积极推行可交易的排污许可证制度。排污收费制度是目前我国控制污染的主要制度。通过征收排污费使外部性内在化，生产者在进行生产时不得不认真考虑污染造成的损害。如果征收的税费标准能够准确反映社会福利的损失，新的供求会自动地实现新的均衡，使得生产的数量被减少到一定的水平上(社会最适量)，从而实现社会的最大福利。但据有关专家测算，目前我国排污费的收费标准是大大低于污染的边际损失的，这种收费标准不能使污染的外部性完全内部化，从而导致污染状况进一步恶化。所以环保部门在制定排污费收费标准时应进行科学的论证，尽量使其能够准确反映污染对社会福利造成的损失。排污许可证制度是目前国际上比较流行的运用市场机制控制污染排放量的一种更为有效的制度。它是以改善环境质量为目标,以污染物总量控制为基础,规定生产者可在一定范围内排放某些污染的制度。排污许可证制度使环保部门可以将精力集中于对本地区的污染可容纳总量、类型等情况进行调研,从而抓住重点,用较少的投入取得最大的效益。我国从 1996 年开始实施污染物排放总量控制,试行排污许可证制度。《中国环境状况公报》(2008 年)显示:2008 年,全国化学需氧量排放量 1320.7 万吨,比上年下降 4.42%;二氧化硫排放量 2321.2 万吨,比上年下降 5.95%;与 2005 年相比,化学需氧量和二氧化硫排放量分别下降 6.61%和 8.95%,首次实现了任务完成进度赶上时间进度。看似微小的变化,有着重大的意义:它不仅表明我国环保的历史性转变正迈出坚实步伐,而且表明排污许可证制度的实施取得了良好的效果。

污染许可证制度的出现是一种制度创新,是防止环境恶化的有效措施。政府在试图保护环境的同时,还创造了一种稀缺的资源——污染权。在污染许可证的分配上,除了由政府主管部门审批外,还有一种更加市场化的方法——通过拍卖取得污染许可证。这种方法可以避免在许可证审批过程中的权力因素的作用,减少腐败产生的可能性,而且能更合理地配置资源。目前,我国采取的是污染物总量控制的方法,污染许可证不是通过拍卖而是由环保部门根据企业的申请发放。在这种情况下,地方政府可以通过建立规范的许可证交易市场实现污染权资源的有效配置,使污染企业有足够的激励进行交易。从经济效率的角度看,这种协议是当事人之间达成的自愿的意思表示,符合其自身利益最大化的考虑,因此有利于提高社会的整体福利。从环境的角度看,这种交易并没有提高总体污染水平,所以应当受到鼓励。

第三,健全环境资源使用的政策和制度体系。随着社会主义市场经济体制的建立和完善,我国政府已逐步实现从以行政管理手段为主的环境管理方式,转向以法律手段、经济手段与政府职能相结合的环境管理方式。这使我国政府在环境管理方面发挥了巨大职能,并塑造了中央政府的良好形象。在这个过程中,地方政府在环境资源使用的政策制定和制度建设上，也发挥了十分重要的作用。一方面，地方政府的许多政策直接采用立法的形式或者至少成为立法的依据，这一点在环境立法上表现明显。地方政府发布的规范性文件，被普遍承认具有法律效力，并被包含在“环境法规”这一类概念中。任何关于环境立法的研究都明确地将环境保护机关的行政性立法纳入其对象范围，这已是不争的事实。另一方面，地方政府的政策也有一个合理性的问题。无论内容、程序都必须有法律依据。政策的法律化和政策规定的合法化，实际上体现了政策与法律相互渗透和配合的发展趋势。

第四章　区域产业发展与地方政府产业政策

区域经济发展的基础是产业，而地方政府的产业政策在区域产业发展中起着举足轻重的作用。地方政府在发展本地区产业过程中，必须因地制宜，从实际出发，促进区域产业的合理布局，有效利用资源，发挥优势，扬长避短，推动经济、社会与环境可持续发展。

一、区域产业布局与发展理论

区域产业布局是指产业在一地区范围内的空间分布和组合。区域产业布局是关系到区域经济、社会与环境可持续发展的关键问题，研究区域产业布局的目的就是实现区域产业布局的优化，即寻求各产业空间组织的最佳形式和一般规律，以求合理利用区域资源，实现最大效益。区域产业布局的相关理论主要有产业布局区位理论、产业布局比较优势理论、增长极理论和点轴理论等。

1. 产业布局区位理论

产业布局区位理论最早是由德国经济学家杜能（Von Thunen）1826 年在《孤立国同农业和国民经济的关系》一书中提出的农业区位理论。他认为：在农业布局上，什么地方适合种什么作物，并不完全由自然条件决定，农业经营方式也不是任何地方越集约越好，在确定农业活动最佳配置点时，要把运输因素考虑进来。

受农业区位理论的启发，德国经济学家韦伯（A. Webe）1909 年在《工业区位论》一书中提出工业区位理论，认为工业布局主要受到运费、劳动费和凝聚力三方面因素的影响，其中运费是对工业布局起决定作用的因素。

美国学者胡佛（E. Hoove）对韦伯的理论做了修改，他认为：第一，若企业用一种原料生产一种产品，在一个市场出售，在原料与市场之间有直达运输，则企业布局在交通线的起点最佳。因为在中间设厂将增加站场费用。第二，如果原料地和市场之间无法直达运输，原料又是地方失重原料，则港口或其他转运点是最小运输成本区位。

克里斯塔勒（W. Chrstaller）在《德国南部的中心地》一书中提出了中心地理论，认为高效的组织物质生产和流通的空间结构，必然是以城市这一大市场为中心，并由相应的多数市场构成相应的网络体系。

瑞典经济学家俄林（B. Ohlin）的一般区位理论认为：运输方便的区域能够吸引到大量的资本和劳动力，并能成为重要市场，因此可专门生产面向市场、规模经济优势明显和难以运输的产品。而运输不方便的地方则应专门生产易于运输、小规模生产可以获利的产品。

2. 产业布局比较优势理论

比较优势包括绝对比较优势和相对比较优势。绝对比较优势理论由亚当·斯密（Adam. Smith）在《国富论》中提出，他认为，每一个国家或地区都有其绝对有利的、适宜于某种特定产品的生产条件，若每一国家均按其“绝对有利的条件”进行专业化生产，然后彼此进行交换，这将使各国的资源、劳动力和资本得到有效利用，对各国都有利。大卫·李嘉图（D. Richardo）在继承和发展斯密的绝对成本理论的基础上，在其名著《政治经济学及赋税原理》一书中提出了相对比较优势理论。他认为，任何国家都有其相对有利的生产条件，若各国都把劳动用于最有利于生产和出口相对有利商品，进口相对不利的商品，将使各国资源都得到有效利用，使贸易双方获得比较利益。

3. 增长极理论

该理论由法国经济学家佩鲁（F. Perroux）提出，其核心内容是在一国经济增长过程中，由于某些主导部门或者有创新力的企业在特定区域或者城市聚集，从而形成一种资本和技术高度集中，增长迅速并且有显著经济效益的经济发展机制。由于其对邻近地区经济发展有着强大的辐射作用，因此被称为"增长极"。根据增长极理论，落后地区在进行产业布局时，首先可通过政府计划和重点吸引投资的形式，有选择地在特定地区和城市形成增长极，然后凭借市场机制的引导，使增长极的经济辐射作用得以充分发挥，并从其邻近地区开始逐步带动增长极周围地区经济的共同发展。

4. 点轴理论

点轴理论是增长极理论的延伸，由我国经济地理学家陆大道提出。该理论将区域经济看成是由"点"和"轴"构成的网络体系。"点"是指具有增长潜力的中心地域或主导产业，"轴"是指将各中心地域或产业联系起来的基础设施带。点轴理论可以指导产业有效地向增长极轴线两侧集中布局，从而由点带轴、由轴带面，最终促进整个区域经济的发展。

5. 产业集群理论

产业集群是在产业发展过程中，由相互关联的企业与机构在一定地域内集中分布所构成的产业群。产业集群理论由克鲁格曼(P. Krugman)、波特(Michael E. Porter)等提出，该理论除强调区域分工的重要性外，还强调发挥区域内资源整合能力的作用，尤其是技术进步与创新的作用。从产业集群的角度研究产业布局的思想，避免了割裂区域内各种资源之间的联系来讨论区域发展的平衡与否，意在强调发挥区域资源要素的整合能力和协同效应，追求适合区域具体特征的区域发展道路。

6. 地理二元经济理论

这一理论是瑞典经济学家缪尔达尔(G. Myardal)在《经济理论和不发达地区》一书中提出的。该理论利用"扩散效应"和"回波效应"概念，论证了后起国在经济发展过程中，由于发达地区要素报酬率较高，投资风险较低，因此吸引大量劳动力、资金、技术等生产要素和重要物质资源等，由不发达地区流向发达地区，从而在一定时期内使发达地区与不发达地区的差距越来越大。另外，产业集中的聚集规模效益不是无限的，超过一定限度之后，往往会出现规模报酬递减现象。这样，发达地区会通过资金、技术及人力资源向其他地区逐步扩散，以寻求新的发展空间。与此同时，发达地区经济增长速度的减慢，会相应增加不发达地区经济增长的机会，特别是对不发达地区产品和资源的市场需求会相应增加。

7. 环境承载力理论

这种理论认为，区域产业的合理集聚可产生较高的经济效益，但是，并非产业的集聚程度越高，产生的经济效益就越高。区域产业高度集聚对环境的不良影响会累积，当超过该区域的环境承载力时，会造成环境质量急剧下降，影响环境的可持续发展，同时降低环境对产业发展的支持能力。环境承载力是研究环境与经济是否协调的一个重要判断依据，在产业布局中，必须将产业活动安排在环境承载力限度之内。

二、地方主导产业的选择基准

地方政府为促进本地区产业发展，必须选择好主导产业。什么是主导产业呢？《产业经济辞典》将主导产业界定为一国产业结构中需求价格和收入弹性极高，可以带动其他产业的先导型产业。许多经济学家提出了界定和选择主导产业的基准。

1. 罗斯托基准

美国经济学家罗斯托（W. W. Rostow）在《经济成长的阶段》一书中，首先提出了主导部门的概念，认为经济增长总是首先发生在主导部门或主导产业群，他认为，应该选择具有较强扩散效应（前瞻、回顾、旁侧)的产业作为主导产业,将主导产业的产业优势辐射传递到产业关联链上的各产业中,以带动整个产业结构的升级,促进国家和地区经济的全面发展。

2. 赫希曼基准

美国经济学家赫希曼(A. O. Hirschman)在《经济发展战略》一书中提出了产业关联度基准,产业关联度是指各产业在投入产出上的相关程度。产业关联度高的产业对其他产业会产生较强的后向关联、前向关联和旁侧关联,选择这些产业为主导产业可以促进整个产业的发展。在赫希曼看来,后向关联比前向关联更为重要,从而使他的选择理论有更大的倾斜性。

3. 筱原基准

20 世纪 50 年代,为规划日本的产业结构,实现日本的赶超战略,日本产业经济学家筱原三代平在其著名论文《产业结构与投资分配》中提出主导产业选择的两条基准,即“收入弹性基准”和“生产率上升基准”。其政策含义是指,随着人均国民收入的增长,收入弹性高的产品在产业结构中的比重将逐步提高,选择这些产业为主导产业,符合产业结构的演变方向;同时应选择生产率上升较快、技术要素密集的产业,因为这些产业投入产出比率较高,生产费用下降较快。筱原基准为日本政府 20 世纪 60 年代制定产业规划提供了理论依据。

后来,日本产业结构审议会在筱原三代平的主导产业选择基准上,又增加了过密环境基准和劳动内容基准。过密环境基准是选择可以防止因产业布局过密而造成环境污染和人口过于密集而影响社会发展的产业优先发展。劳动内容基准是选择可以为社会提供更多就业岗位的产业优先发展。这两项充分考虑环境和就业问题的基准,对发展中国家在选择主导产业上启示作用很大,也体现了经济、社会、自然的协调发展。日本 20 世纪 70 年代的高速增长实践证明了主导产业的带动作用,同时也说明了选好主导产业对于区域经济发展的重要性。

三、地方主导产业选择的指标体系

地方主导产业选择需要有一套合理的指标体系，这一指标体系应既能反映主导产业的特征，又要具有可操作性。

1. 产业关联度指标

产业关联度指标是地方主导产业选择的一个重要指标，即选择那些产业延伸链较长、带动效应大的产业作为主导产业。判断产业关联效应的大小即产业关联度主要是利用投入产出表的逆矩阵系数来计算产业的感应度系数和影响力系数，并通过这两个指标来判断。其中，影响力系数就是用以衡量一个产业部门对其他产业部门发展的影响程度，影响力系数越大，对其他产业部门的发展带动作用就越大。

影响力系数＝该产业纵列逆矩阵系数的平均值÷全部产业纵列逆矩阵系数平均值的平均

感应度系数，是指本产业部门受其他产业部门的影响程度，感应度系数越大，此产业部门受其他产业部门的影响程度越大。

感应度系数＝该产业横行逆矩阵系数的平均值÷全部产业横行逆矩阵系数平均值的平均

2. 区位商指标

区位商是指一个区域特定产业的产值占该区域工业总产值的比重与全省或全国该特定产业产值占全省或全国工业总产值的比重之间的比值，主要反映产业区域分工程度。

$Q_{ij} = (e_{ij}/e_i) \div (E_j/E)$

其中：Q_{ij}为 i 地区 j 产业的区位商；e_{ij}为 i 地区 j 产业的产值；e_i为 i 地区的工业总产值；E_j为全省或全国 j 产业的产值；E 为全省或全国的工业总产值。

若 $Q_{ij}>1$，则 j 产业是 i 地区的比较优势产业部门，该产业产品或服务在满足了该区域的消费需求后还有剩余，可用于向区外输出，从而成为区域间具有比较优势的产业部门，且 Q_{ij} 值越大，表示 i 地区 j 产业的比较优势越大，产业专业化、特色化水平越高；若 $Q_{ij} \leqslant 1$，则认为 j 产业是 i 地区的自给性产业部门。

3. 需求收入弹性和生产率上升率指标

产业的增长潜力可由产业的需求收入弹性和生产率上升率来度量。

随着人均收入的提高，收入弹性高的产品在产业结构中的比重将逐步提高，选择这些产业为发展重点，符合产业结构变化的方向。

需求收入弹性＝产业需求增长率÷收入增长率

这里的生产率是指产出与全部投入要素之比，可选择全要素生产率上升快的产业作为主导产业。在一般情况下，全要素生产率上升基准与需求收入弹性基准变动趋势是一致的，因为生产率上升率的提高是以不断扩大的社会需求为基础的。

4. 产业贡献率指标

产业贡献率是一个综合指标，它综合反映某产业在特定区域的比较优势和贡献大小。其计算公式为：$G_i = Q_i \times F_i$。其中 G_i 为某区域 i 产业的产业贡献率，Q_i、F_i 分别为该产业的区位商和产值百分比。产业的贡献率越大，该产业对区域经济发展所起的作用越大。

5. 就业综合指数指标

为了实现经济增长和社会稳定，各地方在选择主导产业时都必须重点考虑产业的就业功能。产业的就业功能主要由产业就业规模和就业密度所决定，我们可以用产业就业人数占整个产业就业人数的比例来衡量其就业规模，用产业年平均就业人数与该产业工业总产值的比值来衡量其就业密度，这个指标的含义是一定量的资本或投资所创造的就业机会，然后取就业规模和就业密度的平均值作为衡量产业就业功能的就业综合指数。①

6. 技术进步率指标

选择技术进步快、技术水平高、技术要素密集的产业作为主导产业，可以保证区域产业结构保持技术领先，同时保证在区际分工中占据比较利益较大的领域。

技术进步率主要用来测度一个产业技术创新和吸收科技成果的能力。技术进步率越高，产业技术层次越高，意味着其投入品的技术含量越高，与这些投入品相匹配的劳动力也拥有越多的人力资本，产出品越不容易被替代，竞争力越强。②

技术进步率＝该产业科技人员人数÷该产业全部就业人数

近年来，随着各地方政府纷纷选择和培育自己的地方主导产业，关于地方主导产业的选择成为区域经济研究的一个热点问题，当然，各地具体经济发展状况不同，在选择指标时侧重点会不一样，应因地制宜地对上述指标加以选择应用。

四、地方政府产业政策的目标

地方政府产业政策的总体目标是促进本地区产业发展，带动经济发展和社会进步，具体来说，地方政府产业政策的主要目标是：

1. 培育增长极，延伸轴线，形成产业网络③

在区域经济发展中，地方政府应依据极点—轴线—网络这一经济发展的动态过程，采取不同发展模式及有效的产业政策，取得经济增长

① 赵波：《区域主导产业的选择基准研究》，《商业时代》2006 年第 15 期。
② 赵波：《区域主导产业的选择基准研究》，《商业时代》2006 年第 15 期。
③ 张贵：《试论西部开发的产业布局战略选择》，中国宏观经济信息网，2004 年 9 月 14 日。

和均衡的协调。

极点开发。在资金、技术、劳动等生产力要素有限情况下，要促进经济发展，关键是选择几个区位条件好、发展潜力较大的区域，进行重点开发，使之构成区域的增长极（点）。增长极（点）通过聚集效应、扩散效应，带动周围地区经济增长。这些增长极（点）可重点发展以省会为代表的中心城市。

轴线开发。以增长极（点）为中心，沿轴线向周围延伸，逐步积累、渐进开发，形成贯通城乡的产业链、产业带。轴线开发的原则：一是以水陆交通干线为依托，实现产业布局与交通运输的最佳空间结合；二是工业和城镇发展已有一定基础，且有较大经济发展潜力；三是自然条件优越，资源比较丰富。

网络开发。在极点开发和轴线开发后，地区经济已有较好基础，人口素质较高，基础设施较完善，增长极（点）的扩散效应和回流效应就通过运输、通讯网等经济轴线实现，通过这些轴线连接成纵横交错的产业带、城镇带，依托现有的运输网络和兴建必要的运网新线，推进新产业带形成，促进地区经济发展。

2. 发挥区域优势，选择和发展主导产业

主导产业的前向关联度、后向关联度、旁侧关联度都较高，能够较好地带动其他相关联产业发展，在经济发展中发挥关键作用。选择和发展主导产业，要因地制宜，不同区域优势不同，主导产业应有所区别，主要遵循以下原则：一是要充分发挥地区的经济优势；二是能够成为地区经济增长极（点）；三是要成为全国同类产业的主要生产供应基地，具有综合效益高、规模集中等特征；四是要符合国家产业政策。

3. 实施有效的产业集群战略，以产业集群促进区域产业结构优化升级

国内外经济发展的实践证明，产业集群是促进区域产业结构优化升级的手段，也是后起国家和地区增强竞争力的重要途径。如美国和欧洲一些国家，产业集群化发展的格局突出、优化了区域产业结构。在美国，地毯制造厂商主要集中在佐治亚州小镇达尔顿，汽车制造厂商主要集中在底特律周围地区，制药厂商主要集中在东北的新泽西州、麦城一带，航空企业主要集中在堪萨斯州的维其塔市，半导体工业集中在加利福尼亚的“硅谷”。在欧洲，法国香水主要集中在布雷勒河谷，占世界香水产量的80%；西班牙瓷砖主要集中在卡斯特兰平原，约90%瓷砖在这里生产；被称为“第三意大利”的意大利产业集群，创造了该国70%以上的增加值、30%以上的就业和40%以上的出口。这些产业集群的发展，促进了区域产业结构的优化升级，最终从整体上挖掘了国家和区域的竞争优势。

地方政府在实施积极的产业集群政策时要坚持不懈地培育自己的具有区域甚至国际竞争优势的产业，这将使城市的产业集群实现快速增长，从而实现城市经济的超常规发展和竞争力的不断提升。这就要求政府将政策的重心放在促进企业之间、企业与大学、研究机构、社会中介机构之间的合作之上，并且为这些合作创造良好的环境和必要的条件。在产业集群政策中，应制定以促进产业集群为重心的中小企业政策体系；积极发展针对产业集群的专项发展基金、成立中小企业的融资担保机构，解决中小企业的资本难题等。①

4. 积极引导地区之间的产业转移

为解决中国产业发展的区域之间的严重失衡状况，促进区域经济协调发展，应适时调整产业布局战略，着重在中西部和东北地区创造更多的工作岗位和就业机会，推进其工业化和城市化进程。因此，政府应出台相关政策措施，鼓励沿海经济发达地区加快产业升级，对到中西部和东北投资的外资和沿海企业给予相应的政策支持，如土地、财政贴息和税收优惠等，积极引导沿海地区产业转移。

---

① 马秀贞：“产业集群与区域产业结构优化升级关系解析和政策建议”，《现代经济探讨》2007年第12期。

5. 促进经济、社会、生态环境协调发展

随着科学发展观深入人心，构建和谐社会的战略实施，产业政策将更多地从经济、社会、环境协调发展的角度出发，不仅以经济学理论为指导，更要遵循自然生态规律，以实现环境、经济、社会的协调统一与可持续发展为最终目标。地方政府在产业政策中应更多地关注人口、资源与环境的协调，使得经济发展与环境的承载能力相适应，坚持经济效率与生态效率的统一。

五、地方政府对本地区主导产业的扶持政策

发展主导产业是促进区域经济快速发展、调整产业结构，提升产业竞争力的强大动力和重要支撑。为了促进本地区主导产业的发展，地方政府必须采取相应的扶持政策。

1. 实施鼓励自主创新的政策

首先，努力营造全社会自主创新环境氛围。切实提高认识，转变思想观念，牢固树立科技创新支撑引领经济社会发展的意识，努力提高全体公民的科技素质，培养全民创新文化素质，树立创新意识，弘扬科学精神，形成良好的创新环境。要认真完善科技自主创新的政策法规，对取得重大创新成果的单位和个人予以重奖，不断激发全社会科技自主创新热情。

其次，加快创新体系建设。加快企业与科技机构、政府、中介服务机构等方面的协调互动，以企业为主体、产业化为导向，充分发挥市场机制在科技资源配置的基础性作用，发挥政府的服务、调控功能，着力加强企业技术创新组织建设、人才队伍建设和创新机制建设，建立以企业为主体、高等院校和科研共同参与的产学研紧密结合的技术创新机制。同时，加快创新科研平台、成果产业化平台等载体的建设。建设一批国家或省部级重点实验室、企业技术中心、工程技术研究中心。支持

以企业为主体建立产学研联盟，鼓励企业与高等院校、科研院所开展共建研发机构、联合培养人才、合作研究、成果转让、信息共享等多种形式的合作。

最后，建立健全鼓励自主创新的政策体系。进一步调整投资结构，鼓励、引导全社会多渠道、多层次增加科技投入。各级财政要建立稳定的研发投入增长机制，对企业研发投入允许以较大比例直接抵扣税收。金融机构要建立授权授信制度，增加信贷品种，扩大科技信贷投入，不断完善中小型科技企业的贷款担保体系，并逐步建立风险投资机制，发展风险投资公司和风险投资基金等。要发挥政府信息资源的比较优势，通过规划促进技术链的整体突破，引导和协调企业在创新活动中的分工协作，加快薄弱环节的研发和创新。

2. 努力提高优势资源的产业化能力

按照市场导向原则实施大项目带动战略，提高优势资源的产业化能力。要集中抓好产品市场潜力大，具有比较优势的，能够形成规模优势和规模效益，在技术水平和产品档次上有较强的竞争力，同时能不断拉长产业链的重大产业发展项目。由此来推动优势资源和生产要素的集聚，优化企业组织结构，促进产业融合重组，形成规模优势和集聚优势，使产业潜力得到最大发挥，增强产业竞争力。要结合国家的发展规划和战略重点，尽快组织专门力量，研究确定重点项目，迅速开展产品定位、厂址选择、发展模式、管理体制、运行机制等研究工作和招商引资工作，争取尽快启动项目建设，把工作做实做好。

3. 大力实施人才战略

高度重视人才培养，建立一支高素质的创新型企业和科研技术队伍，健全用人机制，加大人力资本要素在分配中的比重，完善激励竞争机制，充分调动各类人才的积极性、创造性。积极探索知识和技术要素参与分配的多种有效形式，鼓励企业完善利用期权、股权、项目提成等方式的人才激励机制，重奖在技术创新和管理创新方面做出突出贡献的科技人员和企业家，最大限度地激发他们的创业热情和工作活力；充分挖掘本土传统文化和历史文化的精髓，倡导自强不息、开拓进取的创新精神，营造良好的创业文化氛围。

4. 实施积极的就业政策

第一，要培养熟练的劳动力队伍。改善投资环境是与提高人力资本同步前进的。熟练的劳动力队伍对于企业采用新的、产量更高的技术至关重要，而更好的投资环境则会提高对教育投资的回报。政府对教育和培训的支持影响个人的前途，也影响企业谋求新机会的能力。为此，政府应带动采取措施，使教育的覆盖面更广、更适应企业对技能的需求，加强质量保障机制，并为教育和培训服务提供者创造健全的投资环境。

第二，要加强对劳动力市场的监管。对劳动力市场的监管是为了帮助工人，但考虑不周的办法却会阻碍企业提供更多的就业机会，从而助长不受法律保护的非正规劳动力队伍的膨胀。在这种情况下，有些工人可能获益，但失业者、非熟练工人以及非正规经济中就业的工人则无法受益。因此，要在劳动力市场上鼓励采用灵活工资制，确保有关工作场所的监管具有良好的体制适应性，并确保在工人对就业稳定的偏好与企业对调整劳动力的需求两者之间取得合理平衡。

第三，地方政府要把劳动力就业政策、产业政策和教育培训政策有机结合起来，加大对劳动力市场建设、职业教育产业化等方面的硬件投入，构建在职、再就业等方面的教育、培训平台，不断提升劳动力素质，确保教育的覆盖面更广、更适应企业对技能的需求。

第四，不断提高公共服务职能，搞好就业服务，加大对下岗失业人员、农民工和其他就业弱势群体的帮扶力度，及时提供就业服务信息，促进他们走上合适的就业岗位。加强引导，完善空岗报告制度和劳动力市场季度分析报告制度：对劳动力市场的供求情况从行业需求、用人单位需求和求职人员分类等多个方面进行全面分析，并及时公布供求状况，按季度真实反映劳动力的实际状况；将最低工资标准、劳动力市场指导价位和各类培训机构的培训信息在媒体上公布，引导劳动力有序流动。

5. 不断改善投资环境

第一，要营造良好的法治环境和经济环境。对于改善投资环境而言，良好的法治环境是基础性的。它主要包括明确各类产权，推动合同、合约的执行，解决各种经济纠纷与法律争端，对征用企业的财产予以及时、充分的补偿，以减少企业或个人财产的损失。有保障的产权正是通过确保投资与回报之间的紧密联系，增加了投资者的积极性和努力程度。另外，宏观经济稳定对于投资环境是极其重要的，而低通胀率、可接受的财政赤字、稳定的经济增速等是主要的影响因素。宏观经济不稳定，会增加企业微观投资的不确定性，会扭曲投资的回报信息；宏观经济稳定，则既会刺激国内投资，也会刺激和吸引外国投资。

第二，要改善政府对企业的监管。政府对企业的合理监管，可以解决抑制生产性投资的市场失灵问题，并使企业利益和更广泛的社会目标协调起来。但是，所有的监管都会给企业带来成本，由于寻租、无效率的行政管理、不合理的制度设计等问题的存在，或者是这些因素的相互结合，监管过程中经常存在不必要的高成本。欠发达地区政府所采用的监管办法往往无法实现既定的社会目标，就是由于强加了一些不必要的成本和延误，助长了腐败，增加了不确定性和风险，从而损害了投资环境。为此，我们的目标是要好的监管而不是不要监管。问题的关键是在市场失灵和政府失误两者之间求得更好的平衡，这包括：根据当地的具体情况制定监管办法；掌控监管措施的变更；提高解释和实施现有监管措施的确定性；消除不公正的市场准入壁垒和市场退出壁垒等。

6. 转变政府职能

第一，要实行政企分开。计划经济体制下，政府对市场的替代，导致了大政府、小市场；对企业家的替代，导致了强政府、弱企业，极大地降低了资源配置的效率。当前,欠发达地区转变政府职能重要的内容之一就是要实行政企分开,通过建立法人治理结构,形成权利、义务和责任相统一的国有资产管理体制,将企业培育成真正的市场主体。同时,要放宽外资和民间资本的市场准入,支持和鼓励他们通过参股、控股或并购等方式参与国有企业改革,降低欠发达区域国有经济比重,使国有企业尽快从一般性竞争领域退出来。

第二,要深化行政管理体制改革。有效改善对外来投资企业的管理和服务,规范和简化对外来投资的审批程序,提高办事效率,对于国家鼓励的投资项目应尽快改审批制为登记制或备案制。集中整顿和规范市场经济秩序,加大环境整治力度,强化社会治安综合治理,完善法律法规体系,坚决杜绝对外来投资企业的乱收费、乱检查和乱摊派现象,营造良好的发展环境。

六、区际产业转移与地方政府的产业政策

区际产业转移,是由于资源供给或产品需求条件发生变化后,某些产业从一个国家或地区转移到另一个国家或地区的经济行为和过程。[①] 它是国家或区域之间因投资、贸易活动导致的综合性的要素流动过程,是一个具有时间和空间维度的动态过程,是国家或区域之间形成产业分工的重要因素,也是转移国(区域)与转移对象国(区域)进行产业结构调整和产业升级的重要途径。随着经济全球化和区域一体化进程的加快,区际产业转移逐渐成为了区域经济发展的重要推动力量。在此背景下,不同区域的地方政府制定相应的产业政策,借助于区际产业转移,加快本区域产业结构调整和升级,就十分必要。通常,不同区域的地方政府会制定不同的应对区际产业转移的产业政策。

---

① 马子红:《中国区际产业转移与地方政府的政策选择》,人民出版社 2009 年版,第 1 页。

1. 发达地区地方政府的产业政策

第一，积极承接国际产业转移。由于国际投资环境较为复杂，投资者进行投资时会面临很大的风险，因此国际投资者对投资环境往往就比较看重。对于较高级的产业，对环境的要求将会更为严格，偏重于将产业转向与本国（投资国）技术差距比较小的国家，因为国际间的产业转移和投资流向都有一种寻找"相仿"环境的倾向，发达国家之所以倾向于向次发达国家投资和转移产业，其重要原因便在于此。为此，发达地区地方政府必须创造出承接国际产业转移的综合竞争优势，以更好地吸引国际产业的转移：继续优化投资环境，创造公平的竞争环境，吸引跨国公司转入更多高新技术产业以及技术密集型工序，带动整个工业结构升级，减弱外资对土地和劳动力价格的敏感性，并且围绕外资大力发展自有配套加工能力，强化外资企业与本地经济的产业关联性，形成"扎根型"加工制造体系；要加快建立和完善市场经济体制，进一步完善各种法规制度，并提高政策透明度，使政府和企业的行为都能够在法制环境下进行；要在知识产权方面，消除地方保护主义，加大中国知识产权的执法力度，建立企业重视知识产权的商业环境，增强国内的知识产权意识，加强知识产权管理等。

第二，提高企业的自主创新能力。企业是承接产业转移的主体，企业的技术基础和技术吸收能力和创新能力，对于吸纳国际产业转移的规模和层次具有决定性的作用。发达地区一方面要大力培育本地企业的成长；另一方面要促使本地企业以外商转让技术为契机，通过模仿创新、人才流动、科研合作、生产技术分包等渠道，不断提升企业的学习能力和自主创新能力，实现"引进技术——消化吸收创新——发展高新技术产业——技术出口"的良性循环，实现技术发展跨越；实现以加工为主向自主研发、拥有自己核心技术、打造自由品牌转变，提升产业竞争力。

第三，加快发展装备制造业和高新技术产业。坚持以信息化带动工业化，广泛应用高技术和先进适用技术改造提升制造业，形成更多拥有自主知识产权的知名品牌，发挥制造业对经济发展的重要支撑作用。装备制造业，要依托重点建设工程，坚持自主创新与技术引进相结合，强化政策支持，提高重大技术装备国产化水平，特别是在高效清洁发电和输变电、大型石油化工、先进适用运输装备、高档数控机床、自动化控制、集成电路设备和先进动力装置等领域实现突破，提高研发设计、核心元器件配套、加工制造和系统集成的整体水平。高技术产业，要加快从加工装配为主向自主研发制造延伸，按照产业集聚、规模发展和扩大国际合作的要求，大力发展信息、生物、新材料、新能源、航空航天等产业，培育更多新的增长点。信息产业，要根据数字化、网络化、智能化总体趋势，大力发展集成电路、软件等核心产业，重点培育数字化音视频、新一代移动通信、高性能计算机及网络设备等信息产业群，加强信息资源开发和共享，推进信息技术普及和应用。生物产业，要充分发挥我国特有的资源优势和技术优势，面向健康、农业、环保、能源和材料等领域的重大需求，努力实现关键技术和重要产品研制的新突破。

2. 欠发达地区地方政府的产业政策

第一，加快产业结构调整。一方面，调整产业的所有制结构，具体包括：进一步开放市场准入政策吸引民间投资；加快国有企业的股份制改造，实现公有制与非公有制的多元投资主体的融合，优化非公有制经济发展的环境，使企业改制有突破性的进展、民营工业的比重有突破性的增加；对创业型和就业型的民营企业采取灵活的扶持政策。另一方面，调整产业组织结构，具体包括：通过“扶优扶强”，培育一批在国际国内市场占有较大份额的知名品牌，提高企业的平均规模和竞争力；通过“扶小促小”，促使中小企业能够增强活力，朝“专、精、特、新”的方向发展；通过实施市场化的企业并购，进行资产重组，形成优势产业群。

第二，以工业园区作为承接产业转移的平台。工业园区建设是工业振兴中的增长点，各具特色而又功能配套的工业园区，将成为承载地方工业振兴的崭新起点。要依托园区承接区际产业转移，实现产业集群化发展，壮大工业经济规模，产生“集聚效应”，解决工业发展中创新环境不足、投资不足、新增长点不足以及技术和管理创新等问题。要依托城市办园区，工业园区建设与工业中心布局相适应，努力形成区域工业特色，减少工业中心和工业园区重复建设，解决结构雷同问题。要创新园区管理模式，实现园区功能多样化，提高工业园区的经济贡献率。

第三，实施可持续发展战略。总体上看，欠发达地区承接产业转移来进行产业结构调整和升级，是欠发达地区经济发展的当务之急，但这并不意味着欠发达地区要为了追求产业结构的升级而忽视资源的保护和环境的治理。恰好相反，欠发达地区在承接发达地区产业转移的过程中，应从可持续发展的角度出发，充分考虑环境效益，最大限度地实现产业的绿色化和生态化。因此，欠发达地区必须实施可持续发展战略，按照"有所为，有所不为"的原则承接区际产业转移。具体包括：对于有污染但不得不发展的产业，应加快技术进步和设备更新的步伐，将负效应降低到最低限度；在发展以优势资源为依托的产业时应改变某些不适当的开发方式，提高资源的综合利用率；建立前置审批制度，实行环境保障"一票否决制"，对于化工冶炼、镀、制革、造纸、废旧物质利用和电解、纺织印染等污染严重的行业，严格实施环境准入制度。

七、地方政府与农业发展及农业结构优化政策

为加快农业的发展及农业结构的优化，地方政府必须从静态比较优势和动态比较优势的角度制定相应的政策措施。所谓静态比较优势，是指在现有资源禀赋条件下寻求资源最有效配置的比较优势。如果某一地区由于气候、资源、技术等方面的原因在生产某种商品的机会成本低于其他地区，那么我们就定义该地区在生产这种商品方面比其他地区具有静态比较优势。通常我们可通过计算国内资源成本系数(DRCC)来衡量不同地区主要农产品生产的比较优势。若某一地区某一农产品计算的DRCC值≤0.85，说明该地区在该类农产品生产中具有较强的比较优势。所谓动态比较优势，是指比较优势可以通过专业

化学习、投资创新及经验积累等后天因素人为地创造出来,它强调规模报酬递增、不完全竞争、技术创新和经验积累。动态比较优势具体表现为两个方面:一是规模经济导致的专业化分工使资本与知识不断积累,由于地区间生产要素积累的速度存在差异,比较优势会出现动态变化(克鲁格曼,1981)。具体而言,当原先劳动资源密集的地区资本要素的积累快于劳动要素的积累时,同种商品的生产过程中资本的密集度将提高;当这一过程进行到生产更高资本劳动比的商品也变得有利可图时,两种商品就会同时被生产;如果资本要素快速积累的趋势持续下去,该地区将逐步退出原先劳动密集程度高的生产分工,转而集中生产资本密集程度较高的产品。因此,当要素的积累改变某一地区的比较优势时,赶超式的资本积累将成为地区将生产分工由劳动密集型商品转向资本密集型商品的重要基础。二是将技术作为比较优势的内生变量,包括技术创新、技术外溢以及干中学所形成的学习经验曲线对比较优势的动态影响。具体而言,技术创新的存在使得处于产品生命周期不同阶段的地区均可能成为某一产品的领先者;而技术外溢则使得处于产品生命周期各阶段的地区提升比较优势成为动态化的过程。

目前,我国各地区的农业经济仍主要为劳动密集型的生产形态,所生产的农产品大部分处于产业价值链的低端。因此,地方政府在推动农业经济结构优化的进程中不应仅局限于现有资源禀赋条件下农业经济结构的优化,而应通过转移支付、增加农业补贴等政策措施推动所辖地区实现农业规模化经营,进而实现农业生产的规模化效应,提高地区农业生产的资本密集度,实现地方农业经济的赶超式发展。同时,应注重技术在地区农业经济结构优化中的功能,将技术作为地区农业结构优化的驱动力。具体而言,应将农业技术推广、生物基因工程、先进农业机械的研发与使用等作为推进地方农业经济结构优化的主要驱动力,从根本上改变传统的农业生产方式,推进地方农业生产走向产业价值链的高端。

1. 基于静态比较优势的地区农业发展及结构优化

地方政府在对本地区的农业发展及结构优化的过程中，首先应在短期内，根据所辖区域农业的自然资源禀赋条件，依据静态比较优势理论，确定地区农业内部各部门间的发展结构；确立地区优势农业部门，适时改变地区内农业内部各部门间的发展比例关系，优化资源配置，提高规模效益。

具体而言，基于静态比较优势，优化农业内部各部门间发展结构的问题可通过计算综合比较优势指数确定地区在生产不同农作物方面的静态比较优势。综合比较优势指数越高，表明该地区在某一农作物生产方面的静态比较优势越强，反之则越弱。综合比较优势指数可通过区位商和土地产出率两个指标的几何平均数表示。区位商反映了地区在生产不同农作物方面的专业化比较优势。若某一类农作物区位商大于1，表示该地区在生产该农作物方面具有一定的专业化比较优势，且数值越大，表明专业化比较优势越强；若区位商小于1，则表示该地区在生产该农作物方面不具有专业化比较优势，且数值越小，表明专业化比较优势越弱；而地区土地产出率则反映了某一地区各种农作物的生产水平比较优势，即地区作物生产的基础好坏和生产水平的高低。若土地产出率小于1，且数值越小则表明该地区在某一农作物生产方面的生产能力越弱，作物生产水平比较优势越明显；若土地产出率大于1，且数值越大则表明该地区在某一农作物生产方面的生产能力越强，作物生产水平比较劣势越显著。

此外，从计量经济学的角度，地方政府可通过运用投入产出模型(input and output analysis)、系统动力学模型(system-dynamics)、大道模型(turnpike theorem)、数学规划(mathematics programming)和可计算的一般均衡模型(computable general equilibrium)等研究产业内经济结构优化的计量经济模型，分析研究基于地方农业自然禀赋条件以及其他主要影响因子的农业内部各部门生产结构优化方案。例如，傅丽芳、葛家麒、孟军(2005)提出农业内部发展结构优化问题可考虑运用多目标规划模型为主体,多个辅助模块集合的优化分析模型。①

---

① 地方农业发展结构的优化从农业生态经济系统内部而言主要涉及种植业、林业、畜牧业、渔业等四个部门。主要影响因子包括地方人口增长数量、农产品需求等,我们可以考虑运用人口增长预测模型、农产品消费需求预测模型以及农业中土壤有机质含量模型作为主要辅助模型配合多目标规划模型构建的多目标体系,具体可以表述为如下模型:
农、林、牧、渔总产值目标:

$$f_1 = f_1(x) = \sum_{j=1}^{n} CZ_{1j} \cdot X_{1j} + \sum_{j=1}^{n} CZ_{2j} \cdot X_{2j} + CZ_{3j} \cdot X_{3j} + CZ_{4j} \cdot X_{4j}$$

各产业总的纯收益目标:

$$f_2 = f_2(x) = \sum_{j=1}^{n} SY_{1j} \cdot X_{1j} + \sum_{j=1}^{n} SY_{2j} \cdot X_{2j} + SY_{3j} \cdot X_{3j} + SY_{4j} \cdot X_{4j}$$

其中:X 表示决策变量集,CZ_{ij} 和 SY_{ij} 分别表示第 i 个部门第 j 个决策变量的单位年产值和纯收益(i=1,2,3,4)

约束条件:

地区资源约束:

主要农产品种植面积约束 : $\sum_{j=1} X_{1j} \leqslant b$;

经济作物播种面积约束:$\alpha_1 \cdot b_1 \leqslant \sum_{j=1} X_{1j} \leqslant \alpha_1' \cdot b_1$;

林、畜牧业种植面积约束:$\alpha_2 \cdot b_2 \leqslant X_{plant} + X_{pasturage} \leqslant \alpha_2' \cdot b_2$;

水产品养殖面积约束:$\alpha_4 \cdot b_4 \leqslant X_{fishery} \leqslant \alpha_4' \cdot b_4$

社会需求约束:

粮食产量约束:$(1-\alpha_3)\sum_{j=1} DC_{1j} \cdot X_{1j} - [N(t) - N_1 \cdot LS_1 + N_1 \cdot LS_2] \geqslant b_3$;

猪肉产量需求约束:$X_{pock} - [(N(t) - N_1) \cdot RL_1 + N_1 \cdot RL_2] \cdot \alpha_4 \geqslant b_4$;

牛、羊肉需求约束:$X_{beef} + X_{hotpot} - [(N(t) - N_1) \cdot RL_1 + N_1 \cdot RL_2] \cdot (1-\alpha_4) \geqslant b_5$;

奶类产品需求约束:$X_{milk} - [(N(t) - N_1) \cdot NL_1 + N_1 \cdot NL_2] \geqslant b_6$;

水产品需求约束:$DC_{fishery} \cdot X_{fishery} - [(N(t) - N_1) \cdot YL_1 + N_1 \cdot YL_2] \geqslant b_7$;

蔬菜需求约束:$DC_{vegetable} \cdot X_{vegetable} \geqslant b_8$;

食用油需求约束: $DC_{oil} \cdot X_{oil} \geqslant b_9$;

蛋类需求约束:$X_{egg} \geqslant b_{10}$

生态平衡约束:

森林覆盖率 $X_{forest} \geqslant \alpha_5$

土壤有机质含量约束:

$$[\sum_{j=1}^{6} NF_k \cdot FT_{k(t-1)} \cdot X_{2k(t-1)} YF + N(t-1) \cdot PF \cdot FT_{R(t-1)} \cdot YF + \sum_{j=1}^{5} JG_{1j} \cdot FT_{1j(t-1)} \cdot X_{1j(t-1)} \cdot FH + 225 \cdot YJZ_{(t-1)} (1-KH) \cdot ZMJ_{(t-1)}]/225 \cdot ZMJ_t \geqslant b_{11}$$

模型中 N(t)代表地方政府所辖人口预测,N_1(t)代表地方政府所辖农业人口预测,RL_1、RL_2代表地方政府所辖城乡居民年均肉类需求,NL_1、NL_2代表地方政府所辖城乡居根据这一模型，地方政府可进一步从所辖地区的人口增长、农产品需求以及农业生态可持续发展等多个因素综合确定地区内农业各部门间的结构优化。

基于静态比较优势的地区农业发展及结构优化是根据地区农业自然资源禀赋条件为基础的农业内部各部门间的农业生产结构优化和调整。作为地方政府应根据本地区农业自然条件，改变农业内部各部门直接生产结构不合理的状况，优化本地区的农业生产资源配置，提高区域农业效益。具体而言可考虑以下政策措施：优化和调整地区农作物种植结构，根据本地区的实际情况扩大优势农作物种植面积，对农作物种植进行合理布局，推动地区内部与地区间的农业优势互补；针对本地区有综合生产优势的农作物，根据市场需求建设专业化、规模化的生产基地，提高生产的科技含量，改进基础设施的配备，努力提升农作物的生产效率，增加土地产出率；大力发展特色农作物种植和农产品深加工，促进本地区内优势农作物的发展，引导农民走集约型的高效农业和产业化经营之路；地方政府应增加对农业的财政投入，增强对农业的转移支付力度，实现对农业经营的有效协助；进一步构建地区农业市场体系，为农业生产营造良好的外部市场环境。

2. 基于动态比较优势的地区农业发展及结构优化研究

地方农业发展及结构优化与调整不仅是农业经济领域的新问题，而且它贯穿于以市场为导向的农业发展全过程；地方农业发展及结构优化与调整也非某一阶段性问题，在不同的阶段，地方农业发展及结构

民年均奶类需求，YL_1、YL_2代表地方政府所辖城乡居民年均水产品需求，$FT_{k(t)}$代表第k种畜产品产生的有机肥返田率，NF_k万吨代表第k种畜产品产生的有机肥干物重，JG_{1j}代表第j种农作物面积秸秆产量，YF代表有机肥腐殖化系数，FH代表秸秆腐殖化系数，KH代表有机质矿化率，ZMJ_t代表农作物总面积，$FT_{j(t)}$代表第j种农作物秸秆返田率，YJZ_t代表规划期土壤有机质含量，b_i代表不同农业部门主要约束值和参数取值的变动区间（根据各地方政府所辖区域发展现状和规划目标确定，其随时间的推移在相应的区间内漂移）。

优化与调整有不同的特点。因此除了从静态比较优势的视角研究农业发展及结构优化问题之外，我们还应从动态比较优势的视角考虑农业发展及结构优化问题。

研究基于动态比较优势的农业发展及结构优化，我们可以考虑运用马尔柯夫链模型。马尔柯夫链是一类特殊的具有马氏性的随机过程，它所描述的系统仅在一些离散的状态中变化，且变化仅仅发生在一些离散时刻。马尔柯夫链模型内容包括：

(1)无后效性。即在已知系统"现在"状况的条件下，系统"将来"的状态和系统"过去"的历史无关，满足如下条件概率：

$P\{X_n=i \mid X_{n-1}=i_{n-1},\cdots,X_1=i_1\}=P\{X_n=i \mid X_{n-1}=i_{n-1}\},i=1,2,3,\cdots$

(2)状态概率。即仅考虑系统只有有限个状态，可取 $i=\{1,2,3,\cdots,k\}$。记 n 时刻系统的状态为 X_n，记 $X_n=i$ 的概率为 $\alpha_i(n)$。

(3)转移概率。从 $X_n=i$ 变化到 $X_{n+1}=i$ 的概率为 $P_{ij}(n)$。

(4)转移矩阵。将系统所有转移可能组合，构成矩阵 $P=(P_{ij})_{k\times k}$。且 P 中的内一个元素非负，满足 $\sum_{j=1}^{\infty}P_{ij}=1,\ i=1,2,3,\cdots$

根据上述对马尔柯夫链模型的描述，我们可以建立地区农业比较优势分析模型。

模型假设：

(1)地区农产品比较优势状态的变化取决于两个因素：一是地区资源禀赋结构(主要指一国的自然资源、资金和劳动力构成)；二是地区生产和消费结构的变化。可以假设地区农产业比较优势状态具有随机性，且相互独立。

(2)农产品比较优势状态的变化是以一定的时长(如年)为单位计算的。相应时段可以记为 t=1,2,3,…

(3)若某一农产品后一时期的比较优势状态往往只取决于前一时期的状态，而与前一时期以前各期无关，即具有无后效性。

(4)若农产品的外界环境变化是持续的、稳定的，则产品优势状态变化或转移也将是平稳的，即转移概率具有平稳性(马尔柯夫链为齐次)。

(5)多步转移概率。考虑具有有限状态空间条件下的齐次马尔柯夫链。令 $P_{ij}(n)=p\{X_{m+n}=j \mid X_m=i\}$ ，表示当 m 时刻处于状态 i，n 步转移后到状态 j 的概率，称为 n 步转移概率。在该定义下可不必考虑从 i 状态到 j 状态转移过程中所经历的中间状态，可根据切尔曼——柯莫格洛夫方程，即 n 步转移概率矩阵 P(n)是一步转移概率矩阵P(1)的 n 次自乘方，即 $P(n)=P^n(1)$推知。

模型建立：

(1)记农产品在某一地区的净产出指数 NP① 的分布区域$[-1,1]$为 I，且指数 NP 的状态空间 I 可分为 k 个离散的子空间，如分为：$[-1,a_1]$，$[a_1,a_2]$，$[a_2,a_3]$…$[a_{k-1},1]$；且$-1<a_1<a_2<\cdots<a_{k-1}<1$

(2)转移概率 P_{ij}可通过某一时期进入或退出某一比较优势状态的产品数目的比率得到。记 $n(t)=(n_1(t),n_2(t),\cdots n_k(t))$，其中 $n_i(t)$表示第 t 年属于状态 i 的产品数目，$N(t)=\sum_{i=1}^{k}n_i(t)$ ，则 $P_{ij}=n_i(t)/N(t)$ 。

假设条件概率 $P_{ij}(m,m+n)$表示马尔柯夫链在时刻 m 处于状态 i 的条件下，在 m+n 时刻转移到状态 j 的概率，在此就是一个产品优势状态在 m 期处于状态 i 条件下，经过 n 期在 m+n 期转移到状态 j 的概率。我们可将 $P_{ij}(m,m+n)$记为 $P_{ij}(n)$，称为马尔柯夫链的 n 步转移概率。当 n=1 时，$P_{ij}(1)=P_{ij}$就是一步转移概率，表示一个产品在某一时期处于 i 状态的情况下，下一期处于 j 状态的可能性。

(3)转移矩阵。设一步转移矩阵 P(1)为：

$$\begin{bmatrix} P_{11} & P_{12} & \cdots & P_{1j} & \cdots \\ P_{21} & P_{22} & \cdots & P_{21} & \cdots \\ \cdots & \cdots & \cdots & \cdots & \cdots \\ P_{i1} & P_{i2} & \cdots & P_{ij} & \cdots \end{bmatrix}=P(1)$$

① 净产出指数 NP，指某一地区向其他地区的产品供给与该地区对其他地区产品需求的差额。

上述模型矩阵P(1)中任何元素P_{ij}表示地区内某一农产品的比较优势状态i经过一个周期(例如一年时间)转移到状态j的概率。特别地,当i=j时,P_{ij}表示某一个农产品在第一期处于i状态的条件下,第二期仍处于i状态的概率,反映了比较优势的"延续反映比较优势的延续性。根据多步转移矩阵,由切尔曼——柯莫格洛夫方程,$P(n)=P^n(1)$,我们可获知在动态条件下某一地区农产品比较优势状态的长期稳定分布结构。

马尔柯夫链模型不仅可为地方政府发现识别地区内具有比较优势和发展潜力的农产品提供依据,同时还可运用该模型对地区农业动态比较优势分析结果的"预测功能",对地区农业的农业经济结构优化提供动态分析与预测手段。

基于动态比较优势的地区农业发展及结构优化是长期内通过整合其他相关行业部门优势资源,构建以农业为核心的动态开放体系,创造农业规模经济效应以及技术创新和技术转移所带来的技术溢出效应。具体而言,地方政府应首先考虑构架优化农业发展结构的制度安排。具体而言该制度安排可定义为在充分重视人力资本结构的前提下,以集约型的可持续发展为基础,以市场为导向,以效益为中心,加强农业与各产业间的融通,使之转变为动态的开放体系,因地制宜发展农业。具体政策措施可考虑:通过发展农村教育,培育具有较高文化素质,掌握科学技术,能进行农业新产品新技术推广研究的农业人力资本,构建农业发展及结构优化的智力依赖路径;加强地区农业与其他地方产业的优势资源融通,通过推动产业化、企业化的农业经营模式,构建围绕优化农产品质量,提高农产品档次,提升农产品技术含量为核心,以开放性农业经营为特征,包含科学、教育、技术、信息等元素的农业动态开放体系,克服农业生产所存在的投入高、周期长、抗灾能力弱、风险大等弱势产业特征;发展集约化农业,通过"干中学"的演变路径、模仿——规模化技术进步的低成本竞争推动农业技术创新和技术转移,构建与经济、社会的发展,生态环境的改善,农业增产增收,地区优势资源合理利用的可持续农业发展及结构优化路径。

第五章　地方政府教科文卫事业管理的经济学分析

作为现代社会重要的公共物品——教育、科学研究、公共卫生医疗服务、公共文化及公共体育等事业，具有明显的社会效益和外部效应，无法完全通过市场机制实现最优配置，因而必须由政府通过干预和投入等方式来解决供求均衡问题，政府有责任提供或组织社会有关部门与机构提供这类服务，为本地区的经济发展和社会进步提供基本的条件。

一、地方政府科技教育管理的经济学分析

公共经济学理论认为，公共物品具有消费的非排他性和非竞争性两大特征。纯公共物品，即严格具备消费的非排他性和非竞争性两个特征；准公共物品，即只具备有限的非排他性或有限的非竞争性。准公共物品可再进一步分为价格排他性公共物品和拥挤性公共物品，价格排他性公共物品（也称俱乐部型公共物品），即具备消费的非竞争性但不具备非排他性，这种物品通过收费的形式将不愿付费者排除在对该物品的消费之外。拥挤性公共物品，即具备消费的非排他性，但不具备消费的非竞争性。

1. 科技教育物品的公共物品性质

教育这种物品究竟是公共物品，还是私人物品，为研究这一问题，可以将教育分为基础教育和非基础教育，基础教育包括小学教育和初

中教育，非基础教育包括高中教育（还包括中专和职高等教育）和高等教育（包括各种形式的本专科层次教育、研究生层次教育）。

我国义务教育法规定，在义务教育阶段，所有适龄儿童都要接受国民教育，而这种教育实行的是免费原则，所以基础教育具备非排他性特征。增加一个人对基础教育物品的消费不会减少其他任何人对它的消费，所以基础教育具备消费的非竞争性。基础教育物品同时具备消费的非竞争性和非排他性，显然是纯公共物品。我国的非基础教育是收取一定费用的，所以非基础教育物品具备消费的非竞争性但不具备非排他性，显然非基础教育是价格排他性准公共物品。

为了研究的方便，我们将科学研究分为基础研究和应用研究。对于一项基础研究物品，把任何一个人排除在对该项基础研究物品的消费之外要花很大的成本，所以基础研究具有消费的非排他性特征。另外，增加一个人对该项基础研究物品的消费不会减少其他任何人对它的消费，所以基础研究具有消费的非竞争性特征，因而基础研究物品是纯公共物品。对于一项应用研究物品，由于它能直接创造经济效益，所以任何个人或者企业对它的消费都要支付一定的费用，但是随着社会的发展，应用研究物品的生产技术会被越来越多的个人或者企业所掌握，增加一个人和企业对该项应用研究物品的消费不会减少其他任何人和企业对它的消费，所以应用研究物品具有消费的部分排他性和非竞争性，显然应用研究物品是准公共物品。

2. 科学研究和教育物品的外部性分析

教育物品中的基础教育物品是纯公共物品，非基础教育物品是准公共物品，这就决定了教育物品具有较大的外部性效应。不同层次教育的外部性不同，同一层次教育在不同的地区或者在不同的经济发展阶段，其外部性也不同。可以将外部性定义为，经济活动中私人边际成本（或收益）与社会边际成本（或收益）的不一致，即个人或企业的经济活动影响了他人或其他企业，却没有为之承担相应的成本或获得应有的报酬。由于教育物品的特点，个人接受教育只具有正外部性，所以我们将教育物品的外部性定义为，教育接受者对他人或整个社会产生了积极的影响，但是教育提供者却没有得到应有的报酬。

以非基础教育为例来分析教育物品的外部效应。教育物品一般是由学校提供的，在图 5.1 中横轴表示产量(学校提供教育物品后所导致的产量增加)，纵轴表示价格(学校提供教育物品的价格)，S 线表示社会边际成本和个人边际成本(社会边际成本 MSC 等于个人边际成本 MPC)，D 线表示个人边际收益 MPB ，那么 D 线与 S 线相交于 E 点，可以得到均衡产量 Q 和均衡价格 P(如图 5.1 所示)。

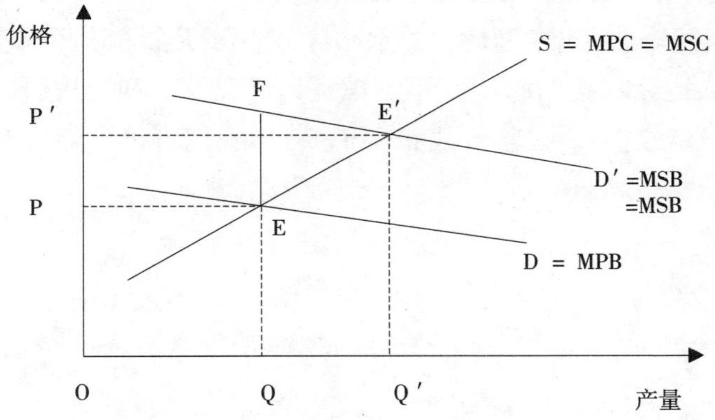

图 5.1　非基础教育物品的外部性对社会福利的影响

但是 E 点并非真正的均衡点，因为 D 线所代表的边际收益仅仅是私人边际收益，由于非基础教育的外部性，D' 线所代表的社会边际收益 MSB 要远大于 D 线所代表的私人边际收益 MPB ，因此 D' 线与 S 线相交的 E' 点才是真正的均衡点。不难看出，此时的均衡价格 Q 要大于 P ，均衡产量 Q' 要大于 Q 。同时，社会收益原本应该为 $QQ'E'F$ ，但是个人只得到 $QQ'E'E$ ，那么 $EE'F$ 则为教育提供者未得到的报酬，说明只有通过政府的财政资助，才能使学校提供教育物品所产生的外部性得到应有的补偿，才能保护教育提供者的积极性。

与教育物品一样，科学研究物品也具有外部性效应。科学研究物品的外部性表现为，人力资本提供科学研究物品后对他人或整个社会产生了积极的影响,但是却没有得到应有的报酬。但是,科学研究中基础研究物品和应用研究物品的外部性效应是不一样的。一般而言,基础研究物品的外部性效应要大于应用研究物品的外部性效应,因为人力资本提供基础研究物品与提供应用研究物品是不一样的,提供应用研究物品的回报往往是直接的,而提供基础研究物品的回报往往是间接的,并且人力资本提供基础研究物品往往不能得到应有的报酬。

图 5.2 反映的是基础研究物品和应用研究物品的外部性效应对社会福利的影响。横轴表示基础研究物品和应用研究物品的产量,纵轴表示基础研究物品和应用研究物品的价格,S 线表示社会边际成本 *MSC* 和个人边际成本 *MPC*(社会边际成本等于个人边际成本),D 线表示个人边际收益 *MPB*,在不考虑基础研究物品和应用研究物品的外部性效应之前,D 线与 S 线相交于 E 点,我们可以得到均衡产量 Q 和均衡价格 P。

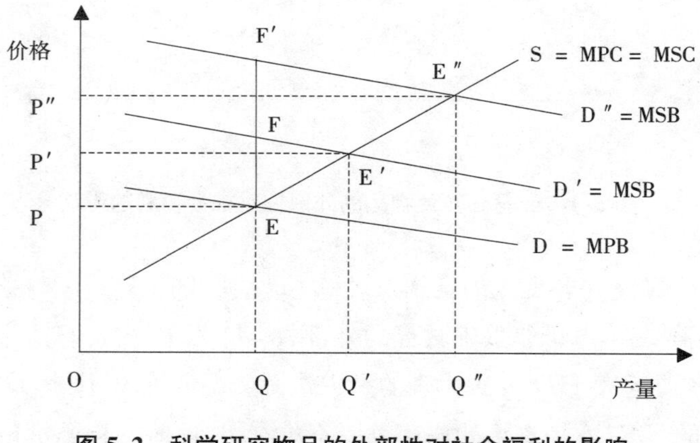

图 5.2　科学研究物品的外部性对社会福利的影响

E 点是不考虑外部效应时的均衡点,*D* 线所代表的边际收益仅仅是基础研究物品和应用研究物品的私人边际收益,由于基础研究物品和应用研究物品的外部性,其社会边际收益要远大于它们的私人边际收益。又因为基础研究物品的外部性要大于应用研究物品的外部性,所以基础研究物品的社会边际收益(用 D'' 来表示)要大于应用研究物

品的社会边际收益(用 D' 来表示),更大于基础研究物品和应用研究物品的私人边际收益(用 D 来表示)。因此 D' 线与 S 线相交的 E' 点是应用研究物品的均衡点,D'' 线与 S 线相交的 E'' 是基础研究物品的均衡点。不难看出,此时应用研究物品的均衡价格 Q 大于 P,均衡产量 Q' 大于 Q,基础研究物品的均衡价格 P'' 不仅大于 P,而且还大于 P',均衡产量 Q'' 不仅大于 Q,而且还大于 Q'。同时,对于应用研究物品来说,社会收益原本应该为 $QQ'E'F$,但是个人只得到 $QQ'E'E$,对于基础研究物品来说,社会收益原本应该为 $QQ''E''F'$,但是个人只得到 $QQ''E''E$,那么 $EE''F'$ 则为科学研究应得而未得到的报酬。社会福利的净损失。我们可以看到,由于基础研究物品的外部性效应要远大于应用研究物品的外部性效应,所以只有通过政府使人力资本提供的基础研究物品和应用研究物品按其所产生的外部性效应得到应有的补偿,才能保护科学研究者的积极性。

3. 地方政府教育管理的职能及政策分析

地方政府对本地区的教育情况比中央政府更为了解,因而地方政府在提供和管理教育物品方面的责任要大于中央政府,所以,地方政府的参与程度就应该越大。应该结合不同层次教育、不同学科专业教育以及私立教育机构的作用等因素,考虑地方政府管理教育物品的职能及政策问题。

第一,对不同层次教育地方政府的参与程度应该有所不同。由于非基础教育物品的外部性比较大,地方政府应该积极参与非基础教育物品的提供和管理。但是基础教育是非基础教育发展的基础,没有基础教育就没有非基础教育,各级地方政府应该根据自身的实际情况,在普及基础教育的基础上发展非基础教育。

第二,对不同学科专业教育地方政府的参与程度应该有所不同。从学科专业上看,有些学科专业的教育具有较大的外部性,例如高等教育中的师范类专业、农林牧等学科专业以及一些基础性学科和专业,这些专业毕业生往往是在经济效益相对较低的行业就业,这些行业给教育者个人带来的利益不大，但是却对社会的贡献比较大，具有较大的外部性效应。因此，地方政府应该予以高度重视，在财政上应该给予更多的支持。

第三，地方政府对私立教育机构应采取的政策。教育物品虽然是公共物品，但也可以由私人来提供。教育物品中的基础教育物品，虽然已经被列入义务教育范畴，但是这并不排斥一部分人对基础教育有着超过义务教育水平的需求。我国虽然已经普及了义务教育，但这只是数量上的普及，很多义务教育物品在质量上还难以满足一部分人超过义务教育水平的需求，那么只要供求双方存在，就应该允许私人机构提供部分基础教育物品。比如现实生活中基础教育领域的私立学校，应该在政府的管理和指导下允许其发展。对于教育物品中的非基础教育物品，虽然是准公共物品，但是因为我国还没有普及非基础教育，因此非基础教育物品仍然是稀缺资源，私人机构参与提供一部分非基础教育物品被认为是合理的、有效的，而且私人机构提供的非基础教育物品质量往往比较高。所以尽管基础教育和非基础教育是公共物品，但地方政府应该允许和支持一部分基础教育物品和非基础教育物品由私人来提供，当然应该加强对其的管理。

第四，地方政府对学校提供教育物品的激励政策。提供基础教育物品的主体是小学和初中，提供非基础教育物品的主体是高中（包括中专和职高）和高等院校。非基础教育物品具有很大外部效应，地方政府应该对提供教育物品的学校进行补贴，以使学校有提供教育物品的积极性，从而使整个社会福利得到增加。

4. 地方政府发展科学研究的职能及政策分析

科学研究具有公共物品性质并且具有外部效应，科学研究中的基础科学研究物品是纯公共物品，它具有很大的外部性效应。科学研究中的应用研究物品是准公共物品，并且也具有一定的外部效应，同样如果政府不参与应用科学研究物品的提供，而全部由私人进行提供，那么整个社会也会遭受一定的福利损失。地方各级政府对本地区的科学研究情况应该比中央政府更了解一些，并且从现实上看，越是经济科技发达的省份其地方财政科技拨款占财政支出的比重越高。地方政府对发展科学研究的政策应该考虑以下几个方面：

第一，地方政府对科学研究的政策。科学研究的经济效益无法在短期内实现，较难得到市场资金的资助，因此必须靠政府的财政投入来予以资助。

第二，地方政府对高科技产业的政策。近年来，我国各省市纷纷把发展高科技产业作为产业政策的重点，地方政府在发展高科技产业方面开展了很多工作，如制定产业政策，引导产业发展；提供法制环境，保护知识产权；完善服务体系，改革传统体制；营造人才高地，构筑信息平台等等。

第三，地方政府的科技奖励政策。首先，建立政府科学技术奖励体系；其次，在奖项设置、奖励力度、评价标准和评审办法及管理机制等方面进一步改革和完善科技奖励制度；最后，促进科技奖励分配合理化，奖金的分配侧重于科技成果的首席创造者，形成报酬与贡献相符的合理的分配模式。

第四，地方政府农业领域科技扶持政策。重点支持农业科技成果及先进适用技术的引进、示范和推广，实施种子种苗工程，提高优质种苗在农业生产中的贡献率和良种覆盖率，推广运用生态农业适用新技术和生态农业模式，逐步建立符合农民需要的农业科技推广体系；出台引进推广新技术、新品种的农业扶持政策，安排一定的财政资金用于粮、油、果、菜新品种、新技术的引进、试验、示范及培训；出台贴息贷款的农业扶持政策，加大县级财政对农业的投入力度，安排一定的资金用于规模种植的贷款贴息。

二、地方政府公共卫生医疗管理的经济学分析

1. 公共卫生医疗的基本内容、类别划分及属性分析

公共卫生医疗事业，包含卫生和医疗两个方面。公共卫生是指防

疫部门等机构，采取预防接种、健康教育等措施，预防和控制疾病、保障社会公众健康，以保证不同社会群体均等享有基本健康保障的基础性工作，包括卫生监督、传染病监测、疾病预防与控制、饮用水安全、环境卫生、健康教育、医学科研和医学教学等；而医疗是指医院等单位以对疾病的诊治为主要业务的活动。

公共卫生作为一种纯公共物品，具有外部性，主要表现为：第一，既无排他性，又无竞争性，一个人享用卫生服务并不能排除，也不会减少其他人的享用；第二，具有外部性。所谓外部性，是指医疗卫生机构通过对病人的诊治、对疾病的预防、对卫生环境条件的改善等，使病人免除和避免了病痛，挽救了生命，使生活环境卫生安全，从而提高了劳动力素质，有益于社会生产的发展以及社会的安定和进步。这是一个社会存在和发展的共同需要，也是维护公共利益的必需。① 第三，成本与收益的分离，即公共卫生服务收益范围内的每个人都受益，但并不是每人都愿意为此支付成本。这类服务个人一般不愿意购买或卫生机构不愿或难以提供。此类服务受益面大，具有明显的社会效益和外部效应，主要用于防范和化解公共卫生风险。公共卫生的外部性与公共性，使得公共卫生服务供给容易出现市场失灵问题。

根据医疗服务的特性，可将其划分为基本医疗服务和非基本医疗服务。基本医疗服务具有明显的社会效益，属于准公共物品。根据现阶段国家和各地区的财力与卫生资源状况，还不能完全由政府保障，需要政府、社会和个人按比例共同承担的医疗保障制度。非基本医疗需求属于一种私人需求，因为大部分医疗物品的消费和服务的享用是可以排他的，存在消费的竞争性，对于非基本医疗卫生服务，政府只负责加强对此类服务机构的管理。

随着社会的进步和公众生活水平的提高，医疗服务的需求就会越来越个性化，其医疗活动必须越来越充分地适应不同的个人及家庭的多样化和多层次的需求。

---

① 崔运武：《公共事业管理概论》，高等教育出版社 2006 年版，第 339 页。

2. 医疗卫生市场的经济学分析

市场经济中由于信息不对称的客观存在，一方交易主体往往可以利用所拥有的信息优势使另一方处于被动的不确定环境中。一般情况下，医护人员在医疗专业知识方面比病人多得多，而且医护人员既掌握着病人的病情信息，又负责病人的治疗方案，病人在相当程度上依赖医护人员。医护人员往往是信息的发出者和操纵者，病人是信息的被动接受者，这就形成了医患双方的信息不对称，或医疗服务供需中的地位不均等。医患之间的关系表现为委托—代理关系，患者将选择医疗服务的权利让渡给了医生，供方往往可以利用其作为患者的“代理人”和“服务提供者”的双重身份，对服务的种类、数量、方式等做出主导性选择。在制度约束和利益约束不足的情况下，供方诱导需求，过度利用卫生资源的情况普遍存在。在医疗保险介入后还会引起患者过度使用医疗卫生资源的“道德风险”。信息不对称还会引起“逆向选择”问题，从而使供需双方提供和购买医疗物品和服务成本最小化的激励严重缺乏，这不仅不能使患者的经济福利最大化，还导致卫生资源的浪费。

由于城市人口居住的集中度高于农村，医疗卫生作为一种公共物品，由于其外部性的广泛存在，单位公共物品投放在城市其边际效用远大于农村，因而资源总是流向更能体现其价值、边际效用更高的地方。再加上我国长期存在城乡二元体制，表现为一方面是政府农村医疗卫生供给的不足，另一方面在城市又可能存在医疗卫生的过度供给。

对于健康的要求是不分贫富、地域和种族的，这属于基本生存权的范畴，因此，城乡居民对医疗卫生的需求曲线是一致的。一般商品的需求曲线的变动除受到商品自身的价格、消费者的收入以及消费者的偏好影响外还受到相关商品和替代品的价格影响。当相关商品和替代品的价格发生变动时，该商品的需求量也会发生变动。如果两种商品是替代品，一种商品价格的上升将导致另一种商品的需求量增加；如果两种商品是互补关系，那么一种商品价格的上升意味着另一种商品的需求量的减少。对医疗卫生而言，不存在相关的替代物品，其需求具有较强的刚性，在很大程度上不受商品自身的价格和消费者的收入变化的影响，供给者在物品价格决定上具有明显优势。

疾病的发生具有不确定性，人们无法事先预料，导致人们对医疗卫生物品的需求与一般商品需求有很大的不同，具有明显的不确定性。人们往往乐观地对待自己的健康，因而在个人消费基金的准备中，医疗卫生消费往往被安排在最后，缺乏可能发生疾病时的足够治疗费用。如果没有相应的社会保障机制，部分家庭可能陷入“因病致贫”、“因病返贫”、“贫困交加”的状态。因此，政府必须介入医疗卫生市场进行相应的干预。

3. 地方政府在医疗卫生服务中的职能

公共医疗卫生问题影响着社会的公共安全，世界卫生组织《2000年世界卫生报告》中指出“对一个国家卫生系统总体效能负有责任的是政府，对人民健康福利谨慎而负责的管理是一个有为政府的根本素质”。当代西方国家无论是以美国为代表的市场主导型卫生服务体制，还是以英国为代表的政府主导型福利卫生服务体制，都强调了政府对基本医疗卫生保健服务和公民医疗保险体制的建设。

政府进入卫生领域除财政拨款外，还包括对公共卫生医疗的社会性管制和经济性管制。从世界卫生发展的层面来看，卫生社会性管制呈强化趋势。在卫生资源配置领域，无论是强调计划管理的国家，还是突出市场调节的国家，都在不同程度上进行了政策干预。这些干预措施主要包括：区域卫生规划政策、卫生服务收费政策、政府投资导向政策、社会办医资源的结构导向政策、卫生服务市场的准入政策、社会医疗保险政策、稀缺卫生资源配置的审批政策等。①

经济性管制进入卫生领域主要表现为：药品定价、医疗费用控制、医疗服务许可、医药准入、卫生发展项目投入或卫生质量管理。其中，对于药品定价和医药准入是政府最为注重的项目。对市场结构中存在

① 周庆行：《公共卫生事业管理》，重庆大学出版社2003年版，第465页。

某种程度的垄断因素的卫生机构所提供的服务价格，或者由政府直接采用限制措施，或者由消费者集团与卫生机构协商，对双方的协商，政府也往往要介入其中。无论是限制，还是协商，都尽可能使卫生服务价格等于其平均成本。

现阶段地方政府卫生医疗职能中应侧重于社区卫生服务体系的建设。社区卫生服务是在地方政府领导、社区参与、上级卫生机构指导下，以基层卫生机构为主体，各科医师为骨干，合理使用社区资源和适宜技术，以人的健康为中心、家庭为单位、社区为范围、需求为导向，以妇女、儿童、老年人、慢性病病人、残疾人等为重点，以解决社区主要卫生问题，满足基本卫生服务需求为目的，融预防、医疗保健、康复、健康教育、计划生育技术服务等为一体的，有效、经济、方便、综合、连续的基本卫生服务。[①] 发展社区卫生服务事业要坚持政府主导的原则。地方政府是社区卫生服务事业的建设者、组织者和管理者。在社区卫生服务起步阶段，政府应成为卫生事业筹资主体、卫生机构建设主体和公共卫生服务的费用支付主体。发展社区卫生服务是政府实现卫生公平的有效途径，政府应制定积极的扶持政策，做好规划、准入、规范和监督评价工作。政府主导管理包括对社区卫生服务制定和完善相关配套政策进行规范与引导，明确社区卫生服务发展方向；对社区卫生服务的公益性性质，社区卫生服务的服务对象，服务范围，职责等进行明确的规定；对机构运行状况的监督管理；对人员引进和流动的管理；对社区卫生服务机构的资金运行管理等。

农村基本医疗服务关系到广大农村居民的健康，是一种具有明显的公共性与外部性的准公共物品。新型农村合作医疗制度是由政府组织、引导、支持，农民自愿参加，个人、集体和政府多方筹资，以大病统筹为主的农民医疗互助共济制度。起步初期地方政府的主要职责就是应在筹资方面发挥主导作用。目前，合作医疗基金中农民自筹部分还缺

① 冉云霞、唐贵忠、陈乐等：《医患交流在现代医学模式和社会医学教育中的作用》，《中国卫生事业管理》2003 年第 8 期。

少稳定有效的、制度化的筹资渠道，导致筹资的行政成本极其高昂，且难以持续。为此，政府必须加大对农村合作医疗筹资的公共支持，要将农村基本医疗服务与公共卫生一并纳入政府公共财政预算范畴，充分发挥公共资金的主导作用。除此之外，政府应发挥政治和组织优势，承担农村基本医疗服务保障的宣传发动、组织实施等公共成本。

加强农村三级卫生网络建设，尤其是村级公立卫生室的建设是地方政府的又一项重要职能。村民共有的卫生室除了提供医疗服务外，还能有效地承担群体预防、保健知识传播和组织改善环境卫生活动等多种社会功能。因此，有必要通过立法保证村级公立卫生室有稳定的财政支持，从而保证城镇和农村基层都有公立卫生机构承担基本医疗卫生服务的任务。另外，政府应增加对农村防疫防病、健康教育和营养及生活习惯干预项目的投资。

三、地方政府文化事业管理的经济学分析

1. 文化事业的类别划分及属性分析

一般可将文化分为公益性文化和营利性文化两类。公益性文化事业以满足社会成员的基本的文化生活需要为目标，着眼于提高全体公众的文化素质和文化水平，也就是既给公众以一定社会所能提供的最基本的文化精神享受，也保证和维护社会生存与发展所必需的文化基础和条件。公益性文化事业具有公共物品的属性，主要表现为下列形式：公共图书馆、博物馆、纪念馆、群众艺术馆、文化站等提供的文化服务。公益性文化事业是一个国家或地区文化底蕴和文化积累的重要展示，是一个民族生命力、凝聚力和创造力的特殊标示。因此，不应将公益性文化事业完全投入市场，必须依靠政府给予必要的保障。

营利性文化活动是以满足个人的文化消费需要为主要目标，并主要关注个人的享受需要和发展需要层面的文化活动。由于主要是针对个人文化消费，因而这类文化物品具有较明显的商品性、营利性并形成了相关的文化市场，常表现为产业性质。文化产业就是为满足人们娱

乐、休闲、健身、求知、审美、交际等精神需求和智力需求而提供的物品，提供文化产品场地、环境、服务或组织活动因而获取利润的各种行业的总称。营利性文化产业包括新闻、出版、广播电视事业、影视影像业、演出业和娱乐业等。

文化物品的供给和需求不同于其他物品的供给和需求，有较明显的特殊性，由于这些特殊性的存在，使得文化活动不能被简单地置于市场经济中进行发展，而是需要政府的政策支持，才能使文化艺术得以健康发展。

文化物品消费的特点是高收入弹性、时间消费性、偏好多样性和投资性。[①] 高收入弹性意味着人们对文化物品的消费与其收入的增加是呈正比的。在高收入阶段，文化物品的消费将占整个消费支出的较大比例。文化物品的时间消费性是指人们只有在拥有足够闲暇的情况下才会进行较多的文化消费支出，这是文化需求的基本约束。在影响文化需求其他因素不变的情况下，文化需求与人们可支配的收入水平和闲暇时间成正比，与文化商品的价格成反比。

文化消费本身是对消费者自身人力资本的投资，是一种重要的人力资本形成的方式。文化商品的消费生产了文化消费者的文化创造能力和艺术欣赏能力，增进人们的科学文化水平，从而提高了劳动力素质；文化消费能够改善人们审美的情趣和能力，从而形成科学、健康、文明的生活方式。

2. 地方政府的文化管理职能

文化是构建和谐社会的重要因素之一，文化的发展需要政府积极的引导和推动。政府文化职能是指政府在文化领域中发挥其管理、指导、领导、组织等职能的一种政府行为。现代社会文化事业管理的基本格局，应是政府通过文化投入和政策扶持、分类管理、分级指导，兴办文

---

① 冯子标：《文化物品、文化产业与经济发展的关系》，《山西师范大学学报》2008年第3期。

化事业。

在明确公益性文化事业与营利性文化活动界限的基础上，应对文化事业和文化产业实行不同的政策引导和管理方式。地方政府的文化管理职能主要包括公共文化服务职能、发展文化产业职能和文化市场监管职能。

地方政府的公共文化服务职能的重要目的是推动公益性文化事业，公益性文化事业主要包括公共图书馆、博物馆、文物保护和社会科学研究机构的建设和发展。公益性文化事业组织的宗旨是为公众服务、使公众受益。政府的主要职责是制定公共文化政策和法规，在公益性事业发展领域，继承、吸收、保护和弘扬中华民族优秀文化传统与人类文明成果。

发展文化产业是地方政府的重要职责。我国文化产业发展时间不长，仍处于起步、探索、培育、发展的初级阶段。地方政府在推动和发展地方文化产业方面主要是要发挥引导和服务职能。政府在文化产业的发展过程中应按照“政企分开”的原则，改革文化管理体制，帮助文化产业部门在资金筹集中，采取吸收银行资金、民间投资和外资等筹资方式，形成一个多元化的投资体系。鼓励个体、私营等民营经济以独资、合资、合作、联营、参股、特许经营等方式，进入文化产业领域。同时，鼓励民营资本参与国有文化单位重组，鼓励民营经济以技术、品牌、知识产权等生产要素作价参股，或以投资、参股、控股、兼并、收购、承包、租赁、托管等形式，参与国有文化单位转制改企的资产重组。

地方政府的一项重要职能是管理文化市场。文化市场包括文化娱乐市场、电影市场、广播电视市场、新闻出版市场、艺术品市场、文化要素市场及服务市场等六大文化市场。

地方政府对文化产业市场的管理主要是通过各种规制展开的，包括对文化资源的开发进行有效的规制，对文化组织实行进入规制，对文化企业的市场行为加以规制，对文化企业生产的文化物品质量加以规制，以保证文化供给的国家利益和人民利益，最终达到繁荣社会主义文化的目标。

政府对文化市场的管理也要采取一定的市场手段，政府可以借助于拍卖、租赁和特殊许可等市场手段和市场方式，对重要公共文化物品和服务项目，引入竞争机制，实行政府采购、项目补贴、定向资助、贷款贴息等形式，引导社会力量参与文化物品生产和提供，促进公共文化服务方式的多元化、社会化，降低公共文化物品的成本，降低民营经济进入文化产业领域的门槛，鼓励和支持民营资本进入文艺表演团体、演出场所、博物馆和纪念馆、互联网上网服务营业场所、艺术教育与培训、文化艺术中介、文化旅游、文化娱乐、艺术品经营、动漫和网络游戏、电影院和电影院线、农村电影放映、音像制品分销等领域。

四、地方政府体育事业管理的经济学分析

1. 体育事业与体育产业

体育事业是随着现代社会和经济的发展而发展的，体育活动按其活动的直接目标和功能，可分为公益性体育活动和营利性体育活动。

大众体育活动或公益性体育活动，是指一个国家或社会中，每一个公民都应该而且能够享有的体育生活，或者说，是以大众为主体的，主要以满足社会共同的文化需要为目标的体育事业活动。[①] 由政府组织的体育竞技活动，由于其活动水平代表一个国家或地区的社会经济发展水平、科学技术水平，寄托着一定的民族情感和地域归属感，也就成为了一种共同需要，也属于一种公共体育活动。营利性体育活动包括体育健身俱乐部、各类运动服务机构等提供的体育服务，这类机构以营利为目的，提供体育服务。现代社会中许多体育赛事和活动都已商业化，俱乐部制、转会制等市场化运作方式早已通行，体育已经成为一种重要的产业。

体育产业与体育市场的发展有利于促进人民群众体育消费和劳动者素质的提高，体育产业的发展还可以向社会提供更多的就业机会。

---

① 崔运武：《公共事业管理概论》，高等教育出版社 2006 年版，第 202 页。

体育的发展可以提高国家或地区的体育运动水平，陶冶公众的情操，振奋民族精神，增强国家与民族的凝聚力，塑造良好的国家形象，扩大国际影响。

2. 体育物品的经济学分析

体育产业属于第三产业，其生产的物品是体育服务物品。体育服务物品是指体育需求者向体育生产者购买的、体育活动中所消费的体育服务的总和。体育物品本身有以下三个特征：第一，体育物品是一种服务性物品。体育服务是使体育参与者花费一定的时间、精力、费用等并在体育活动中得到健康及精神娱乐享受的服务。体育的使用价值在于消遣娱乐、强身健体、延年益寿和寻求精神寄托等。不同的人可以根据自己的需要而选取不同体育商品及服务。第二，体育物品的生产、交换和消费一般同时进行。体育服务物品的生产、交换和消费是在同一时间、同一地点进行的。具有观赏价值的体育比赛、体育表演，既是体育工作者生产体育服务物品的过程，同时也是观众观赏体育比赛、体育表演的过程，实际上也就是观众对体育竞赛服务的消费过程。体育物品的生产一旦开始，消费也就同时进行；生产一旦结束，交换与消费也告完成。生产、交换和消费在时空上是同一的。第三，体育物品因其收益性和公益性的不确定性导致供给不足。在体育事业发展中，投入与产出之间并不一定具有稳定的对应关系，特别是体育设施需要大量的投入，而收益则不确定，因而民间在这方面的投入往往是不充分的。政府应该鼓励民间更多的资金流入体育产业，并加强政府对体育事业的管理。

3. 地方政府在体育事业发展中的职能

体育既是公益事业，又是产业。需要对体育的发展制定相应的发展规划，制定相应的政策法规来进行管理，建立公共体育服务体系，不断增加对体育事业的公共投入，同时引导社会投入，建立多元化的体育投资渠道，培育和完善各类体育市场，创造良好的竞争秩序和市场环境，形成适应广大群众需要的体育服务体系。

地方政府应从本地经济发展水平出发，科学选择本地体育产业以及发展形式、区域布局等，坚持使体育产业走品牌发展之路。政府在产业政策上给予支持，通过降低税负等措施扶持各类体育企业的发展，多渠道吸引投资兴办体育经营实体，盘活体育场地设施的存量资产，加快新体育场地的建设，为体育产业的开发提供载体。同时地方政府应重视对当地体育社团的支持和扶持，除了经费上的支持外应发展政府与体育社团组织在公共体育服务中的协作、合作关系，引导和支持它们参与社会体育事业的管理。

第六章 地方政府人口、就业和社会保障管理的经济学分析

地方政府的人口、就业和社会保障管理，是一个系统工程。人口作为生产要素投入到社会经济活动中，是一个地区能够为当地社会创造物质财富的决定因素，也是衡量经济是否正常运行的重要指标。如何在经济发展过程中以人为本，使人口的素质和结构与经济社会发展相适应，促进就业增长，建立与市场经济相适应的社会保障制度，是我国各级地方政府的重要工作任务。

一、地方政府人口管理的经济学分析

人口问题与经济发展相辅相成，密切相关，适度的人口规模可以推动经济的快速发展，过度的人口膨胀则会对经济发展起到一定的阻碍作用。① 中国有13亿多人口，是世界上人口最多的国家。努力扩大就业，满足劳动者就业需求是中国经济发展的重大战略问题。我们应当以科学发展观统领经济和社会发展全局，以人为本，促进人口与经济、社会、资源、环境协调和可持续发展，深入探讨人口发展与地方和谐社会建设的关系。总的来说，中国的人口问题呈现出以下几个方面的特征：

第一，规模较大和地区增长的差异性。中国人口控制已经取得了显著成就，自20世纪70年代在全国范围内推行计划生育政策以来，中

① 阎明：《20世纪初的中国人口问题》，《中国社会导刊》2008年第16期，第52页。

国人口出生率已从33‰下降到12.10‰；人口自然增长率由25‰降到5.17‰；人口死亡率已连续多年稳定在6‰左右；妇女的总和生育率(平均1名妇女所生育的子女)也从5个下降到1.6个。这些指标说明：中国人口再生产类型已经由过去的“高出生、低死亡、高增长”的类型，转变到今天“低出生、低死亡、低增长”的类型，人口的素质、结构和分布都得到了很大的改善。[①] 当然，中国巨大的人口规模也带来了一些突出的矛盾：一方面，中国人口规模大，人口增长的惯性也就比较突出，“低增长率，高增长量”将要持续较长时间。现在中国每年新出生人口近1600万，使中国长期面临人口资源环境与经济社会发展的巨大压力。[②] 要解决这一矛盾，继续控制人口总量，实现人口的有计划增长，是当前以及未来一段时期的必要选择。

另一方面，中国人口增长的地区差异大，为各地区经济的发展增加了难度。中国地域辽阔，各地区发展很不平衡。东部地区和沿海地区经济发展水平高，劳动力成本较高，人口控制难度较低。中西部地区自然环境和经济条件较差，生产力水平低，劳动力成本低，一些地方水土流失严重，自然灾害频繁，出现了人口与发展的双重压力，人口控制难度较大。

第二，人口性别比不平衡。性别结构平衡是人口发展和社会稳定的基础。2005年1%人口抽样调查显示，中国总人口性别比为102.19，性别结构大体平衡，全国多数地方也显示出同一特点。但是分年龄来看，中国性别比不容乐观。有两种情况存在，一是少年儿童性别比偏高，男多女少；二是青壮年人口和老年人口性别比偏低，女多男少。中国出生婴儿性别比从20世纪80年代开始就持续走高，到2005年14岁以下人口性别比甚至在114以上，其中0至4岁性别比最高为122.66，大大高于平均值，也就是说每出生100名女婴相对应的男婴比正常值多出16人。但值得注意的是：调查显示从5岁组人口性别比便

① 据2007年《中国统计年鉴》中的有关数据整理得到。

② 据2007年《中国统计年鉴》中的有关数据整理得到。

开始下降,如5岁至9岁组为119.3;10岁至14岁组为114.2;15岁至19岁组为107.8,性别比基本趋于平衡。中国出生人口性别比高有其深刻的经济社会和历史根源。首先,生产力水平不高是出生人口性别比偏高的重要物质根源,重男轻女的传统文化环境使男孩性别偏好习俗流行,“养儿防老”意识强。此外,男性人口死亡率存在较高的风险。要消除性别比不平衡现象,除了采取必要的治理措施外,还要下大力气解决男女不平等问题,促进人口的深度转型,另外,还要重视降低青壮年和老年男性死亡率,缩小男女寿命差。

第三,人口老龄化趋势和高龄人口迅速增长。人口老龄化是中国人口现阶段出现的重要现象,也是21世纪人口发展的趋势。老龄化对社会的压力主要是劳动力老化、劳动人口负担系数上升和养老的问题。劳动力老化在中国迟早会出现,但是解决这个问题的办法不能依靠多生育子女,而是要依靠科技进步带来的高劳动生产率,为家庭和社会养老积累财富。现阶段中国大多数地区“未富先老”的现象使家庭和社会面临严峻挑战。人口高龄化与经济社会发展不相适应的矛盾突出,中国人均国民生产总值较低,使社会对高龄化的承受力低,难以让高龄老人在物质赡养、疾病照料、精神慰藉等方面达到较高的水平。

现阶段,中国各个地区人口发展呈现出前所未有的复杂局面,人口素质差异化较为明显,流动迁移人口持续增加,人口压力大,人口与资源环境关系紧张,是各级地方政府面临的突出矛盾和问题,特别是在中西部地区,人口文化素质与先进地区相比总体仍然偏低,高素质人才短缺。

二、地方政府就业管理的经济学分析

现阶段,中国人口多、劳动力供大于求的矛盾仍很突出,国有企业、集体企业下岗失业人员再就业问题尚未全部解决,高校毕业生等新增劳动力的就业问题,农村转移劳动力和被征地农民的就业安置问题日益突出,各地方政府面对的就业和再就业形势非常严峻。

随着经济结构调整和国有企业改革的不断深化，非公有制经济成为新的就业增长点。大批劳动力从国有企业转向私营个体等非公有制经济领域，私营个体等非公有制经济在吸纳社会劳动力就业方面的作用进一步增强。非公有制经济的发展，不仅促进了我国经济的快速发展，更成为提高全社会就业率，缓解城镇就业压力，转移农村富余劳动力的重要途径。

城镇就业人员增减变动的地区特点，表明东部地区的就业形势明显好于中、西部地区。国家制定的西部开发、中部崛起发展战略，已经有力地促进了中、西部地区城镇单位就业人员的回升，就业形势逐渐走出了困境。

中国劳动力市场存在着严重的城乡分割和地区分割，刘易斯所阐述的二元结构失业问题，就业歧视随处可见。在中国劳动力市场上，普遍存在着对劳动力使用的地区和户籍限制，城市户口、本地户口成了劳动就业的一个基本条件。而且绝大多数的招聘广告还含有其他方面的歧视性条款。年龄歧视、性别歧视、学历歧视乃至身高、相貌等身体歧视已经成为中国劳动力招聘中的一个“正常现象”。这种愈演愈烈的对劳动力市场的人为分割和就业歧视，已经严重损害了中国劳动力市场的正常发育与健康成长，破坏了就业市场的公平竞争环境，导致了人力资本的巨大浪费，在客观上增加了失业问题的严重程度和解决这一问题的困难程度。① 地方政府要通过法律、制度、管理和科学的激励机制建设加以解决。理顺劳动力市场的价格形成机制，增加劳动力市场的灵活性；采取社会保险福利津贴、抚恤金、养老金、失业补助、救济金以及各种补助费的方式，扩大地方政府对困难人口的补贴范围和规模；增加政府公共工程支出与政府购买，增加转移支付。

要加强对流动人口的管理，提高地方整体就业人口收入。农村富余劳动力向非农产业和城镇转移，是工业化和现代化的必然趋势。农

① 栾贵勤：《深圳市流动人口承载力研究》，《工业技术经济》2008 年第 6 期，第 16 页。

村剩余劳动力转移，在各地形成大规模的流动人口群体。流动人口在城市经营企业、商业、饮食业、家政服务业等，他们在为自己创造收入的同时，通过纳税、交纳管理费等方式，增加了城市的财政收入。流动人口促进了城市周边地区的农、林、牧、渔和副业的发展。①

各级地方政府要把就业纳入国民经济和社会发展总体战略加以部署，把劳动力的转移就业率作为政府工作业绩的考核指标，研究制定和完善适合本地区流动人口管理政策和实施办法，为劳动力转移创造宽松的外部环境和有利条件。

地方政府要建立规范的劳务职业中介组织体系，构造沟通城乡、覆盖地方的职业中介组织网络，同时，地方政府要加强对流动人口的就业培训，使他们成为推动地方经济发展的生力军。

地方政府实施促进就业的长期战略和积极的就业政策，努力处理好劳动力供求关系，解决好就业压力加大和农村富余劳动力向城镇转移加快的矛盾，协调好新增加劳动力就业和下岗失业人员再就业的问题，就一定能扩大就业规模，改善就业结构，提高就业质量，实现“地方充分就业”的目标。

三、地方政府对收入分配的调控

1. 收入分配概念及衡量方法

收入分配始终是一个极端重要的理论问题和实践问题。收入分配是否合理，直接关系到全体社会成员的经济利益，关系到一种社会经济制度的生存和巩固。从公共经济学来看，收入通过工资、利息、租金、正常利润、超额利润、税金等形式发放给不同的群体和个人，这被称为收入分配。为了便于分析和定量，经济学家通常使用要素分配和规模分配两个概念来说明收入是如何分配的。

① 栾贵勤：《深圳市流动人口承载力研究》，《工业技术经济》2008 年第 6 期，第 16 页。

要素分配，也称功能分配。要素分配是从收入来源角度来研究收入的分配。它试图说明每一个生产要素所得到收入占国民总收入的份额是多少。要素分配考察对象是整个劳动所得到收入的百分比，并把它与租金、利息和利润（即土地、资本和企业家精神的所得报酬）形式取得的在总国民收入中的百分比进行比较，从而弄清各种生产要素与其所得的相互关系。

规模分配，也称个人和家庭分配。规模分配是从分配是否公平的角度来研究收入的分配。它试图说明个人和家庭的收入在社会总收入中所占份额是多少。规模分配在公共经济学中占有重要地位，它不仅说明了一个国家社会收入分配不平等的状况，而且为如何测量、检验以及纠正不平等提供了思路。

以规模分配来衡量收入是否均等，最常用的是洛伦兹曲线（Lorenz Curve）、基尼系数（Gini Coefficient）和库兹涅茨比率（Kuznets Ratio）。洛伦兹曲线是根据实际统计资料而做出的反映人口比例与收入比例对应关系的曲线。如图 6.1 所示，方形坐标横轴、纵轴分别表示人口比例和收入比例，OEFGM 线为洛伦兹曲线，该线弯曲度越大，收

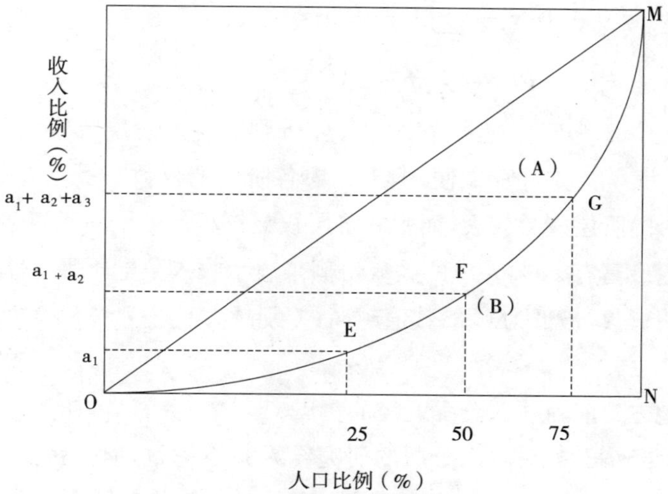

图 6.1　洛伦兹曲线与基尼系数

入分配越不平均。例如，对角线 OM 是一条直线表示完全平均，90°折线 ONM 表示收入分配绝对不平均。该线定性且较直观地显示出收入分配均等程度的变化情况，为了进行定量分析，人们又提出了基尼系数。基尼系数是当所有人收入从低向高排列时，由洛伦兹曲线和对角线围成的面积(A)与对角线和 90°折线所围面积(A+B)的比值，用 G 表示：

$$G=\frac{A}{A+B}$$

G 取值区间为 0≤G≤1，当 G=0——绝对平均(与对角线重合)，G=1——绝对不平均(与 90°折线重合)，G 越大，表示收入分配越不平均，如美国收入最高的 5%人口占有全部个人储蓄的 2/3。统计数据表明，一般情况下，G=0.2～0.3——比较平均；G=0.3～0.4——基本合理；G：0.4～0.5——差距较大；G>0.5——贫富悬殊。

库兹涅茨比率是把各阶层的收入比重与人口比重的差额的绝对值加总起来。其计算公式为

$$R=\sum_{i-1}^{n}|y_i-p_i| \qquad (i=1,2,\cdots,n)$$

$$y_1+y_2+\cdots+y_n=\sum y_i=100$$

$$p_1+p_2+\cdots+p_n=\sum p_i=100$$

公式中 R 为库兹涅茨比率，y_i、p_i 分别为各个阶层收入份额和人口比重。其优点是计算方便，但未考虑各阶层的权数。最富有的阶层和最贫穷的阶层权数较大，而中间阶层权数较小。为了消除权数，库兹涅茨采用最富有 20%人口的收入份额来表示收入分配不平等状况，即库兹涅茨指数，最低为 0.2，数值越高，差别越大。

2. 地方政府对收入分配调控的特点

尽管经济学家对收入分配的研究结果并不一致，但主张需要由政府来对国民收入进行再次分配仍是主流。由于世界各国的政治经济体制不同，政府对收入分配的调控机制也存在差异。然而，无论是在经济

发达、高福利国家还是贫穷落后地区，收入分配问题始终是政府调控机制中一个十分重要的领域。因为收入分配不仅影响生产的效率，而且影响人们的切身利益，从而影响整个社会的协调与稳定。

虽然世界各国政府对收入分配调控机制不一样，但其总体目标大致可概括为：要素收入流向合理化、阶层利益获取平等化、政权经济维护稳定化。

要素收入流向合理化：是指在以市场为核心进行资源配置的前提下，政府通过必要的措施对存在市场失灵领域里的各种要素收入的流向进行分配调控。

阶层利益获取平等化：是指政府在社会各阶层之间，如何制定平等的利益获取机会，以保证各方取得公正。实际上，每个国家都试图在实现公平的愿望之前，首先要保证的就是公正。

政权经济维护稳定化：是指统治阶级通过一系列措施对关乎人民切身利益、社会经济发展、政权稳定的收入分配进行干预调控。

收入分配是整个社会经济系统中一个十分重要的子系统，它包括微观分配和宏观分配。微观分配是由企业为中心进行的国民收入的微观层次初次分配，宏观分配是由政府为中心进行的宏观层次分配。以地方政府视角下的收入分配调控研究，实际上是中央宏观调控机制下的一个微观子系统。

事实上，中央政府对居民收入分配的调控是通过各级地方政府来展开具体工作的。地方政府对收入分配的调控机制的主要特点在于：

承担性。目前，在我国的收入分配模式中，中央政府没有赋予省级政府任何实质性的收入分配调控自主权，仅明确了中央政府和省级政府的收入分配机制。鉴于中央政府未能提供一个省级以下政府的收入分配框架，各省级政府按照传统的级次观念，也仅确定了省级政府和地(市)级政府之间的收入分配模式。相应地，地(市)级政府自行决定与下一级地方政府——县级政府之间的收入分配模式。因此，大部分情况下，地方政府对收入分配的调控更多地是承担中央政府的任务，同时也承担政策落实的义务和责任。

灵活性。在庞大的收入分配调控体系中，中央和地方还有一定的分工，这使得各级政府的管理更具灵活性。由于各地区经济社会发展存在着一定的差距，地方政府在按照国家分配政策的安排和部署下，结合实际情况，灵活地进行体制和发展模式的创新，从而更加有效地调控收入分配。一些地方政府根据自身的综合实力和居民实际收入水平，在政策制定、财力调度、保障实施等方面都表现出更大的灵活性和可操作性。

窗口性。地方政府贴近基层、贴近企业，承上启下，调控工作是具体的、繁重的。中央对各地区收入分配调控机制必须以各地方政府落实承担和灵活调整的基础上得到实施。收入分配是否合理、差距是否缩小、机制是否有效、信息是否充分都在各级地方政府的具体落实中得到验证。可以说，地方政府是中央政府调控收入分配的“窗口”。

3. 地方政府对收入分配调控的机制

政府（包括中央和地方）对收入分配的调控主要有两类手段：一类是运用政府的强制权力来征税和进行转移支付，以弱化甚至消除竞争博弈的后果；另一类是通过直接干预立足于私人产权的竞争基础，通过影响财务资本、物质资本和人力资本的积累，通过干预缔约，调整市场的运行。地方政府对收入分配调控过程中，一方面取决于中央政府调控措施、行政命令和权利划分（其中主要包括事权、财权和人权）；另一方面还得考虑本身的综合因素（主要涉及财政能力、经济发展、执政理念和市场力量等）。因此，地方政府对收入分配的调控是首先在贯彻中央政策任务的前提下，然后根据实际情况来进行落实、补充、调整和创新。

4. 地方政府对收入分配调控中的工资制度改革

随着我国经济体制改革的深入和非公经济的发展，劳动关系双方利益显性化，主要矛盾表现在收入分配问题上。对工资进行合理调整，是调控收入分配的最直接的机制。现阶段我国实际工资增长率大大低于实际GDP的增长率，国民收入并未完全分享改革开放以来经济快速发展的成果。各地区的工资差别也随着经济发展水平的差距效用正日益扩大，东、中、西部的职工平均工资存在很大差距（见表6.1）。

表6.1　2006年我国三大地区职工平均工资状况

东部				中部				西部			
省市区	金额（元）	位次	为全国平均（%）	省市区	金额（元）	位次	为全国平均（%）	省市区	金额（元）	位次	为全国平均（%）
北　京	39684	1	190.3	山　西	18106	16	86.8	内蒙古	18382	14	88.1
天　津	27628	4	132.5	安　徽	17610	19	84.4	四　川	17612	18	84.4
河　北	16456	26	78.9	湖　南	17400	21	83.4	陕　西	16646	24	79.8
辽　宁	19365	11	92.9	河　南	16791	23	80.5	重　庆	19172	12	91.9
上　海	37585	2	180.2	吉　林	16393	27	78.6	广　西	17571	20	84.2
江　苏	23657	7	113.4	黑龙江	15894	28	76.2	云　南	18262	15	87.6
浙　江	27570	5	132.2	湖　北	15779	30	75.7	青　海	21981	8	105.4
福　建	19424	10	93.1	江　西	15370	31	73.7	贵　州	16481	25	79.0
山　东	19135	13	91.7					新　疆	17704	17	84.9
广　东	26400	6	126.6					甘　肃	16991	22	81.5
海　南	15843	29	76.0					宁　夏	20900	9	100.2
								西　藏	29119	3	139.6
地区平均	24795		118.9		16667		79.9		19235		92.2

资料来源：国家统计局。

2006年，东部11个省市中有7个居全国前10位，其中北京和上海分别为39684元和37585元，高出全国平均水平的90.3%和80.2%。西部12省、区、市中有3个略高于全国水平，中部地区位次最前的山西省也仅占全国水平的86.8%。全国职工平均工资水平后10位的省份中，中部和西部就分别占了5个和3个，可见东、中、西部地区的职工平均工资差距非常大。因此，在中央政府进行工资调整的措施下，各地方政府也采取了一系列的工资改革政策。比如北京制定工资指导价、广东构建国企（尤其是垄断行业）职工收入监控体系、上海建立工资收入分配监测平台以及其他各地调整最低工资标准、完善个人工资收入申报制度等。

此外，地方政府还可以运用手中的公共权力，制定一系列地方性决策来为改进居民收入的分配创造条件。其中主要有：就业支援（即通过增加政府开支等创造新的就业机会、资助职业训练和再就业培训、调停劳资纠纷、道义支援工会等方面）、实施反贫困计划、生活补贴、振兴教育等。

四、社会保障制度与地方政府的社会保障职能

社会保障是国家为保障社会成员的基本生活权利而建立的制度。社会保障的主体是国家或社会，而不是个人、企业或其他的组织；社会保障的内容包括社会保险、社会救济、社会福利和社会优扶四个方面。

地方政府的社会保障职能是根据社会经济与发展需要，在地区和社会管理中承担的职责和功能。社会保障作为弥补市场经济缺陷最有力的公共政策而广受民众的瞩目。

首先，地方政府需要树立当地居民“自助”的概念，即社会保障基金基本上由本人自己提供，例如，退休金和失业救济金，经费来源于居民在就业期间缴纳的保险费，专款专用于退休或失业的福利，基金纳入各级地方政府财政预算。

其次，社会保障资金的来源要做到多渠道化。社会保障基金由国家、地方政府、企业、非营利组织和个人共同支付。其中，由地方政府支付的项目有公共救济、医疗补助、对抚养儿童家庭的补助等。地方政府要从国有企业改革与保障国企职工个人利益机制角度探讨社会保障改革，如财政、企业、社会保障各负担三分之一的“三三制”等等。[1] 此外，

---

① 林毓铭：《政府社会保障职能与角色转换机制研究》，《中州学刊》2006 年第 5 期，第 121 页。

社区组织、工会组织、慈善机构和宗教组织等也要负担一些小规格的局部社会保障和社会服务项目。

最后,地方社会保障要充分地运用政府的经济政策工具来实现社会保障的目标,强化救助制度,提高经济效率。

要建立各级地方政府城镇与农村养老保险制度,促进城乡养老保险协调发展。首先,要完善居民社会化服务体系,必须从各地区实际出发,坚持社会服务社会办的方向;其次,要加大政府对社会服务管理的力度,着重从政策法规上对城乡社会服务事业给予指导和扶持,使之规范化和法制化,保证社会服务的健康发展;再次,要加快构建社区服务平台,缓解政府与家庭的养老压力,促使家庭养老社会化。社区养老既适应市场经济的要求,又补充了家庭结构变化后家庭养老的不足,具有独特的优势;最后,强化预算约束,建立地方社会保障独立评审机制,加强对政府预算的严格审查。

中国各级地方政府应尽快建立一个城乡统一的福利制度,强化地方政府的社会保障职能,解决中小企业及农民等的社会保障问题。同时,利用现代信息技术手段,全面覆盖当地的社会保障信息网络,准确掌握保障对象的参保情况及动态变化,实现社会保障管理的现代化。

五、扶贫制度与地方政府的扶贫政策

贫困是一个世界性的问题,是各国政府关注的重要领域,是20世纪中期以来经济学家讨论最激烈的话题之一。如何反贫困一直是各国政府努力解决的问题。

1. 贫困的分类

国内外学者对贫困的划分可以说是种类繁多,归纳起来,大致可以分为若干种类型(见表6.2)。

表 6.2　贫困的类型

划分标准	成因	制约型贫困	由制度、资金、土地和基础设施等方面的原因导致的贫困，它包括制度制约型贫困、资源制约型贫困和环境制约型贫困等制度制约型贫困。
		能力约束型贫困	由贫困人口或贫困家庭的主要劳动力缺乏正常的体力、智力和必要的专业技能所引起的贫困。
	内容	生存贫困	又称原始贫困，指缺乏基本生存条件（包括食品、衣物、住所等）导致的贫困。
		生活贫困	部分社会成员虽然拥有了基本生存资料，解决了温饱问题，但缺乏较高层次生活资料而导致的贫困。
		发展贫困	是在共同富裕的道路上，实际生活水平有了明显提高，但缺乏发展资料，文化生活相对落后，综合素质提高受到制约。
	程度	绝对贫困	指“低于最低物质生活水准的一种生活状况”。
		相对贫困	指个人或家庭的收入低于社会平均收入水平，并达到一定程度时的生活状况。
		极度贫困	指最基本的生活条件不能得到保障的生存状态，当前主要表现为温饱还未得到解决，极度贫困属于绝对贫困。
		一般贫困	指温饱基本得到解决但尚未达到小康水平的生存状态，一般贫困属于相对贫困。
	范围	广义贫困	指不仅包括物质意义上的贫困，还包括社会、文化等意义上的贫困，即贫困是个人、家庭、地区所具有的物质资料达不到社会公认的基本物质生活和精神生活水准。
		狭义贫困	仅指物质意义上的贫困，即个人、家庭、地区所具有的物质资料达不到社会公认的基本生活水准。

2. 中国扶贫制度的发展进程和成效

政府大力扶持是消除或减少贫困的关键。反贫困是一种政府行为，是政府的主要职能之一。“从政之道在于济困，治国之道在于安民。”因为贫困不仅是经济问题，也是一个社会和政治问题。无论是发达国家还是发展中国家的政府，都十分重视反贫困，致力于构建合理的扶贫制度。中国作为人口众多的发展中国家，扶贫制度的发展进程大致可以勾勒如下：

救济式扶贫（1949～1978 年）。新中国成立后，中国政府即开始了扶贫的历程，致力于发展生产、消除贫困的工作。但这一时期的扶贫是在总体经济发展水平较低、农村贫困群体庞大的宏观背景之下实施的，以救济方式为主要特征。

区域性开发式扶贫(1978～1985年)。改革开放后，中国政府继续从贫困发生面积大、贫困程度最为严重的农村入手，扶贫行动由传统体制下分散的生活救济型扶贫向区域性开发型扶贫转变。开发式扶贫，是指扶贫主体通过投入一定的扶贫资源扶持贫困地区和农户改善生产和生活条件、发展生产、提高教育和文化科技水平，以促进贫困地区和农户生产自救，逐步走上脱贫致富道路的扶贫行为方式，也称为"造血式"扶贫。开发式扶贫制度是基于中央和省级政府按照"公平原则"将扶贫资金分配给各个贫困县，各贫困县按照"效益原则"使用和分配这笔资金，如投放到县办工业或乡镇企业，从而使贫困减少。这种以区域经济发展为主的扶贫战略，对贫困地区的整体经济发展，特别是各级政府财政收入的增长发挥了有力的推动作用，但对贫困地区特贫人口生活状况改善作用却较小。

全国性开发式扶贫(1986～2000年)。为进一步加大扶贫力度，中国政府自1986年起采取了一系列重大措施(如成立专门扶贫机构、安排专项资金、制定专门的优惠政策等)，将扶贫作为一项重要内容正式列入国民经济发展计划。从此，中国政府在全国范围内开展了有计划、有组织和大规模的开发式扶贫，中国的扶贫工作进入了一个新的历史时期。

综合式扶贫(2000年至今)。尽管在20世纪，中国政府通过扶贫制度的循序改革和完善，取得了反贫困的重大胜利。但是，由于经济体制转型、社会产业结构转轨、农村劳动力剩余、全球化进程加快等因素，导致了扶贫工作的难度不断加大，扶贫制度亟待创新。中央政府根据现实发展状况，结合历史实践和国外扶贫经验，运用综合手段来构建适应新时期的扶贫制度，这主要体现在两个方面：一是扶贫对象上加大对城镇贫困的关注；二是采取多元化扶贫政策。中央政府对城镇扶贫的制度主要是通过健全社会保障制度、完善公共政策、加强宏观调节、健全贫困监测系统、加强保障农民工权益等措施来构建的。

多元化扶贫也是近年来政府扶贫的重点。政府不仅兼顾城乡的贫困群体，而且扶贫的手段也兼顾多方利益。其中经济扶贫、教育扶贫、移民扶贫、生态扶贫、计划生育扶贫、医疗保障扶贫等成为扶贫制度的新内容。

我国政府在扶贫工作上取得了举世瞩目的成绩，特别是改革开放以来，通过经济持续增长提高了居民收入水平，通过多管齐下的扶贫制度类型、机制、渠道为缓解贫困做出了重要贡献。中国几十年来的成功减贫，加速了世界减贫进程，为世界减贫事业做出了积极贡献。

3. 地方政府的扶贫计划与政策

国家对贫困地区的扶贫主要是通过中央和地方政府的各种发展计划和政策来实施的。地方政府作为中央扶贫计划和政策的落实者，其工作效率的高低关乎扶贫的成败。

从财政政策的角度看，中央财政把扶贫资金直接分配到省，由地方人民政府统筹安排使用扶贫资金，使财政扶贫资金更有效地发挥作用，这是扶贫政策中政府起主导作用的重要标志。地方政府一方面统筹安排中央政府的财政扶贫资金，加强监督管理和使用；另一方面结合当地的财政收入进行扶贫。利用财政资金向贫困人口提供初等教育、初级医疗保健服务和财政资金补助，提高了他们的生产能力，增加了他们的发展机会。近年来，地方各级财政扶贫资金已有较大的增加，在国家财政专项扶贫投资逐年增加的情况下，地方各级财政不断增加扶贫投入。

在国民经济快速发展的基础上，中央和地方政府充分发挥社会主义的制度优势，动员和组织包括东部沿海省市、各级党政机关和各方面社会力量，参与贫困地区的开发建设，展开了多方位、多渠道的社会扶贫。目前，许多地方政府与非公有制经济和民间力量共同开展了形式多样、各具特色的扶贫济困活动，营造了一种广泛而浓郁的扶贫济困的工作氛围。在推进扶贫开发的工作中，地方政府不但实行政府主导，广泛动员社会参与，而且还以开放的态度吸收和借鉴世界各国及国际组织的经验，广泛利用国外政府和非政府组织、国际多边组织的援助，开展合作与培训、交流与研究，在增加扶贫投入、引进新的扶贫理念和方法、试验和探索新的扶贫开发机制、培养和锻炼队伍等方面取得了显著成效。

近年来，各级地方政府还相继采取多种方式来提高贫困群体的能力。地方政府根据本地区贫困群体的现状、特征、程度等情况，采取具有针对性的能力培养，重视科技教育扶贫，完善和健全贫困群体培训和技术推广制度和体系，特别是提高农村人口、农民工为代表的贫困群体的文化程度和劳动技能，以增加他们获得工作的机会，增强贫困人口的自我发展能力。

各级地方政府根据实际情况采取了多种多样的扶贫政策。比如，以着力提高第三产业促进就业机会为代表的产业扶贫、以构建和谐社会为代表的文化扶贫、以避开自然恶劣环境为代表的移民扶贫、以区域经济联系、互相帮扶为代表的合作扶贫等等。

但是，在地方政府扶贫工作中也存在不少问题。例如，政府与贫困地区的"信息不对称"十分突出，一方面政府对贫困地区的情况可能有一些了解；但对贫困地区为"圈钱"而来的项目则缺乏科学的、实际的论证。另一方面贫困地区的基层政府为了"形象工程"，不顾本地实际情况，拼命向上级有关部门要资金、要项目。为解决"信息不对称"问题，政府应建立责任追究制度，从制度上解决贫困"信息失真"和政府盲目决策的问题。又如，地方政府的扶贫重点往往是放在较易实现的短期项目上，对具有更持久影响的扶贫措施如教育、卫生等项目并未给予足够的重视，未能建立长效的扶贫机制。

六、地方政府对自然灾害的防范与救助

自然灾害是人类面临的最重大问题之一，是制约社会和经济可持续发展的重要因素。20 世纪 70 年代以来，尽管全球自然灾害次数增加，死亡人数下降，但灾害损失却越来越大，受影响人数也越来越多，灾害对人类社会的损害程度增加了。因而预防自然灾害的发生、减轻自

然灾害造成的影响和损失,已成为各国政府和科学家共同关心的问题,是国家经济社会发展中迫切需要解决的重大问题,也是当今人类面临的一项紧迫任务。

中国是一个自然灾害频繁的国家。我们必须以科学的发展观为指导,以最大限度地减少自然灾害造成的人员伤亡和财产损失为目标,以促进人与自然和谐共存,实现全面、协调和可持续开发利用自然资源的目标。有鉴于此,在统筹我国人与自然和谐发展中,必须采取必要的对策与措施,积极防御自然灾害,保障社会经济的持续发展。

可以通过民政部门在救灾方面的职责来间接地界定政府的灾害救助职责。解放以来,我国各级政府始终设有民政部门,主管救灾工作。民政部门在灾害救助工作中具体职责大致包括以下几项:掌握灾情;管理和发放救灾款物;检查救灾方针政策执行情况;协同有关部门接收和分配国际救灾援助与国内捐赠的救灾款物;总结交流救灾工作经验。

在自然灾害救助方面,特别是突发性特大灾害发生后,只有国家才能组织调动大量的人力、物力、财力,有组织、有计划地实施救助。尤其在依靠群众、集体的力量,通过生产自救,仍无法解决困难时,国家要给予必要的救助和扶持,这是国家在救灾工作中发挥保障作用的具体体现。我国政府一般通过行政系统来承担和完成组织灾害救助的任务。具体地说,就是通过地方政府和有关职能部门(民政部门)来具体地组织一定区域内的灾害救助活动。目前,我国财政对自然灾害的救助有专项资金救助,通过抚恤支出、农业支出、科技支出、社会保障补助支出以及政策性补贴支出的一部分进行救助,另外在遇到紧急特殊的自然灾害时,还可以通过中央和地方专项储备基金进行补助。这些救助共同构成了我国财政的自然灾害救助体系。

七、地方政府对弱势群体的救助

弱势群体是一个结构复杂、分布广泛的群体,一般由被动下岗失业人员、农民工、城乡低收入劳动者、传统“三无”人员(无收入来源、无劳动能力、无法定赡养人和抚养人的城镇居民)、残疾劳动者等构成。在我国农村,可以把所有贫困农民都划分到弱势群体的范畴而加以保护。弱势群体往往具有一些共同的特征:如文化水平低、技术水平差、社会地位低、经济生活贫困。

中央与地方政府对弱势群体的社会救助方式包括以下几种:

实施最低生活保障制度。我国最低生活保障制度现阶段包括:城市低保和农村低保制度。建立城市居民最低生活保障制度是从 1993 年开始试点的。经过近几年的强力推进,可以说该制度已基本确立,成为我国当今社会救助制度的主体。就保障对象而言,城市低保的对象是指共同生活的家庭成员人均收入低于当地城市居民最低生活保障标准的非农业户口的城市居民。就覆盖面而言,城市低保制度从 2002 年取得突破性进展以来,呈现出保障人数大体稳定、财政投入逐年增加、保障水平不断提高的态势。农村最低生活保障工作以因病残、年老体弱、丧失劳动能力以及生存条件恶劣等原因造成生活常年困难的农村居民为保障重点。

医疗救助。我国已基本建立起比较规范的城市医疗救助和农村医疗救助制度,就具体的救助对象而言,包括农村五保户、农村贫困户家庭成员以及地方政府规定的其他符合条件的农村贫困农民。

住房保障与住房救助。在住房保障方面,我国主要实行了住房公积金制度、经济适用住房制度、城镇最低收入家庭廉租住房制度。其中廉租住房制度是具有较完整意义上的住房救助制度。廉租住房的对象是指市、县人民政府规定的住房困难的最低收入家庭。廉租住房保障方式是以发放租赁住房补贴为主,实物配租、租金核减为辅,其中实物配租主要是面向孤、老、病、残等特殊困难家庭及其他急需救助的家庭。

司法救助和法律援助。在这个方面,现在主要有两个规定可循,一个是 2000 年 7 月最高人民法院下发的《最高人民法院关于对经济困难的当事人予以司法救助的规定》,一个是国务院于 2003 年 7 月颁布的《法律援助条例》,这两个制度基本上奠定了我国法律救助制度的框架。救助对象包括孤寡残疾、“五保户”、低保对象等经济困难的人。

除了上述救助方式外，还有教育救助、就业救助、农村扶贫及社会民间组织的救助等方式。

总之，目前我国已经建立起一个基本的社会救助制度体系，然而，在具体实施过程中还存在着各种各样的问题，与发达国家相比还有很大差距，我国的社会救助制度体系还需进一步地发展完善。

第七章　地方政府经济规制与市场监管

地方政府除了贯彻执行中央政府的宏观经济政策外，大量的经济管理工作集中在微观规制和市场监管。所谓微观规制是在以市场机制为基础的经济体制条件下，纠正市场失灵，建立公平竞争的市场秩序，规范市场行为，推动市场健康发展的政府行为。其目标主要是反垄断、反不正当竞争、使市场价格合理化及相对稳定、治理污染、保护环境等；主要是利用市场准入控制、价格、数量和质量规制等手段，规范市场运营秩序。

一、政府经济规制理论分析

规制一词是由英文 Regulation 或 Regulatory Constraint 翻译过来的，意为用制度、法律、规章以及政策来加以制约和控制。

在西方经济学文献中，1970 年以前，经济学对政府规制理论和经验的研究兴趣主要集中于考察对某些特殊产业的市场准入与价格控制上。各种文献对政府规制研究的侧重点不同，由此形成对政府规制的不同解释。综合学者们对规制概念的讨论，我们可以归纳出规制至少具有这样几个构成要素：(1)规制的主体（规制者）是政府行政机关（简称政府），规制者通过立法或其他形式被授予规制权；(2)规制的客体（被规制者）是各种经济主体（主要是厂商）；(3)规制的主要依据和手段是各种法规（或制度），明确规定限制被规制者的决策，以及被规制者违反法规将受到的制裁。[①] 根据这三个基本要素，规制可定义为：具有法律地位的、相对独立的规制者（机构），依照一定的法规对被规制者（主要是厂商）所采取的一系列行政管理与监督行为。

规制理论主要可归结为两类：一类是政府规制的公共利益理论；另一类是政府规制的部门利益理论。

源于传统微观经济学的公共利益理论认为，政府规制在于矫正市场失灵。这一理论假定政府规制是从公共利益观点出发，纠正在市场失灵下发生的资源配置的非效率性和分配的不公正性，是以维护社会秩序和社会稳定为目的的。政府规制是针对私人行为的公共行政政策，是从公共利益出发而制定的规则，目的是为了控制受规制的厂商对价格进行垄断或者对消费者滥用权力，具体表现为控制进入、决定价格、确定服务条件和质量及规定在合理条件下服务所有客户时的应尽义务等；并假定在这一过程中，政府可以代理公众对市场做出一定理性的计算，使这一规制过程符合帕累托最优原则。所以，哪里有市场失灵，公共利益理论就主张在哪里实施相应的政府干预，以矫正市场失灵，政府规制的潜在范围是无限的。但作为一种经济规制理论，公共利益理论本身是不完善的，它无法解释清楚一旦市场失灵出现是通过什么而成为修正性政策的对象的。众所周知，市场失灵可以采取各种形式在许多不同场合出现，而一种具备预见性的完整理论应当能够解释经济中规制的影响范围。

政府规制的部门利益理论是施蒂格勒在1971年发表的《经济规制论》中首先提出的。施蒂格勒的中心思想是，作为一种制度，政府规制是产业所需并为其利益服务而设计和实施的。他使用标准的经济供求分析解释政府规制的存在，确立了一个以工商厂商或消费者为需求方，政府为供给方的供求分析框架，从供求条件的变化观察到规制政府究竟是为谁服务的。他还观察到在美国的情形中，政府规制在许多场合并不符合公共利益理论，许多产业总是试图谋求政府的强制力。部门

---

① 王俊豪：《规制经济学原理》，高等教育出版社2007年版，第4页。

利益理论的一个直接的派生物是政府俘虏理论。它认为促使政府进行规制的是规制本身的对象或其他有可能从中获益的人。更确切地说，政府规制是特殊的利益集团寻租的结果。规制者会被受规制者所俘虏，而反过来为受规制者服务。这一理论增强了反政府规制的倾向，一定程度造成了英美国家的放松规制运动。但部门利益理论对近20年中出现的某些规制缺乏解释。如旨在保护消费者的产品安全规制或旨在改善环境的社会性规制，并不是利益集团压力的结果，其利益广泛地分散到社会公众。正是如此，任何一种单一的理论要解释政府规制的产生以及它的主要效果都显得苍白，必须借助于两者的综合解释。

从规制经济学的体系来看，由于研究对象比较广泛，一般归纳为经济性规制、社会性规制①和反垄断规制②三大领域。本文集中讨论的是经济性规制。

维斯卡西等学者认为，经济性规制通常是指政府通过价格、产量、进入与退出等方面对厂商自由决策所实施的各种强制性制约。③ 植草益则认为，经济性规制是指在自然垄断和存在信息不对称的领域、为了防止发生资源配置低效率和确保利用者的公平利用，政府机关利用法律权限，通过许可和认可等手段，对厂商的进入和退出、价格、服务的数量和质量、投资、财务会计等有关行为加以规制。④ 植草益的这一定义说明了经济性规制的领域、目标、手段和内容，因此，这是一个比较具体和完整的定义。

经济性规制的领域主要包括自然垄断领域和存在信息不对称的领

---

① "以保障劳动者和消费者的安全、健康、卫生、环境保护、防止灾害为目的，对产品和服务的质量和伴随着提供它们而产生的各种活动制定一定标准，并禁止、限制特定行为的规制。"参见植草益：《微观规制经济学》，朱绍文译，中国发展出版社1992年版，第22页。

② 其主要研究对象是竞争性领域中具有市场垄断力量的垄断企业及其垄断行为，特别是有市场集中形成的经济性垄断行为。

③ Viscusi W. K., J. M. Vernon, J. E. Harrington, Jr.: Economics of Regulation and Antitrust, Cambridge, The MIT Press, 2005, p. 357.

④ 植草益：《微观规制经济学》，朱绍文译，中国发展出版社1992年版，第27页。

域。其典型产业包括有线通信、电力、铁路运输、自来水和管道燃气供应等产业。在这些产业的主要业务领域，由一家或极少数厂商提供产品和服务，通常比多家厂商提供相同数量的产品和服务具有更高的生产效率。但由于这些产业的经营厂商具有相当大的市场垄断力量，如果不对它们进行政府规制，这些厂商就会利用其垄断力量，通过制定高价而取得垄断利润，从而扭曲资源配置效率。自然垄断产业也存在厂商和消费者之间的信息不对称问题，而在另一些产业，虽然不具有自然垄断性，但存在着严重的信息不对称问题，产业往往是信息的发出者和操纵者，而消费者只是信息的被动接受者。这就使消费者难以拥有充分的信息，难以在多种多样的服务和价格中做出最优选择，其结果是不能实现资源配置效率。而且，一些厂商为了实现其利益最大化目标，完全有可能通过信息误导来欺诈消费者。这些产业主要包括银行、证券、保险等金融业和航空等运输业等。

就经济性规制的内容而言，主要包括以下几个方面：

第一，市场进入规制。市场进入规制是世界各国经济生活中的一种普遍现象。在现实生活中，无论是市场经济体制比较完善的发达国家，还是市场经济体制欠发达的转型经济国家和发展中国家，政府往往都不同程度地对进入产品、劳动力和资本市场实施规制。市场进入规制是政府规制的主要形式之一，是指政府限制或者不容许某些厂商、人员进入特定的市场领域，或者规定厂商、人员进入市场前必须达到特定的条件或要求。市场进入规制不仅会限制厂商、人员可能进入的市场，还会限制这些市场交易主体可能提供的产品或服务的品种和数量，从而影响消费者的选择范围。

第二，价格规制。规制者规定产业或特定业务领域在一定时期内的最高限价（有时也制定最低限价），规定价格调整的周期。在受规制产业中，政府从资源有效配置和服务的公平供给出发，对产业价格体系和价格水平进行规制。由于价格从来就是引导资源配置的主要因素，因此在各国政府的具体实践中，价格规制通常占有极为重要的地位。

第三，质量规制。它是指政府为了防止自然垄断产业中由于竞争不足而致使厂商提供的物品和服务质量出现下降，以及在信息不对称条件下督促厂商建立有关产品和服务的质量标准和不同的档次体系，以保障消费者的权益。许多产品或服务的质量具有综合性，并不容易简单定义和直观认定。例如，航空服务质量包括准时性、安全性、机上服务、机舱设备、行李处理服务等方面，在规制实践中，很难将这些质量要素进行综合。因此，在一些被规制产业中，往往不单独实行质量规制，而是把质量和价格相联系，即在价格规制中包括质量规制，如果被规制厂商没有达到质量标准，或者消费者对质量的投诉太多，规制者就要降低规制价格水平。

二、地方政府对市场准入的规制

从自然垄断行业到竞争性产业，地方政府一般通过规定进入条件对厂商进入市场实行规制。厂商必须具备规定的条件，经政府有关部门认可，履行注册登记手续，领到营业执照，方可从事生产经营活动。这种规制包括对公司发起人或股东身份、公司最低资本、公司主要从业人员、公司治理结构等方面的要求。同时，地方政府可以通过对人员进入某一专业技术行业实行规制。在一些具有专业技术知识的领域，如法律界、医学界、建筑界等，国家为了保障消费者的利益和服务质量，通常实行人员进入规制。凡进入这些领域的人员事先必须通过专业培训，经考试合格并取得专业证书，才能进入相应领域。

从国内外的改革实践看，自然垄断产业规制体制改革的总趋势是打破垄断，引进并不断强化竞争机制。这要求在自然垄断产业实行放松进入规制政策，允许一些新厂商进入，将自然垄断产业的垄断性市场结构转变为竞争性市场结构。但在实践中，产业内原有厂商为保持其在市场上的垄断地位，会本能地设置一系列战略性进入障碍。从潜在竞争厂商的角度分析，潜在竞争厂商进入市场的决策是建立在进入市场后能够取得利润这一信念基础上的，只有当进入市场后的预期收益超过预期成本时，新厂商才会进入市场。因此，市场上原有厂商为了阻碍潜在竞争者进入,就会想方设法动摇潜在竞争者能取得利润的信念。作为一种重要的进入障碍战略,原有厂商会努力使潜在竞争者相信,它将对新厂商进入市场做出强烈的反应(如大幅度压低价格),导致潜在竞争者动摇其利润信念而放弃进入决策。这就涉及潜在竞争者对原有厂商所做威胁的可信度问题。除了价格战略外,原有厂商还可能采取许多非价格战略,以阻碍潜在竞争者进入市场。如原有厂商通过事先购买专利,致使潜在竞争者难以取得有竞争力的技术,从而抑制其进入市场。原有厂商还可能通过广告、产品差异和产品品牌等方面的战略来阻碍潜在竞争者进入市场。原有厂商可能采取的各种阻碍新厂商进入的战略行为说明,规制者应该采取适当的规制政策,消除市场上原有厂商设置的各种进入壁垒,以帮助新厂商进入市场参与竞争。这说明仅有市场可竞争性是不够的,还需要政府制定促进竞争的规制政策。

由于自然垄断产业需要巨额投资,资产专用性强,消费者人多面广,其基本业务具有网络性(如电信网、电力网、铁轨网、煤气和自来水管网等),因此,一种具有普遍意义的经济现象是:新厂商进入自然垄断产业之初,需要筹措大量资本,逐渐建立和扩展其业务网络,通常缺乏经济规模和生产经营管理经验。而产业内原有厂商经过多年经营,已建立了庞大的基本业务网络,拥有相当大的经济规模,在生产经营管理方面积累了丰富的经验,具有相当的市场垄断力量。因此,新厂商与原有厂商之间的竞争是一种竞争能力不对称的竞争。而且,为了吸引顾客,新厂商还必须在生产经营的某一方面或某些方面优于原有厂商,以创造特色满足其目标市场的需要,这无疑进一步增加了新厂商进入市场和占领市场的难度。因此,为培育市场竞争机制,与不对称竞争相适应,政府应该对原有厂商与新厂商实行"不对称规制"(asymmetric regulation),对新厂商给予一定的政策优惠,扶植其尽快成长,与原有厂商实行势均力敌的对称竞争,以实现公平、有效的竞争。事实上,对自然垄断产业内原有厂商与新厂商实行不对称规制,这是各国政府在进入规制实践中所遵循的基本原则。例如,英国政府在电信产业规制体制改革中所采取的"双寡头垄断政策"(duopoly policy)及其相应的政策措施正是体现了这一原则。①

当然，不对称只是一种短期现象，当新厂商经过一个发展时期，具有一定竞争实力后，政府就应该逐渐取消这种不对称规制，实行中性规制，以实现公平竞争。

三、地方政府对价格的规制

价格规制是经济性规制的核心内容。地方政府在制定与实施价格规制时，需要考虑多种因素、存在多重目标，从公共利益的观点看，最基本的是以下三个目标：(1)促进社会分配效率。自然垄断产业的特点，使得由一家厂商提供产品或服务比多家厂商提供相同数量的产品或服务具有更高的生产效率。因此，在自然垄断产业通常由一家或少数厂商垄断经营。但由于这些厂商拥有市场垄断地位，如果不存在任何外部约束机制，它们就成为市场价格的制定者而不是价格接受者，就有可能通过制定垄断价格，把一部分消费者剩余转化为生产者剩余，从而扭曲分配效率。这就要求政府对自然垄断产业的价格实行规制，以促进

---

①　英国政府首先考虑在有线通信网络业务领域培育一个竞争企业莫克瑞电信公司(Mercury Communications)与英国电信公司形成“双寡头”垄断竞争格局。英国政府只允许一家新企业进入是出于以下的考虑：在20世纪80年代初，在有线通信网络中培育市场竞争力量还是一种尝试，需要采取谨慎态度；此外，一家新企业进入电信产业比多家企业同时进入具有更大的成功率。同时，英国政府认识到，在电信产业中，建立新的通信网络得要巨额投资和较长的时间，新企业进入产业后的几年内将缺乏经济规模，其生产成本较高、利润率较低。因此，为尽快形成有效竞争机制，不能完全依靠市场力量，而需要政府对新企业提供一些“进入帮助”(entry assistance)。例如，英国政府要求英国电信公司向新企业(莫克瑞公司)以较低的成本价格提供市内电话通信网络服务，以帮助莫克瑞公司抵消在长途电话经营中缺乏规模经济的劣势；同时，允许莫克瑞公司采取“取脂战略”选择通信业务量最大的线路和地区作为其经营范围，以较低的成本取得较高的利润。英国政府对新企业的这种进入帮助虽然在短期内有悖于公平竞争，但从长期看，这有利于培育竞争力量，以实现有效竞争。存在争议的是，英国政府在电信产业中所采取的“双寡头垄断政策”持续了7年之久，对科学技术迅速发展的电信产业来说，这无疑丧失了允许其他新企业进入电信产业，以更有效地培育市场竞争机制的机会。摘抄自王俊豪：《英国政府规制体制改革研究》，上海三联出版社1998年版，第118页。

社会分配效率。(2)刺激厂商生产效率。在几乎不存在竞争或竞争很弱的产业中，政府价格规制的功能不仅仅是通过制定规制价格，以保护消费者利益、实现分配效率，而且要刺激厂商优化生产要素组合，充分利用规模经济，不断进行技术革新和管理创新，努力实现最大生产效率。(3)维护厂商发展潜力。自然垄断产业具有投资额大、投资回报期长的特点，而且随着国民经济的发展，对自然垄断产业的需求具有一种加速增长的趋势。为适应这种大规模的、不断增长的需求，就需要自然垄断产业的经营厂商不断进行大规模投资，以提高市场供给能力。这就需要政府在制定自然垄断产业规制价格时，考虑到使厂商具有一定的自我积累、不断进行大规模投资的能力。

现实中，地方政府实施价格规制主要涉及以下五个领域[①]：(1)自然垄断和公用事业行业。自然垄断行业的价格规制，一般情况是在成本递增行业，按边际成本定价较为合理；而在成本递减行业即自然垄断行业，最好按平均成本定价；对于公用事业行业的价格规制，一般是把收费服务从免费公共服务中划分出来，然后按平均成本确定收费水平并严格监督执行，以防出现乱收费问题。(2)政府直接提供或实行专营专卖的产品。对一些公益性强的准公共物品，或者是人们生活所需的基本产品，当仅依靠市场力量可能无法保证充足供应时，政府会采取直接提供的形式。对这些产品，通常以成本为依据直接制定价格。此外，还有一些国家专营专卖的产品，如食盐、烟草等，也需要政府进行价格规制。(3)涉及公共利益的竞争性产品。如果政府认为某领域的产品与公共利益相关，即使该领域是竞争性的，也可能进行一定程度的价格规制。常见的有：药品、农产品、房租、书籍等。对这些产品价格规制的方式一般是以现有价格为基础(意味着默认现行价格的合理性)，规定最高价格、最低价格或调价幅度。(4)对不正当价格的规制。市场上经常会出现不正当价格行为，如用虚假的优惠价、处理价、折扣价欺骗购买者，合谋哄抬物价牟取暴利，以次充好、质价不符、缺斤少两，等等。

① 杨娟：《政府价格规制的主要范围》，《中国物价》2008年第8期。

对此，需由政府制定物价管理法规。对物价的一般水平，物价的浮动幅度，对价格欺诈行为的处罚办法等等，做出规定并严格实施。同时，采取措施解决信息的不对称、不充分、不完整问题。(5)特殊时期的临时价格干预。为维护经济社会稳定，大多数国家都保留特殊情况下价格规制的权利，如英国政府对牛奶价格、大部分公用事业价格以及伦敦出租车运价保留永久控制权；澳大利亚联邦政府虽未制定调整价格的一般性法规，但保留价格控制的权力；美国政府在1971年下半年曾将价格、工资冻结了90天。政府在保留价格控制权的情况下，就可在特殊时期实行临时价格干预，常见情况有：战争时期的临时价格规制，通货膨胀或通货膨胀压力大的时期，突发性重大事件发生时。临时干预常采取的措施是限定差价率或利润率、规定限价、实行提价申报制度和调价备案制度等，干预的途径主要是依靠法律强制实行，在一些西方国家，有时也通过政府与厂商签订协议的方式实行。

四、地方政府对商品质量的规制

在产品质量方面也存在着信息不对称的问题，新古典经济学供求理论中的一个重要假设是买方和卖方对产品质量拥有对称的判断信息，当这个假设条件成立时，优质优价劣质低价才成为可能，均衡价格才能在竞争中形成，看不见的手才能充分发挥作用。当这个条件被打破，一方面，交易中一方为判断产品质量和相对价格，必须支付一定的成本，如二手轿车市场中，买方可以聘请技师对产品进行质量检测，从而使交易费用大大上升，经营效率随之下降；另一方面，有些信息由于成本过于高昂实际上是难以获得的，而基于不完全信息对产品质量及其价格所做出的判断与交易，必然导致资源配置的低效率。

通常质量规制的主要内容包括以下三个方面①：(1)由政府有关部门制定商品和服务的质量标准和检验及奖惩制度，定期进行监督、检

① 张荐华：《政府经济学概论》，湖北人民出版社1997年版，第167页。

查、评估、处置。我国目前采用的办法是，除例行的检查监督外，由各个部门或行业定期检查评比，奖励优质产品，公布劣质产品，必要时对生产劣质产品的企业给予停产整顿以致吊销营业执照的惩处。(2)由政府依据食品卫生、医疗保健、卫生防疫等法律法规，对食品、药品、化妆品以及医疗保健用品的生产和供应，对饮食服务、美容服务企业，对医疗、保健及卫生防疫服务部门实行规制。采取的规制方法主要包括：对食品及饮食服务进行定期卫生检查；对医疗、保健、美容等服务实行特许经营。(3)为提高产品和服务的质量、维护人们的安全和健康，政府对某些行业的从业人员实行资格审查制度。例如，各种机动车船的驾驶员，需持有驾驶执照才被允许驾驶；从事医疗保健及美容业的技术人员，从事律师、会计、审计、教学等工作的人员，需持有资格证书方可上岗。

五、地方政府对环境保护的经济规制

在市场经济发展过程中，存在着大量的环境污染、生态破坏等负的外部效应，这些负的外部效应问题大多需要通过政府规制来解决。例如，美国“西部天堂”后面是荒漠的教训：对森林毫无节制地乱砍滥伐，引起水土严重流失；大规模捕杀珍贵野生动物，如野牛、羚羊、鹿等，使北美多种野生动物资源濒临灭绝；对于西部矿产掠夺式的开采，使矿区自然生态严重失衡；工厂不断增多，排放出的废气、废尘随之增加，空气污染严重，“酸雨”不断；城市人口迅猛增长，城市住房、卫生设施严重不足，废物被随意倾倒，河流污染严重。这种滥用自然资源的开发建设，使生态环境急剧恶化，最终导致了 1934 年发生的美国历史上一次破坏力最大的“沙尘暴”。它席卷了美国 2/3 的国土，带走的尘土达 3 亿吨，毁坏农田无数，作物严重减产。因此，政府对环境保护已经刻不容缓。

政府依据环境保护方面的法律法规，对工厂排放废水、废气、废渣及有毒物质，对汽车排放的废气，对城乡生产生活中产生的垃圾、噪声等造成的环境污染问题进行规制。实施环境规制的主要包括以下五种方法[①]：(1)制定排污标准，对超过标准者进行法律制裁，如关闭工厂、限期搬迁、处以罚款等等，现许多国家采用这一方法。(2)对投资项目进行审核、将污染严重的项目放在远离城市的地区，并规定投资建设时就必须建立有效的治理污染设施。例如，日本政府做出规定，建设投资中必须包括防止公害的投资。(3)征税或收取污染费，用之对受害者给予补偿。按照污染造成的损害程度征税，以补偿受害者的损失。这种方法适合于解决受害对象明确的污染问题。(4)拍卖污染许可证，将拍卖所得收入，用于治理污染。使用这种方法实际上是出售污染许可权。政府将许可证卖给出价最高的企业，所取得的收入，用于将污染降低到规定的水平。(5)由政府有关部门投资兴办环境保护企业，对排污企业排放的废水、废渣及有害物质进行处理，并向排污企业收取处理费用；或由政府资助有关企业建立污染治理设施，对污染治理卓有成效的企业给予奖励等。当然，要求完全杜绝污染是不现实的，政府规制环境的目标，只能是将环境污染的程度降低到一定的规定标准之下。

六、地方政府规制与行业自律

从前面的介绍可以看到，政府规制的执行主体是政府，其被规制的客体是厂商及消费者等微观经济活动主体，而不是政府通过财政、货币政策进行的宏观调控行为。可以说，政府规制是政府与厂商围绕市场而发生的关系，是政府对厂商经营活动的监管和规范，用以维护正常的市场秩序。行业协会(也称行业商会)是政府与厂商间的桥梁和纽带，是厂商集群的主体之一。它作为地方政府退出集群主导地位后集群持续发展的协调者和集群厂商的“代言人”，在政府行为或行业内外竞争环境影响到本行业厂商共同利益时，承担起为维护厂商利益、积极协调行业内外相关集团利益，以及承担沟通厂商与政府之间政策信息的责

① 张荐华：《政府经济学概论》，湖北人民出版社 1997 年版，第 168 页。

任。那么，行业协会的内涵，行业协会在政府规制中的性质定位，行业协会怎样合理有效地架起政府与市场之间的桥梁，是本节着重讨论的内容。

1. 行业协会的内涵及特点

行业协会的英文译法一般为“Trade Promotion Association”或“Trade Association”，不同国家对于行业协会的理解不完全一样。一般认为，行业协会是单一行业的经营者为保护和增进其共同利益，依法自愿组织起来的非营利性团体和自律性组织。目前行业协会的中文名称还有商会、同业公会等，但目前各种行业组织的性质、结构和功能等都出现了趋同现象，仅仅从名称上进行区分意义已经不大，因此在本书中统一用“行业协会”这一名称。①

目前中国对行业协会的定义是根据国家经贸委 1999 年制定的《关于加快培育和发展工商领域协会的若干意见》，工商协会是以有关企事业单位为主要会员，依照国家有关法律法规自愿组成的非营利性的社会团体法人和自律性管理组织；是政府与厂商之间的桥梁和纽带，是实施行业管理，促进厂商加强管理，推动行业健康发展，维护厂商合法权益不可缺少的力量；宗旨是服务，主要为厂商服务，同时为行业、政府和社会服务。②

根据行业协会的定义和实际情况，可以归纳出行业协会的特点：行业性、自愿性、共益性、非营利性、中介性。

行业性是指行业协会以不同行业的差异为组织标识形成和进行分

---

① 如德国称其为“企业协会”，日本称“事业者团体”，美国称“行业协会”或“职业协会”，我国台湾则将其称为“同业公会”。从概念界定来看，各国也有所不同，如美国《经济学百科全书》认为，行业协会“是一些为达到共同目标而自愿组织起来的同行或商人的团体”；日本经济界人士则认为，行业协会是“以增进共同利益为目的而组织起来的事业者的联合体”。尽管各国对行业协会的称谓和界定有所不同，但其实质内容是基本一致的。

② 国家经济贸易委员会：《中国国家经贸委为行业协会新定位》，《中国化工报》1999 年 6 月 8 日。

类的，协会成员都具有共同的行业特点，相互之间具有竞争性。

自愿性又称为自发性，指行业协会的建立发展和各种活动都是会员自愿、自觉、自发的行为。

共益性，也称为互益性，是指行业协会并不像厂商一样谋取自身利益，而是以谋取和增进全体会员的共同利益为宗旨。之所以叫做“共益性”，而不叫做“公益性”，是因为行业协会服务的范围是有限的，它不是为整个社会谋福利的公益性组织，而是为特定群体即协会之内的成员服务的。

非营利性指行业协会不以营利为目的，不设利润目标，不开展以营利为最终目的的经营活动，其决策的目的是为了充分利用组织的已有资源，努力为目标顾客提供最佳服务。

中介性，主要体现在三个方面：第一，行业协会是行业内厂商和厂商之间的中介，为相互独立的厂商提供沟通交流、共同行动的平台；第二，行业协会是市场与单个厂商之间的中介，在市场失灵、信息不完全的情况下为厂商提供信息服务，在法律尚不健全的情况下发挥行业自律管理的作用；第三，行业协会是厂商和政府之间的中介，一方面它是向政府反映行业内厂商愿望的群体力量，为政府提供制定政策的参考，另一方面也是帮助政府进行行业管理的民间力量。

2. 行业协会在政府规制中的性质定位

对于如何确定行业协会在政府规制的性质定位，学界一直有不同的看法，一种意见是商会、行业协会是行业管理组织，其主要职能是当好政府助手，履行行业管理和自律职能；一种意见是社会中介组织，其职能主要是发挥中介作用和自律作用；一种意见是民间组织、行业自律性组织、自治组织，其主要职能是反映和维护某一群体的利益。

解决行业协会在政府规制中的性质定位问题是发展行业协会并发挥其作用的前提。从图 7.1 可知，无论是行业协会组织在政府规制中充当了行政管理角色，还是发挥中介作用，以及单纯维护行业利益，都不能具体完全说明当前行业协会的定位问题。总体来讲，行业协会在

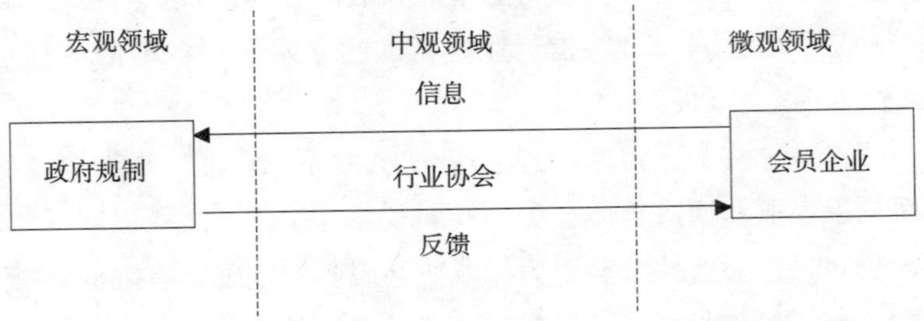

图 7.1　行业协会在政府规制中性质定位的关系网络图

政府规制中的定位主要在中观领域层面，通过需求和反馈的传导有机地把宏观和微观联系起来。一方面，行业协会通过对会员厂商的了解和研究，传导其相关信息资料给政府，使政府在规制中更具效率和针对性；另一方面，政府利用丰富的信息，通过行业协会的中介"窗口"，下达相关规制政策、措施等行政命令，从而达到规制目的。

然而，行业协会是否独立于政府的规制之下，显然影响该组织的性质和功能定位。基于中国的现实情况，现在各级行业协会都强调为党和政府的中心工作服务，积极发挥政府助手作用等，这样就把行业协会置于从属于政府的地位。更为值得注意的是，目前政府的立法思想、规范商会行业协会文件的指导思想也基本上体现这种性质定位。[①] 对行业协会的"助手"定位，实际上是沿袭"全能型"政府固有的思维定势。在工业化、市场化和实行民主宪政的现代社会，政府、厂商和社会组织的关系是建立在法律基础之上的平等关系，三者各司其职，互不隶属。如果把行业协会组织定位于"助手"，很容易使行业协会组织沦为政府的附庸，阻碍社会自主治理从发育走向成熟。

目前许多政府部门通过职权的部分让渡和人员兼任，使政府成为行业协会名副其实的"二当家"，行业意志受控于政府意志，行业协会的

① 2006年公布的《中国国民经济和社会发展"十一五"规划纲要》也提出了民间组织管理政策和控制策略：规范引导民间组织有序发展，培育发展行业协会、学会、公益慈善和基层服务性民间组织，发挥提供服务、反映诉求、规范行为的作用。

社团内管理成为政府行业管理的“合法”延伸。据2002年统计，206个工业行业协会领导班子由政府机关人员组成的约占3/5，如中国通用机械工业协会等；完全由厂、商家组成的约占1/5，如中国制冷空调工业协会等；由政府人员、厂、商家、专家学者等综合组成的约占1/5，如中国机床工具工业协会等。这样，政府与行业协会之间的这种暧昧关系也使得对这些行业协会的监督陷入了真空状态。存在着千丝万缕的利益集团关系，甚至导致腐败等行为，阻碍了政府规制。

同时，政府依然掌握着大量控制行业发展和直接规制厂商行为的政策和行政手段，这使得厂商不得不通过直接影响政府，谋求生存和发展的机会，从而使行业协会陷入可有可无的境地，甚至怀疑行业协会不但无助于自己的利益诉求，反而会增加自己的交易成本，这样使得行业协会组织在政府规制中的地位名存实亡。

另外，政府对行业规制的同时，过多地强调行业协会对政府的辅助和保护国有厂商利益的作用，而忽略了行业协会的生存之本是维护会员厂商的共同利益。行业协会在政府与厂商之间的“协调员”角色被过分强调，而其维护行业内共同利益的首位作用则被大大弱化。这样有可能大大降低行业协会组织在政府规制中的作用。

行业协会在政府规制中性质定位的表现情况，我们可以发现，如果行业协会单纯地依附于政府，完全受控于政府，那么政府规制的“行业协会”通道就不会畅通，行业协会的存在初衷也会大打折扣。因此，解决行业协会在政府规制中性质错位的问题，应该着重让行业协会独立于政府，通过相关法律法规加以保障，政府减少对其干预，适度放权，在行业自律的基础上，突出行业协会的共利维护性，同时挖掘其在协调行业、厂商与国家之间关系时的合理途径。

3. 行业协会在政府规制中的功能定位

从实践来看，行业协会的成立与兴起是基于组织本身对社会的推动作用，是政府和市场之间的纽带。政府对市场的规制既需要行政、经济等手段加以实施，还需要类似于行业协会的非营利性社会团体来得以辅助。那么，行业协会在政府规制中的功能定位主要体现在：

首先，规范行业规则和标准，维护市场秩序。政府规制的重要内容之一就是规范厂商的经营活动。作为厂商间关系的协调机构，行业协会组织行内厂商共同制定和执行行业规则和标准，通过适时制定行业规范，可以弥补法律规范、政策滞后和不足，使厂商在互信的基础上进行平等竞争，消除市场的无序和混乱，建立一个公平合法、有序竞争的市场秩序，有效地从源头上杜绝违规经营、扰乱市场秩序等活动，有助于政府规制中对厂商经营活动的规范。

其次，提高政府对市场监管的有效性。行业协会根据授权进行行业统计，掌握国内外行业发展动态，收集、发布行业信息。一方面，行业协会可以为成员厂商提供各自的信息，促进成员厂商的相互了解，共同把脉行业发展趋势；另一方面，政府可以根据行业协会掌握的信息资料，能加大对个体厂商以及行业整体情况的了解，能及时、科学、合理地采取相应措施指导和监督行业经营活动，从而提高政府规制的监管有效性。

再次，畅通政企交流传导机制。行业协会作为行业自治组织，将承接政府在转变职能中让出的行业管理职能，并作为一个"上情下达"、"下情上传"的中介，发挥宏观与微观的沟通作用。因为行业协会掌握的行业信息比较全面，熟悉本行业的发展情况，也了解厂商所想所需，从而可以代表会员向政府反映厂商的利益诉求，并将相关行业信息传递给政府；同时，政府也无须直接面对众多厂商，而将自己的意愿通过行业协会转达到广大的厂商。这样既能加强厂商与政府之间的交流，使得政府在监管过程中能及时制定、调整和反馈相关政策措施；又能减少政府监管的横面，更加系统方便的实施监管。

最后，降低政府规制成本。在我国传统的计划经济体制下，政府对市场的规制，也就是各级政府都建立专业经济部门，直接拥有和管理自身系统或"条条"内的国有和集体工业厂商，这使得部门和地方之间缺乏横向的联系，形成了资源横向重组的极大障碍；同时，政府的产业政策难以向系统外厂商传递，致使传统的主管部门无法对全行业进行管理，造成了产业内市场竞争环境的严重扭曲，以及产业内大量的重复建设和无序竞争等等，因此，传统的管理体制极大地增加了规制成本。政府把众多的专业经济部门转为经济实体、中介服务组织或行业协会，转移政府部分管理职能和分流政府官员，并通过行业协会等非营利组织协调各种利益主体，重建行业内部以及政府与厂商间的信息交流系统作为中国政府机构改革的明确目标。可见，行业协会的发展可以在很大程度上降低政府规制成本。

第八章 地方政府公共财政收入管理的经济学分析

公共财政(Public Finance)是国家或政府提供公共服务、满足社会公共需要过程中所进行的收支活动,国家以社会和经济管理者的身份参与社会分配,并将收入用于政府的公共活动支出,为社会提供公共物品和公共服务,以充分保证国家机器正常运转,保障国家安全,维护社会秩序,实现经济社会的可持续发展。公共财政的基本职能是资源配置、收入分配、稳定经济和监督管理。公共财政的核心是满足社会公共需要,其涵盖的范围主要有:行政管理、国防、外交、治安、立法、司法、监察等国家安全事项和政权建设;教育、科技、农业、文化、体育、公共卫生、社会保障、救灾救济、扶贫等公共事业发展;水利、交通、能源、市政建设、环保、生态等公益性基础设施建设;对经济运行进行必要的宏观调控等。

一、中国公共财政制度及其特征

公共财政制度是市场经济体制下政府进行资源配置、处理公共事务、提供公共物品的经济组织安排和经济行为的规则体系。作为市场经济体制下公共经济领域中政府经济行为的基本规则,它主要由公共财政体制、公共预算制度、公共支出制度、公共收入制度等组成。

构建公共财政制度必须建立完善的公共收入制度。一般来说,公共收入包括税收、公债、政府引致的通货膨胀、对政府的捐赠、使用费和规费等。[①] 从性质上看，公共收入可分为公共权力收入和公共产权收入两大部分。公共权力收入是依据国家的权力无偿取得的收入，包括税收收入、政府性基金、罚款和捐赠收入；公共产权收入则是依据国家作为公共产权所有者代表的身份而取得的收入，包括国有资产收益、政府性收费和特许权收入。作为政府筹集公共资金的基本制度，政府公共收入制度是国民收入分配的重要工具和调控手段。

公共财政制度的特征表现为：

1. 公共性

公共性特征是所有财政制度共有的特征。公共财政制度的公共性特征是指公共财政只能限定在被认定、被选择的政府性公共活动领域内运行。公共性要求公共财政的任何行为必须合法、公正、公开、透明。公开性、透明度、完整性、事前确定、严格执行的预算作为基本的管理制度，是公共财政运行的保证。

2. 公平性

公平性是公共财政的另一个重要特征。我国的公共财政制度必须体现公平性，逐步实现地方各级政府在义务教育、公共卫生、社会保障、基础设施建设等基本公共服务的均等化，促进经济社会协调发展，这是我国构建和谐社会的要求，也是公共财政体系的内在要求。

3. 公益性

在市场经济条件下，政府作为社会管理者，其行动的动机不是取得报偿或盈利，而只能以追求公共利益为己任。其职责只能是通过满足社会公共需要的活动，为市场的有序运转提供必要的制度保证和物质基础。即便有时提供的公共物品或服务的活动也会附带产生数额不等

① 高培勇、崔军：《公共部门经济学》，中国人民大学出版社 2004 年版，第 151 页。

的收益，但其基本出发点或归宿仍然是满足社会公共需要，而不是盈利。因此，财政收入的取得，要建立在为满足社会公共需要而筹集资金的基础上；财政支出的安排，要始终以满足社会公共需要为宗旨。

4. 强制性

公共财政依托政治权力、动用强制性的手段来实现，因而具有强制性。公共财政以满足社会公共需要为基本出发点，财政收入大多来自强制性的征收，这种强制性要求政府财政收支行为实现规范化、法制化。

二、分税制与地方政府财政体系建设

分税制是为了有效处理中央政府和地方政府之间的事权和财权关系，通过划分税权，将税收按照税种划分为中央税、地方税（通常还有共享税）两大税类进行管理而形成的一种财政管理体制。

我国于 1994 年进行了分税制财政体制改革。具体内容包括：将税种统一划分成中央税、地方税、中央和地方共享税；建立起中央和地方两套税收管理体制，并分设了国税和地税两套税收机构。在核定地方收支数额的基础上，实行中央财政对地方财政的税收返还和转移支付制度。

划分中央税与地方税，主要是根据财权与事权相适应的原则，把需要由全国统一管理、影响全国性的商品流通和税源集中、收入较大的税种划为中央税，税权（立法权、司法权、执法权）均归中央；把与地方资源、经济状况联系比较紧密，对全国性商品生产和流通影响小，税源比较分散的税种划为地方税，税权归地方；把一些税源具有普遍性、但征管难度较大的税种划为中央和地方共享税，立法权归中央，司法权和执法权可归中央也可归地方。

我国的中央税包括消费税、关税、车辆购置税、海关代征的增值税和消费税；增值税、企业所得税、外商投资企业和外国企业所得税、个人所得税、资源税、证券交易印花税属于中央与地方共享税；另外，营业税、土地增值税、印花税、城市建设维护税、城镇土地使用税、房产税、城市房地产税、车船使用税、车船使用牌照税、契税、耕地占用税、屠宰税、筵席税、牧业税则属于地方税。

我国目前的分税制具有以下三个主要特点：其一，按照税源大小划分税权，税源分散、收入零星、涉及面广的税种一般划归地方税，税源大而集中的税种一般划为中央税；其二，部分税种的征收管理权归地方。地方政府对地方税可以因地制宜、因时制宜地决定开征、停征、减征税、免税，确定税率和征收范围；其三，地方税税款收入归地方。在保证中央财政需要的同时，给地方一定规模的财力及适当支配权，能调动地方政府发展经济的积极性和主动性。

我国在1994年建立起来的以分税制为基础的分级财政管理体制初步理顺了中央与地方之间的财力分配关系，但因受种种条件所制约，存在许多问题，具体表现为：一是财权与事权（职责）划分的不对称，特别是不能确定省以下政府之间的财力分配框架，省以下政府层层向上集中资金，基本事权却有所下移，特别是县、乡两级政府承担事权较多，这在很大程度上加剧了基层政府的财政困难。二是地区间财力差距呈扩大趋势。实行分税制后，中央转移支付的实施增强了中西部地区的公共服务能力，但分税制并不能有效地均衡各地区间因经济发展不平衡所带来的区域差异，造成了公共服务提供非均等化。由于受多种因素影响，中西部地区财力增长较慢，人均财力与东部地区的差距有所扩大。这种状况，不利于公共服务均等化目标的实现，不利于经济和社会的持续协调发展。三是省以下财政体制调整不到位，省级和地市级安排的转移支付资金较少，一些地区甚至将中央的转移支付资金留在省级，省以下转移支付制度在调节财力不平衡方面没有发挥应有的作用，部分地区基层财政困难加剧，甚至出现了拖欠机关事业单位职工工资的现象。

总体来看，我国实施分税制财政体制以来，由于事权与财权的不对称，相当一部分省区的县级财政经济状况未能好转，反而呈现持续恶化的趋势。我国各县区普遍存在着自主性财政收入增长乏力、刚性支出膨胀、债务负担过重等问题。

县级财政困难大致可分为三种情形：一是“温饱”型财政。这类地区的县域经济发展比较快，财政收入增长比较稳定，上级补助占总财力比重较低，其财力能保障政府机关的正常运转，但可用于经济建设和发展社会事业的财力十分有限，各项事业发展资金短缺。二是“吃饭”型财政。这类地区县级财政财源萎缩，财政收入增长极不稳定，财政支出增长较快。因此其财政自给程度较低，自主财力甚至难以维持政府机关运转的经费开支，根本没有能力支持地方经济建设和社会事业的发展。三是“穷困”型财政。这类县区没有骨干企业，属于贫困县、亚贫困县或“有实无名”的贫困县，县域经济不发达，财政收入没有稳定来源，或收入来源较少，上级补助占总财力比重在80%以上。只能靠“寅吃卯粮”或举借债务来保障工资的及时足额发放和政府机关的正常运转。

县级财政困难主要源于以下原因：一是经济发展滞后，县乡财力增长缺乏稳定来源，财政收入增长缓慢。由于县区经济的落后，再加上分税制把大税种的小部分、小税种的大部分留给地方，税源零散，征收难度大，征税成本高。二是财权与事权不对称，致使县乡财政困难加剧。属于基本国策的义务教育、计划生育方面的支出就耗去了地方近一半的财力。三是县级财政支出管理软化，财力缺口越来越大。由于县区机构臃肿、财政供养人员快速增加，几乎每年的新增财力都用于人头费开支。

县级财政状况的恶化严重制约了地方经济的发展，甚至危及基层政权建设和社会的稳定。因此要培植县域经济的新增长点，开辟财源；要明确各级政府支出责任，财权事权相对称；要建立完善、科学、规范的财政转移支付制度；要加强财政管理，提高县区财政资金使用效率；要对困难县实行分类指导，加快解困步伐。

针对以上问题，近年来中央为完善分税制财政管理体制采取了措施：一是实施一般性转移支付；二是实施工资性转移支付；三是实施农村税费改革转移支付；四是实施所得税收入分享改革，扭转地区间财力差距扩大的趋势；五是调整和完善了省以下财政体制。

这些做法的核心是：在总结以往经验的基础上，应根据建立地方公共财政体系的要求，按照精简、高效的原则，简化财政管理级次，进一步明确各级政府的支出责任；加快税费改革步伐，合理划分各级政府的收入，完善地方税制体系，建立激励机制，调动地方增加财政收入的积极性；归并和简化转移支付项目，严格专项转移支付审批程序，规范和完善资金分配办法，加强资金监管，健全监督约束机制，调整和完善省以下财政体制，促进公共服务均等化和经济社会持续协调发展。要进一步完善相关法律制度，加快地方政府“费改税”步伐。“费改税”，也称税费改革，是指在对现有政府收费进行清理整顿的基础上，用税收取代一些具有税收特征的收费，通过进一步深化财税体制改革，初步建立起以税收为主，少量的、必要的政府收费为辅的政府收入体系。

我国地方政府税费改革应按以下的思路进行：一是按照公共财政框架的要求，结合政府职能的转变，取消政府实施公共管理和提供普遍性服务收取的管理费，所需经费通过税收筹集，由财政预算统筹安排。二是体现市场经营服务行为、由服务者向被服务者收取的费用转为经营性收费，所得收入依法征税。三是将政府为筹集资金支持某些重点产业和重点事业发展设立的政府性基金或专项收费，用相应的税收取代，通过税收形式筹集资金。四是保留政府向社会实施特定管理或提供特殊服务时收取必要的费用。通过完善相关法律制度，将现有收费中一些不具有公共物品生产费用性质的收费转为经营性收费，由市场定价并照章纳税。如各类勘察设计收费、咨询服务收费、培训费、鉴定费和高速公路通行费等。对现有的行政事业性收费和基金，凡是凭借政府行使管理职能或社会管理职能收取的，与税收性质相同的，实行“费改税”，逐步采取税收的形式，如将交通、社保、环保、土地等领域的收费、基金、附加等，逐步改为燃油税、社保税、环保税、土地有偿使用税等。对符合国际惯例、确需保留的，继续予以保留并加以规范。对少量征收期限未满，且难以实行“费改税”的政府性基金，如三峡工程建设基金、水利建设基金等，应进一步完善。将国有资源有偿使用收入、国有资产有偿使用收入、国有资本经营收益、彩票公益金、以政府名义接收的捐赠收入、政府财政资金产生的利息收入等,纳入政府财政管理范围。

地方税收制度的改革和完善。地方税是指根据中央和地方事权划分,按照一国的财政管理体制的规定,由中央或地方政府直接或间接行使特定管理权限组织征收,收入列为地方政府预算专享的各类税收的总称。地方税制度就是收入全部或部分属于地方政府立法权或仅有执法权及司法权属于地方政府的税收制度。

公共财政框架下的地方税制度具有以下几大特征:一是地方政府对于本级的地方税拥有一定的管理权限,特别是拥有一定的地方税立法权。二是按照税收征管的效率、税源税基的范围和流动性、税收的功能与经济效应三个标准来划分税种。因此,绝大多数国家都把所得税类划归中央,而把财产税类划归地方。三是地方税收收入在全国税收收入和地方财政收入中都占有相当大比重。大多数实行分税制的国家,地方税收收入一般都占到了全国税收总收入的20%~40%左右,占本级财政收入则达到60%~70%左右。2006年,我国的地方财政收入比重达到了47%(见表8.1)。这既能减轻地方对中央政府的依赖,又能有效调动地方政府加强财源建设和理财的积极性,促进地方经济的发展。四是各级地方政府都有自己的主体税种及辅助税种,为各级财政提供稳定的收入来源。五是地方税的征收管理既可以单独设立地方税务机构,也可以不单独设立,而是从中央到地方只设一套税务机构,统一征收管理,然后依据税种的划分分别入库。

表8.1 中央和地方财政收入及比重 (单位:亿元,%)

年份	全国	其中		比重(%)	
		中央	地方	中央	地方
1978	1132.26	175.77	956.49	15.5	84.5
1980	1159.93	284.45	875.48	24.5	75.5
1985	2004.82	769.63	1235.19	38.4	61.6
1990	2937.10	992.42	1944.68	33.8	66.2
1991	3149.48	938.25	2211.23	29.8	70.2

续表

年份	全国	其中		比重(%)	
		中央	地方	中央	地方
1992	3483.37	979.51	2503.86	28.2	71.8
1993	4348.95	957.51	3391.44	22.0	78.0
1994	5218.10	2906.50	2311.60	55.7	44.3
1995	6242.20	3256.62	2985.58	52.2	47.8
1996	7407.99	3661.07	3746.92	49.4	50.6
1997	8651.14	4226.92	4424.22	48.9	51.1
1998	9875.95	4892.00	4983.95	49.5	50.5
1999	11444.08	5849.21	5594.87	51.1	48.9
2000	13395.23	6989.17	6406.06	52.2	47.8
2001	16386.04	8582.74	7803.30	52.4	47.6
2002	18903.64	10388.64	8515.00	55.0	45.0
2003	21715.25	11865.27	9849.98	54.6	45.4
2004	26396.47	14503.10	11893.37	54.9	45.1
2005	31649.29	16548.53	15100.76	52.3	47.7
2006	38760.20	20456.62	18303.58	52.8	47.2

资料来源：中华人民共和国国家统计局：《中国统计年鉴》(2007)，中国统计出版社，http://www.stats.gov.cn/tjsj/ndsj/2007/indexch.htm。

地方政府的税收收入的来源，亦称税源，是指地方政府各种税收收入的最终来源。从 2006 年我国地方税收收入的构成看，增值税占了 20.98%，营业税占了 32.61%，企业所得税占了 17.6%(见表 8.2)。以上三种税是地方政府的主要财政收入来源，其次是城市维护建设税、契税等税种。因此，商品销售、企业所得、个人所得成了地方政府的主要税源。当地方政府通过减免营业税、个人所得税和契税，如减免房地产交易的相关税收，来刺激地方投资和消费，进而促进地方经济发展时，至少在短期内会带来地方财政收入的大量减少，造成地方政府财政困难。

表 8.2　地方财政主要收入项目(2006 年)　　(单位:亿元)

项　　目	国家财政收入总额	中央	地方
各项税收	34809.72	19576.14	15233.58
消费税	1885.69	1885.69	—
增值税	12784.81	9588.43	3196.38
营业税	5128.71	160.54	4968.17
进口产品消费税、增值税	4962.64	4962.64	—
资源税	207.11	0	207.11
城市维护建设税	939.72	6.29	933.43
企业所得税	7039.6	4358.46	2681.14
个人所得税	2453.71	1472.17	981.54
城镇土地使用税	176.81	0	176.81
其他各税	999.59	0	999.59
关税	1141.78	1141.78	—
船舶吨税	15.74	15.74	—
农业税	45.25	0	45.25
契税	867.67	0	867.67
耕地占用税	171.12	0	171.12
外贸企业出口退税	−4877.15	−4877.15	—
证券交易印花税	179.46	174.09	5.37
车辆购置税	687.46	687.46	—
企业亏损补贴	−180.22	−31.15	−149.07
工业企业	−41.06	−20.28	−20.78
商业企业	−2.17	0	−2.17
粮食企业	−29.65	0	−29.65
外贸企业	−9.76	−8.1	−1.66
农林、水产、气象企业	−2.74	−2.45	−0.29
其他企业	−94.84	−0.32	−94.52
征收排污费和城市	194.35	14.21	180.14

续表

项　　目	国家财政收入总额	中央	地方
水资源费收入	—	0	—
其他收入	3489.50	894.01	2595.49
教育费附加收入	446.85	3.41	443.44

资料来源：中华人民共和国国家统计局：《中国统计年鉴》(2007)，中国统计出版社，http://www.stats.gov.cn/tjsj/ndsj/2007/indexch.htm。

综合来看，我国现行的地方税收制度还存在许多问题，需要进一步的改革与完善：一是现行地方税税种的改革滞后，不能适应我国市场经济发展的需要。现行地方税的一些税种征收范围偏窄、税额少、税率低，遗产与赠与税、社会保障税等也迟迟难以出台。二是地方税缺乏有效、稳定的主体税种，影响地方政府收入的稳定性。在我国目前的地方税体系中，除了营业税、城市维护建设税和地方企业所得税外，其余都是一些税源零星分散、难以征管的小税种。地方政府需要依靠大量的非税收入来弥补日益增加的财政支出的要求。三是地方税的管理权限过分集中于中央，不利于规范地方政府的理财方式，不利于地方经济的发展。在中央财政困难，对地方转移支付资金有限的情况下，没有地方税立法权的地方政府，迫于财政压力，只好求助于各种基金、收费、摊派等不规范的筹资方式。

三、地方政府公债及非税收入

公债是国家运用信用手段筹集资金的一种形式。从发行主体看，公债包括中央政府债务(国债)和地方政府债务(地方债)。

我国的地方债发行情况。1998年，为应对亚洲金融危机影响，中国首次通过发行长期建设国债并转贷给地方的方式，增加地方政府财力。2009年，为应对国际金融危机，实施好积极财政政策，增强地方安排配套资金和扩大政府投资的能力，国务院同意地方发行2000亿元债券，以省、自治区、直辖市和计划单列市政府为发行和偿还主体，由财政部代理发行并代办还本付息和支付发行费的可流通记账式债券。地方政府债券冠以发债地方政府名称，具体为“2009 年 XX 省（自治区、直辖市、计划单列市）政府债券（XX 期）”。债券期限为 3 年，利息按年支付，利率通过市场化招标确定。为了控制地方发债的规模，此次 2000 亿元地方债在制度设计上做了精心安排。例如，募集的资金只能用于中央财政投资地方项目的配套工程，以及民生项目，不得用于经常性支出。为了防止偿债风险，将地方债券所募集的资金纳入地方财政预算管理，报地方人民代表大会审核、监督。中国财政部 2009 年 9 月 4 日发布公告，决定代理招标发行河北、上海、浙江、陕西四省市地方政府债券合计 110 亿元。至此，2009 年财政部首次代理 30 个省份（不含西藏）和 5 个计划单列市发行 2000 亿元地方政府债券的任务全部顺利完成。

2009 年发行的 2000 亿元地方债是继 1998 年之后，中国再次通过中央代地方发债方式帮助地方解决融资问题。2009 年中央代地方发债模式和 1998 年形式类似，但在实质操作上有了很大进步。1998 年开始的中央代地方发债是完全由中央发，中央确定项目后转给地方，但这些钱并没有纳入中央和地方赤字，属于预算外资金；而此次发行的 2000 亿元地方债，都要纳入地方预算，将构成地方债务。

地方政府的非税收入。非税收入是指除税收以外，由各级政府、国家机关、事业单位、代行政府职能的社会团体及其他组织依法利用政府权力、政府信誉、国家资源、国有资产或提供特定公共服务、准公共服务取得并用于满足社会公共需要或准公共需要的财政资金，是政府财政收入的重要组成部分，是政府参与国民收入分配和再分配的一种形式。

非税收入是政府财政收入体系的重要组成部分，是各级政府除税收以外最重要的财政收入来源。非税收入的范围包括行政事业性收费、政府性基金（资金、附加）、国有资源有偿使用收入、国有资本经营收益、彩票公益金、罚没收入、以政府名义接受的捐赠收入、主管部门集中收入、政府财政资金产生的利息收入以及其他未列举的或新增的非税收入。

对政府非税收入的征收管理主要有以下四种模式：一是"统管代收"模式，即"银行开票、银行代收、财政主管"；二是"职能分工"模式，基本操作程序是遵循财政、执收单位、代收银行各自分工，按照"收支两条线"要求，实行"单位开票，银行代收，财政统管"；三是"分散征收"模式，对一般性收费由单位开票，银行代收；对进入行政服务中心的收费项目，在中心设立征收点，由征收点代收；四是"集中汇缴账户"、"收入过渡户"模式。总体来看，相对于税收管理，我国非税收入管理尚未形成一套规范化的管理体制。非税收入项目繁多、管理混乱，给企业造成了沉重负担，也给贪污腐败者以可乘之机。

地方政府非税收入存在不少问题。为了满足地方财政支出的需要，地方政府非税收入规模不断膨胀。政府非税收入的不断增长，一方面满足了地方财政支出的需要，缓解了地方财政收支矛盾，表现为非税收入对经济增长的正效应；另一方面也加剧了地方政府的乱收费局面，表现为非税收入对经济增长的负效应。

政府非税收入普遍存在着三大问题：其一，非税收入加重了企业负担。现行名目繁多的收费大都硬性摊派、强制征缴，使企业不堪重负。其二，非税收入分散了国家财力。现行行政事业性收费除少数纳入预算内管理外，绝大多数构成预算外资金的主要来源。近年来预算外资金呈现出一种不可遏制的增长惯性，分散了国家财力。其三，非税收入加剧了社会的分配不公。许多行政部门利用管理中的种种弊端和漏洞谋取收费资金，地方各部门收入的多少不是取决于财政分配和经营水平，而是取决于其垄断优势和收费能力，这加剧了社会分配不公和腐败的滋生。按照收费资金管理的有关规定，每项收费所取得的收入均有具体的使用途径和支出方向，必须专款专用，然而现实中却成了各单位、部门的"小金库"。收费规模与单位的利益呈正相关，造成了各部门间的收费攀比，这正是乱收费屡禁不止的根本原因。

按照建立健全公共财政管理制度的要求，改革现行非税收入管理体制，进一步加强非税收入管理，对于理顺政府收入分配秩序、增强政府宏观调控能力以及从源头上预防和治理腐败，推进规范、透明、廉洁行政，具有十分重要的意义。要加快公共财政体系建设，完善财政转移支付制度，改革预算管理制度，建立规范的政府非税收入体系。

其一，明确政府非税收入管理的范围。政府非税收入是指除税收以外的各种政府收入的总称，是政府财政收入的重要组成部分，是政府参与收入分配和再分配的形式。按照公共财政的基本要求，一切政府非税收入，都必须纳入财政管理的范围之内。

其二，对政府非税收入实行分级管理。对政府非税收入的分成比例，应当按照所有权、事权以及相应的管理成本等因素确定。根据分级财政管理体制，凡中央政府非税收入都应由财政部统一管理，凡地方政府非税收入，都应由地方本级财政部门统一管理，各级财政部门在管理非税收入的过程中，必须自觉接受同级人民代表大会和审计部门的监督，在业务上接受上级财政部门的指导。

其三，通过"分税归位"进一步优化财政收入结构。加强非税收入管理，就要从总体上正本清源，通过清理整顿，区别不同性质，"定性、定位、定量"，实行"分源而治、分流而治、分类而治、分项而治"，对按管理对象征收的行政管理费和各种制度外收费坚决予以取缔。

四、地方公营企业管理的经济学分析

地方公营企业表现为地方政府控制的企业，又称为地方政府企业，是各个国家都存在的一种经济成分。地方公营企业体现着地方政府直接投资经营的经济职能，其在地方经济的发展中具有其他经济成分不可替代的地位和作用。如：地方公营企业担负着地方非竞争性领域的基本生产任务，在确保地方公共物品的供给，保障地方经济秩序的正常运行，稳定市场价格，引导高科技建设等方面都具有重要的地位和作用。和其他企业一样，地方公营企业的各种管理制度建设是关系企业生存的大事。因此，必须对地方公营企业的管理进行分析。下面主要从产权、价格、体制三个方面对地方公营企业的管理进行详细的经济分析。

1. 产权界定

产权是社会经济生活中各种利益确定和归属所需要的制度性框架。只要有利益归属存在，就有产权存在。在市场经济条件下，每个国家的公营企业处置产权的方法都是从自身的环境及需要出发，因此会有所不同，但各国运作产权的终极目标是一致的，即促进资源的有效配置。根据现代产权理论的分析，产权会随着市场经济的发展而越来越明晰，而产权的明晰会使资产得到更合理的利用。我国国有资产的产权在法律法规上都是非常明晰的，但在地方政府拥有的产权方面，却是在事实上已经由地方政府拥有但名义上仍然属中央政府拥有，这种产权在名义上和事实上的不对称，对政府管理资产的效率及监督等都是不利的，也不能很好地体现公平原则。各级政府产权的明晰化，将有利于加强公有资产的管理，有利于明确各级政府的职责，有利于人民群众对公有资产保全和使用的监督。具体来说，公有资产产权大致可以做如下几方面的划分。①

对资源性国有资产，如国有的土地、森林、草原、江河、湖海、矿藏及其他各种自然资源由中央政府拥有，实行各级政府分级管理，以税收(资源税等)分享形式在各级政府间分配资产收益，地方政府相当于取得管理费收入。

对事业性和企业性资产，按“谁投资谁拥有谁受益”的原则，明确划定各级政府的产权，由各级人民代表大会对之监督管理。

在地方政府资产的产权管理中，不仅应建立明晰的产权关系，而且要逐步形成政府资产的有效流动即转让、转移或进入退出机制，使政府资产在流动中实现保值增值，得到最有效的利用。

对于需继续保持公营企业性质的，政府可通过一定措施保持控股地位。按照《证券法》规定，只要某一股东购买国有或法人股权超过5%，必须向国家证监会以及控股的大股东通报，政府即可采取相应措

---

① 张荐华:《论我国地方政府资产管理体制改革》,《经济学动态》2000 年第 3 期。

施保持控股地位。对于需要退出的领域或部门，政府可以灵活地通过股票市场转让股份，将一定的公营企业转为民营。因此，通过政府资产股份上市流通，可以实现公营企业产权结构的多元化，体现投资社会化和分散风险的原则，同时，可以使地方政府灵活地改进政府资产的配置和用途，使之产生最大的经济效益和社会效益。

公营企业的产权进入市场，一是指政府作为产权主体运作企业产权；二是指公营企业作为产权主体运作资产产权。可以看出，产权的运作都是进入产权市场的，只不过企业运作的内容更丰富些，更能体现产权含义的广泛性。产权市场的发展取决于企业资本经营管理的能力。如果多数企业能够将自己的资产搞清，对缺少的资产实施购买，对不需要的资产及时转移出去，不积压无用资产，这样，产权市场的发展就有了基本的动力。企业经营产权是为了更好地发展，最大限度地利用资产。对于公营企业来说，也要防止资产的闲置，也要利用产权交易满足自身的生产需要。公营企业在下列情况下可考虑进入产权市场：(1)处理企业的闲置设备。如果企业有闲置的设备不进入产权市场进行资产转让，那么企业的资产收益率、生产效率就要受到影响。解决闲置问题，一是增加产量，二是处理设备。通过对闲置设备的处理，企业可以把获得的资金再做其他方面的投资，从而提高企业的运作效率。(2)自身资产置换的需要。公营企业更新设备时换下来的旧设备要卖掉，这时也可以进入产权市场进行交易。(3)企业无形资产的交易。公营企业要卖掉自己的无形资产，如企业品牌，或者买其他企业的无形资产，如技术资料、商标等，这些都可以在产权市场进行交易。上述这些对地方公营企业管理效率的提高都大有裨益。

2. 价格决定

对公营企业产品价格的分析是企业管理的基础，在理性地运作公营企业中，为更好地发挥其社会作用，达到政府投资的目的，需要对公营企业产品价格的形成有深入的了解，对这一拥有垄断性质的定价进行全面的研究。研究的重点是垄断产品价格的定价方式及依据。在非竞争性领域的公营企业的产品价格是受政府控制的，其价格决定与民营企业产品和少数竞争性领域的公营企业产品是不一样的。

研究公营企业产品的价格，先要研究其成本。成本是价格的基本组成部分，对于不求盈利的公营企业来说，也是如此。只不过，有时候公营企业的成本等于甚至大于价格。出现这种反常的价格走向，正说明公营企业的主要作用是为政府调控经济和稳定市场服务的，而不是以盈利为主要目标。虽然公营企业的产品不是竞争性产品，但也是要进入市场的产品，产品的质量、档次、样式等随着市场的变化而变化是正常的。若这种变化使成本提高，价格不变，这就意味着企业盈利的减少甚至亏损的出现。这种情况在一般的企业里是不允许的，但对于公营企业来说，如果这种成本提高，盈利减少甚至亏损的情况符合政府的意愿，对国家经济整体长期发展有利，这种情况也是可以的。但是，这并不是说公营企业不需要控制成本。公营企业应当努力减少不必要的浪费，尽量降低生产成本，从而达到提高生产效率的目的。作为公营企业，不能因为产品具有垄断性，价格由政府控制，而不考虑成本的问题。

公营企业产品的定价，首先要知道这种价格不是一般的垄断价格，而是政府垄断价格。政府垄断是为了维护市场正常秩序，是为了防止民间垄断破坏市场秩序，政府垄断是为了维护大多数人的利益，不希望做有意损害市场消费者的事情。因此，公营企业的垄断价格是有益的，是为了维护市场正常秩序而特意实行的垄断。这也是政府设立公营企业的主要目的和作用之一。根据现实情况的需要，政府垄断价格可以实行低定价政策也可以实行高定价政策。实行低定价政策，表明公营企业没有盈利，甚至可能有亏损。但公营企业这样做是对大多数消费者有利的，因其产品价格低，不仅能使同类产品降低价格，而且还可能对其他类产品降低价格产生影响。实行高定价政策，一是为了限制购买，二是保护资源，限制生产。若定价较低，消费者需求会增加，从而造成产品供不应求，扰乱市场秩序，所以可以通过定高价政策达到限制购买的目的。在市场经济条件下，为了保护资源，也是为了协调社会生产关系，有一些资源的开发是要严格限制的，这时候也需要政府通过对公营企业的产品定高价来达到这一目的。

公营企业产品的定价方式。从世界各国已有的实践看，各国政府控制公营企业产品价格的方式主要有①：(1)政府授权企业自主定价。虽然是自主定价，但因为公营企业是代表政府做出决定，因此还是要根据政府的意愿和市场经济形势来对产品进行定价。(2)政府直接定价。对少数产品，政府可以对其直接规定具体价格，如有关邮电、通讯、水、燃气、供热等产品的价格是政府直接决定的，不是企业根据市场的价格规律来决定的。政府这样做是为了保证这些产品的价格既有统一性，又有稳定性，是为了更好地推动国民经济和企业的发展。(3)政府限制价格。政府把企业的产品价格限制在一定范围内，实际上是给了企业较大的活动空间，这种定价方式既与政府直接定价有关，也与企业自主定价有关。(4)政府规定价格的浮动幅度。也就是说，政府把企业产品的价格基点定好，然后限定浮动度，一般为基价的 20%左右。这种方式表示的价格其实是政府直接定的价格范围，同时又将限价定在了一个更小的范围，政府这样做是希望能较大地发挥企业的作用。

3. 体制建设

公营企业的健康生存与发展，是建立在内部管理规范的基础上的，而内部管理的规范又是依靠体制的完善来保障的。所以，体制建设是一个关系企业生存、发展的大事。在此，主要分析地方政府资产管理体制和公营企业管理制度的选择这两个方面。

在地方政府资产管理体制模式的选择和建立过程中，有一些基本的原则是都应该遵守的②：第一，在大多数情况下，应实行政企分开，也就是说，政府资产管理机构本身不应从事经营商品服务的活动，政府资产管理委员会只能以所有者代表的身份，政府资产经营公司只能以控

① 钱津：《特殊法人——公营企业研究》，社会科学文献出版社 2000 年版，第 197 页。

② 张荐华：《论我国地方政府资产管理体制改革》，《经济学动态》2000 年第 3 期。

股者的身份，通过授权经营的方式进行政府资产管理；第二，除政策性资产经营公司之外，在竞争性领域必须设立多家政府资产经营公司开展政府资产经营活动，以防止形成垄断从而降低资产经营的效率；第三，政府资产管理委员会对政策性资产经营公司的管理办法应专门加以规定，在实施《公司法》的同时应加上政府经济社会管理目标及考核制度的内容；第四，对于地方政府资产经营公司同其所属子公司之间的关系，应在严格按照《公司法》执行的同时，通过专门的法规保证子公司的独立性；第五，应对地方政府资产经营的各类各级公司实行严格的审计监督；第六，在省、地、县三级政府资产管理委员会之间不存在上下级领导和被领导关系，他们只对本级政府和本级人民代表大会负责，在各级政府的资产经营公司之间也是平等的独立法人之间的关系。通过深化地方政府资产管理体制的改革，通过对地方公营企业的公司化改造，实现地方政府资产管理模式的创新，形成高效的地方政府资产管理体制及运行机制，建立和完善地方政府对经济运行的调控机制。

对公营企业来说，真正需要解决的问题是如何控制内部人的问题。对内部人的控制需要有一系列的企业管理制度，从制度的规范入手，才能达到管理好公营企业的目的。公营企业管理制度的选择大致包括以下几种[①]：第一，经营决策制度。指企业的各种经营决策产生的程序规范和权力确定的系统稳定。这一制度要求任何经营决策都要符合既定制度对工作程序的规定，决策主体也要符合制度的规定。第二，人事管理制度。地方公营企业的人事管理是企业管理的重要方面，这方面的制度建立有企业一般的共性，也有地方政府企业本身的特性。企业的人事管理仅限于经理以下的员工。人事制度方面的管理主要有以下几个方面：建立员工业务档案制度；完善员工培训制度；规范用工制度。第三，财务管理制度。地方公营企业财务管理的核心是把握住费用的开支，包括生产费用、财务费用、行政费用以及其他费用，将各种费用压

① 钱津：《特殊法人——公营企业研究》，社会科学文献出版社2000年版，第140页。

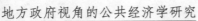

到最低点。第四，职工代表大会制度。在其他国家，公营企业不存在职工代表大会制度，顶多存在工会组织。在我国，根据历史的既定延续，可以保留职工代表大会制度。第五，监督管理制度。地方公营企业的监督管理制度，从某种意义上说，比激励机制更为重要。它是地方公营企业管理的重要组成部分，是确保企业健康发展的必要条件。最重要的监督是对董事会的监督。在制度的规定中，监事会负有对董事会监督的责任。第六，岗位责任制度。地方公营企业亦需要建立员工岗位责任制度，明确每一员工的岗位责任，以保证员工的工作质量，提高企业经营的整体效益。

第九章　地方政府公共财政预算与支出的经济学分析

地方公共财政预算是由各级政府对地方财政实施的计划、支配和管理的过程。地方政府财务管理运用价值形式对以政府这一公共部门为主体的财务活动和所体现的财务关系进行的管理，它是地方政府提高财政资金效率的重要保证。

一、中国财政预算制度及其特征

在现实生活中，编制和执行预算是一种比较常用的管理技术和方法，无论是个人、家庭、企事业还是各级政府，都需要借助预算来有效地配置稀缺资源——物资、金钱、时间等。最简单的预算形式是拟订一个行动计划或方案，也可能是多个计划或方案的汇编，所涉及的主要内容是个人或组织的财务状况，包括用货币形式反映的一定时期内的收入、支出、活动、目标等方面的信息。

1. 预算的含义、功能、性质和作用

与会计工作报表相比，预算是前瞻性的，涉及的是未来所期望的收入、支出和活动绩效等方面的信息，而会计报表则是回顾性的，涉及的是过去已经发生的收入、支出和活动绩效等方面的信息。预算(Budget)一词起源于英国，其原意是指“皮质的钱袋”或“皮包”，它描述的是英国财政部大臣用来装那些向议会提交的政府需求和资源报告的皮包。

在现实生活中，预算的主要功能有三点：第一，描述性功能。该功能是指预算具有直观、具体地描述，并提供一个组织在未来一定时期内的主要目标、预算可获得和可支配的资源量、资源配置结构和使用效果等信息的功能。第二，解释性功能。该功能是指预算具有解释预算投入与产出二者之间因果关系的功能。第三，偏好表达功能。该功能是指预算具有资源配置者对其需求偏好表达的功能。

每个国家在一年之中创造的国民收入，除了要在生产领域进行初次分配外，还要由国家对其进行一系列的财政分配。国家预算就是国家参与分配国民收入的一个重要的财政手段。它是一个国家通常在一年内，为了实现其职能，筹集所需资金，以及如何利用这些资金的一个以法律形式表现出来的国家年度财政收支计划，是国家筹集、分配和管理财政资金的重要工具，体现了政府活动的范围和目标。国家预算通常采取收支平衡表的形式，随着社会经济和财政活动的逐渐复杂化，由最初简单的政府收支一揽表形式，发展成多种预算结构和预算形式。

任何一个国家的财政预算，都要包括三个方面的内容：(1)收入和支出的种类和数量，以及这些种类和数量所表现出来的收支的性质和作用；(2)各类国家机关和部门在处理这些收支问题上的关系及其所处的地位和所承担的责任；(3)在收入和支出的实现上所必须经过的编制、批准、执行、管理、监督等财政过程。

我国的社会主义国家预算还包括三层含义，即它是具有法律效力的国家基本财政计划；它是国家筹集和分配集中性财政资金的重要工具；它是国家对国民经济和社会发展进行宏观调控的重要经济杠杆。

国家财政预算的性质可从两个层次进行分析概括：第一层次，一般地讲，国家财政预算的性质可概括为国家为了实现其职能，以国家为主体参与国民收入的集中性分配和再分配过程中所形成的有利于统治阶级的分配关系。第二层次，在不同性质的国家里，存在着不同性质的国家财政预算。我国社会主义国家财政预算体现国家与劳动人民根本利益一致的"取之于民，用之于民"的分配关系。

我国国家财政预算的作用主要表现在以下三个方面：一是筹集分

配预算资金的作用;二是调控经济运行的作用;三是监督制约经济活动的作用。

2. 财政预算制度与我国的预算管理体系

财政预算制度是有关预算组织形式、内容及管理等方面的制度,即预算应有怎样的结构、怎样编制、怎样建立和执行预算等全部的法规制度。它包括预算原则、组织形式、预算范围的变化趋势和预算工作的程序等。预算制度是国家干预经济的一种政策工具。预算制度作为国家干预经济的重要手段,是伴随市场经济的发展,不断变革和完善的。

财政预算作为规范政府财政经济行为的一种制度安排,是一个历史范畴。财政预算产生的条件主要是由对政府预算制度的需求与制度供给所决定的,而社会对政府预算制度的需求与供给又是受一定经济基础上的政治制度、思想文化、意识形态等价值观念影响的。由此,在前资本主义的社会并不存在财政预算制度,这是与其生产方式和政治制度密切相关的。

在预算管理级次和组成体系上,我国的预算组成体系是按照一级政权一级预算建立的,即有一级财政收支活动主体,就有一级预算。各级政府的公共部门预算根据行政隶属关系分为三级:一级预算单位、二级预算单位和基层预算单位。一级预算单位是与同级政府总预算直接发生预算资金的缴拨款关系的单位。二级预算单位则是与主管预算单位发生预算资金的缴拨款关系,同时还有下属基层的预算单位。基层预算单位是最小的预算单位。在预算层级设立上,1994 年的《预算法》规定:我国设立中央,省、自治区、直辖市,设区的市、自治州、县、自治县,不设区的市、市辖区,乡、民族乡、镇五级预算,各级政府之间的预算职责有明确的分工和相应的制度规定。

现有的五级预算体制层级过多,提高了管理成本,相应降低了管理效率,减少层级将会是今后预算管理改革的一个方向。2006 年我国颁布的《国民经济和社会发展第十一个五年规划纲要》中,就明确提出要“理顺省级以下财政管理体制,有条件的地方可实行省级直接对县的管理体制”。

一般而言，中央预算是经法定程序批准的中央政府的年度财政收支计划，由中央各部门的预算组成，并包括地方向中央上解的收入数额和中央对地方返还或者给予补助的数额。地方预算则是经法定程序批准的地方各级政府的年度财政收支计划的统称，由各省、自治区、直辖市总预算组成。地方各级总预算由本级政府预算和汇总的下一级总预算构成。

我国政府预算管理制度经历了一个逐步深入的建设过程，它与我国从计划经济走向市场经济的进程是一致的。

在新中国成立之初的国民经济恢复时期，我国实行统收统支的高度集中的预算管理体制，其特征是全国各地的主要收入统一上缴中央金库，地方一切开支均需要经中央核准，统一按月拨付，预算管理权限集中于中央，留给地方少许财力，用以解决农村、文教卫生事业和城镇市政建设以及其他临时性需要。在1953～1978年二十多年的时间里中国财政预算基本实行了统一领导、分级管理体制。其特征是在中央统一政策、统一计划和统一制度的前提下，按国家行政区划分预算级次，实现分级管理，原则上一级政权一级预算。但在分级管理体制下，地方预算的收支支配权和管理权相对较小，并不构成一级独立的预算主体。由于党政不分，以及政治、经济与社会生活混在一起，民主与法治又不健全，这一制度安排实际上是一种以党代政、以公共部门替代私人部门、以政府替代市场、以中央政府替代地方政府的管理体制。在这样的制度安排下，形式上虽然各个预算单位、各级地方政府以及中央政府在每个财政年度中也都编制和执行预算，但由于整个国家的政治、经济和社会生活均处于不正常状态，预算权不可能在政府行政与权力机关之间进行合理配置，全国实际上只有“一本账”。因此，这一期间的政府预算制度并不是真正民主意义上的预算制度。其中值得总结的教训有：第一，资源配置效率低下与商品短缺的根源在于政府的过度垄断；第二，在中央政府垄断的制度安排下，不可能有真正的地方财政，也不可能建立起真正的分级治理的财政预算制度；第三，政治民主是政府预算产生、存在和发展的基石；第四，健全的法律制度是政府预算制度建立并有效发挥作用的保障。

1978年，党的十一届三中全会提出了党和国家的着重点转移到社会主义现代化建设上来的战略决策，并决定进行经济体制改革，这标志着中国财政经济制度变革要彻底摆脱以往的计划经济轨道，开始转向市场经济。1978年以来的改革，首先是按照党政分开、政企分开、加强社会主义民主和法制建设以及建立社会主义市场经济体制等要求，向着区分政府与市场、公共部门与私人部门、中央政府与地方政府，以及划分中央政府与地方政府的预算支出责任和范围、划分中央预算收入与地方预算收入、规范政府间财政转移支付制度、中央政府与地方各级政府分别编制和执行各自预算的方向渐进式调整的。比较重要的举措是：从1980年开始对预算管理体制进行改革，实行"划分收支、分级包干"体制，简称财政包干体制。其基本内容是按经济管理体制规定的隶属关系，划分中央和地方的收支范围，收入按分类分成，收支指标确定后，原则上5年不变，地方在划定的收支范围内自求平衡。[①] 这一制度使地方政府开始有了自己的收支范围，并在包干范围内，开始根据本地经济社会发展需要以及财政能力编制和执行各自的政府预算，中央政府预算与地方政府预算初步得以分离。1985年，进一步实行了"划分税种、核定收支、分级包干"的财政管理体制，主要是按照当时的税种设置，来划分中央政府与地方政府的财政收入，而中央政府与地方政府的财政支出仍按行政隶属关系来划分。1988年，与国有企业承包制相适应，在中央政府与地方政府预算管理体制上，推行了"财政大包干"制度，并根据各地不同的财政经济情况，分别实行了"收入递增包干"、"总额分成"、"总额分成加增长分成"、"上解额递增包干"、"定额补助"、"定额上解"等6种不同的制度安排。1994年，随着宏观经济制度和微观经济制度改革的不断深化，中央决定在全国范围内全面实行分税制预算体制。1998年，中国明确提出财政改革的目标是建立公共财政。公

① 韦小鸿：《政府经济学》，中国社会科学出版社2004年版，第181页。

共财政是以满足社会公共需要、提供公共商品、制定和执行公共政策、弥补市场缺陷为其核心内容的政府经济行为。公共财政具有公共性、民主性、法治性等本质特征。按照公共财政的要求，中国自 2000 年以来开始了新一轮以部门预算、政府采购、国库集中支付制度等为基本内容的制度创新。

3. 财政预算制度的特征

作为一种管理手段或控制机制，国家财政预算与私人预算的相同点，主要体现在两者的目的都是为了借助于这一手段来增进资源配置和使用效率。预算作为一种管理机制，无论是被公共部门运用，还是被私人部门运用，其目的都是先根据资源约束、制度和技术要求等条件设定目标，然后，根据组织总目标的要求以及组织的构成和组织中的优势与不足，来控制并整合组织下属单位或机构的各种行为。就预算编制而言，都意味着要分析考察组织所能够支配的资源在过去一个时期配置和分配使用的情况，分析已经实现的目标，研究为实现这些目标所花费的成本，并通过为将来的预算期分配新的资源来描绘出组织发展的路径，以提高资源配置和使用的效率。

私人预算其目的只是私利最大化；其时间可长可短；其形式可以是正式的，也可以是随意的；其约束力，可以是刚性的，也可灵活地在任意时间加以调整。与私人预算比较，国家财政预算所追求的是社会利益最大化；财政预算一般以固定的财政年度来编制和执行；在形式上，国家财政预算要么是采取单式预算形式，要么是采取复式预算形式，一旦选择了一种预算形式就保持相对稳定；在约束力上，财政预算是具有法律效力的文件。

国家财政预算是一个对公共收支进行集体决策的过程，公共预算决策涉及数目众多的经济个体，是协调社会公众行为的正规途径。与私人部门预算相比较，现代国家财政预算除了上述不同之处外，还具有以下一些基本特性：

法定性。公共预算的法定性要求在预算管理的各个环节都必须遵循法定程序，不得以个人意志为转移。经法定程序审批后的公共预算，即成为具有法律效力的文件，预算部门必须无条件执行，不得随意更改。如果遇到特殊情况需要调整原来的预算方案，同样必须遵循法定程序，而不得在法律范围外进行调整或变更。法定性是政府财政预算的首要特性，如果没有法律的保证，政府财政预算只是一纸空文。

公共性。公共性是指国家财政预算的目的是为了满足社会公共需要，以公共利益最大化为其行为目标。这里的"公共"是相对于私人财务预算的行为动机和结果的内在性或排他性而言的。政府财政预算是"取众人之财"，"办众人之事"，具有外部性和非排他性。

民主性。民主性是指政府财政预算是按照特定的民主政治程序进行的，是公共选择的结果，体现的是社会公众的集体意志和集体利益，而不是长官意志或某些特定利益集团的意志和利益。

政策性。政策性是指政府预算包含许多不同的文件，这些文件反映了政府未来实施公共事务管理、筹集公共财政收入、分配公共财政支出等方面的政策信息和意图。信息丰富的政府预算文件，界定了政府"有所为"与"有所不为"的活动边界以及在政府"所为"领域里的轻重缓急，体现了政府实现效率、公平、稳定等职能的政策意图，即政府预算通过集中反映政府公共管理的方针政策来协调各级政府的经济行为，引导市场经济参与者的经济行为。同时，保持政府预算政策的连续性，也能够使市场经济的参与者形成长期、稳定、合理的政策预期。

精细性。精细性是指政府要对预算收入来源和支出结构进行通盘安排、精心核算、综合规划和平衡。政府收支属于公共收支，其规模、结构以及配置和使用效率，既关系到经济社会发展，也关系到每一个社会公众的切身利益。因此，政府应该对每一项公共收支，做出精细的安排和说明，而且应该有相应的报表和计算依据。政府预算实际上规定了政府提供公共商品的数量和质量。政府为什么要在某一个部门多安排资金，另一个部门少安排资金，为什么安排这个公共项目，而不安排另一个公共项目，由于不同的预算安排对不同社会群体的损益会产生不同的影响，因此要求政府在其预算中必须做出有根有据的详细说明，以使绝大多数社会公众能够认可，使政府财政预算能够被有效地执行。我国于2007年正式在国家预算中实施的政府财政收支分类改革的目的就在于进一步将预算精细化。

年度性。财政年度又称预算年度，通常是指完整的一个年度周期，即上一年的政府财政预算执行的起始日期与本期的起始日期一致，从而形成一个完整的政府财政预算活动周期。政府财政预算是政府的行动计划，而时间是计划中的要素之一，任何计划都离不开时间要素。世界各国的预算年度有两种：一是历年制，也就是把公历每年的1月1日作为新的预算执行的起始日期，至同年的12月31日为一个预算年度，如中国、德国、法国等多数国家采用的是公历制预算；二是非历年制，也称跨年制预算，即预算年度规定为12个月，但通常要跨越两个公历年度，如美国的预算年度是从当年的10月1日起到次年的9月30日，英国的预算年度是从当年的4月1日起到次年的3月31日。采用非历年制的国家，有些是由于历史的原因，而有些是由于考虑农业生产周期等原因。需要指出的是，随着新经济时代的到来，政府自身也存在着发展问题，而政府发展是一个连续的过程，仅仅强调政府财政预算的年度性是不够的。因此，政府预算必须处理好长期性与年度性的关系，将年度预算置于与政府长期发展规划之下。

公开性。公开性是指政府财政预算所包含的信息要公开、透明、真实，不得隐瞒。政府预算本质上是反映公共需求和公共供给的计划，政府代表公众来履行这一职责，因此，政府预算必须公开、透明。公开性包括两个层次：一是政府行政机关在向权力机关报告年度预算（决算）时，信息数据应当真实、完整、准确，不得隐瞒；二是政府预算（决算）一旦被权力机关审查批准，就应采取适当方式，将其内容向全社会公开。公开性是为了加强权力机关和社会公众的监督，以利于提高政府预算配置和资金使用效率，防止政府腐败。

此外，我国社会主义国家财政预算与西方国家财政预算比较还具有以下三个特点：一是我国的国家预算是统一、民主的预算；二是我国的国家预算是建设性收支规模适度、结构合理的预算；三是我国的国家预算是为人民大众谋福利的预算。

二、中国政府财政预算支出存在的问题

我国预算制度建立以来，总体上运行良好，基本上起到了国家参与国民收入分配的财政手段。随着我国经济的发展以及社会发展，预算支出已显露出一些不足之处。

1. 从财政支出预算供给范围看，现行支出预算已不能满足政府职能转变的需要和市场经济体制的要求，出现了越位与缺位并存的局面

在传统的计划经济体制下，政府部门是社会资源配置的主体，政府将社会管理者职能与所有者职能融为一体，职能范围覆盖了从生产到消费等社会再生产过程的各个领域和事务，财政作为以国家为主体的分配方式，其支出预算供给范围也必然呈现出大而宽的特征。而在市场经济体制下，社会资源的主要配置者是市场，政府的职能应转变为统筹规划，掌握政策，信息引导，组织协调，提高服务和检查监督，弥补市场不足。财政支出的供给范围也应以政府实现其职能为依据、满足社会公共需要为本质及时调整，保证财力供给。但随着社会主义市场经济体制的逐步建立，财政支出预算的供给范围仍未有效地统一规范在政府应转变的职能范围上来，仍然保持着范围过大，包揽过多，特别是向竞争性生产建设领域延伸过多的格局，远远超过了社会公共需要的范围，而面对那些真正急需的社会公共需要的一些开支项目则又无力顾及，使那些不应以财政资金供应的领域和事务占用了大量资金，而应由财政资金供应的领域和事务却得不到应有的资金保障。这种状况不仅造成财政资金严重紧缺，使财政工作十分被动，而且还因资金供应不足导致财政对国家重点支出项目难以实施更加有力的保障等一系列问题，从而使政府职能的转变难以实现，市场经济体制的进程趋于缓慢。

2. 从预算约束力来看，现行支出预算的公共项目保证已明显呈现软化

一是预算分配中预算指标到位率低，执行中预算追加频繁，年度的实际支出数往往高于年初预算数；二是预算分配缺乏可靠依据，人为因素较多，存在较大的随意性；三是预算年度的起始日期先于人大审批日期，造成预算审批通过前就已开始进入执行期，形成预算审批的法律空档；四是法与法之间的关系不协调，“以法压法”的现象严重。如教育、科学、农业等方面的法律和卫生、计划生育、环境保护、文化宣传等方面的规章，都对财政支出做了限定性的规定，要求某项支出增长必须高于财政收入或支出的增长等，而《预算法》则又明确规定，在安排支出预算时要量入为出、统筹兼顾等等。法律、法规的冲突与不统一，严重减弱了法律法规的严肃性和约束力。

3. 从预算的分配方式看，现行支出预算分配方式不当已降低了财政资源配置效率，带来了财政支出控制机制的紊乱，甚至失去了控制功能，影响了正常的财政分配秩序

由于种种原因，我国目前形成了一个独特的按部门、单位和按经费性质交叉并行分配的办法。这种办法的特征：一是各部门和单位所需的不同性质的经费，如行政经费、教育经费、科研经费和外事经费等，由财政部门内部不同的职能部门负责分配和管理；二是由于财政部门内部的职能分工，既有按经费性质分工设立的，又有按部门分工设立的，从而在财政部门内部又存在同一性质经费由不同部门分配管理的现象。这种分配方式经多年实践表明，虽有一些改善支出管理的有利方面，但总体上不仅不能克服旧分配方式的缺陷，反而又带来了弱化财政管理，肢解单位预算，减弱预算控制等诸多新的弊端。从财政外部看，近年来所采取的分配方式是将一部分预算资金切块分给各部门，由主管部门自主安排使用。与此同时，不少主管部门还设立了各种基金，拥有大量预算外资金，并自主安排使用，其结果仍是在社会经济运行中，有多个部门在行使财政部门分配资金的职权，部门与部门之间重复建设、重复购置，浪费现象严重，影响了正常的财政分配秩序。

4. 从预算的编制方法看，预算支出透明度差，不合理因素多，方法不科学

我国支出预算编制的方法主要是"基数法"，即根据上年的基数加本年增减因素来确定年度的支出预算规模。这种编制方法虽简便易行，但却不符合公平、规范和透明的原则。采用"基数法"编制支出预算，年年是基数加增长，各部门经费预算的多少，取决于原来的基数，基数大的多得，基数小的少得，而且实际上只能增不能减，既导致了单位之间的苦乐不均，又不利于合理控制支出。

5. 从预算的支出结构看，现行的支出预算在体现轻重缓急、先后主次、项目筛选、比重变化等方面仍存在着许多不足

近年来，我国政府在财政收入占 GDP 比重偏低的情况下，将预算支出逐步向重点领域倾斜，取得了一定的成效。但由于财政的预算约束力下降，导致在预算安排上仍不能满足重点支出需要，教育、科技、农业等重点发展领域的支出在总预算支出中的比重提高速度仍较为缓慢。相反，大量的资金(包括预算外资金)仍用于竞争性生产建设、行政管理等非重点领域，与市场经济条件下政府职能的转变明显不符。

6. 从财政部门内部支出预算管理看，其机制仍未理顺，使财政部门宏观调控能力难以发挥

我国现行的预算支出科目，既有按预算资金性质设置的，也有按部门设置的，相互交叉。与此相对应，财政部门内部各职能机构也存在着既有按资金性质又有按部门设置的科目，在管理中职能交叉。这样，就使得实际工作中，一个主管部门和单位需同时编制多个预算，上报财政部门的多个职能机构，一般要对应财政部门五六个职能机构，这不仅给主管部门和单位增加了许多工作量，而且也给有效实施财政政策、加强财政管理造成困难，难以发挥财政部门的宏观调控能力。

7. 从公共支出总量看，现行支出预算不利于公共支出总量的有效控制，导致财政效益低下，财政连年赤字，陷入困境，控制公共支出是永恒的财政主题

从1978年到1995年，我国财政支出增长了5.8倍，而公共支出则增长了9.2倍，大大超过了支出的平均增长速度。公共支出膨胀的结果是，一方面挤了建设性支出；另一方面由于公共支出超过了收入增长而导致财政赤字连年。尽管公共支出不断增长是国家职能不断扩大的一般规律，但如若超出了一定限度，出现剧烈膨胀，也必然会给社会经济正常发展带来恶果。因此，建立公共支出预算，有效控制支出总量超增长，也是必然的选择。

8. 从财政收支一致性的要求看，现行支出预算与政府公共预算体系的要求不配套，大大延缓了建立政府公共预算和国有资本金预算，并根据需要建立社会保障预算和其他预算的进程

政府公共预算一般是指国家以社会管理者身份取得收入并将其用于维持政府活动，保障国家安全和社会秩序，进行宏观调控，发展各项社会公益事业等的资金收支计划，是政府预算体系的基本组成部分。同时，政府公共预算又是由收入预算和支出预算组成的。政府公共收入预算主要反映各项税收收入的来源情况；政府公共支出预算主要反映政府基本活动的范围和方向。二者缺一不可。尤其是我国财政长期以来重收轻支，支出问题积压较多，已成为当前不可回避的焦点和难点。在此状况下，建立新的政府公共支出预算体系更加迫切和必要。

三、地方政府公共财政预算

1. 地方政府财政预算周期

一个完整的预算周期至少包括计划、汇总、审批和执行四个阶段，现以美国地方政府的预算为例来说明其不同阶段的具体内容。

准备及计划阶段。在美国，许多地方和州政府在正式编制预算前，对政府所承担的公共服务都要进行计划和分析。其一般步骤是：首先由各政府组成部门确定服务需要量及工作量，并进行效率和有效性的评价；然后由行政长官发出预算指示，部门编制预算。

汇总阶段。预算汇总在地方政府的预算办公室（简称 CBO）进行。各部门所编的预算报 CBO 汇总前是分散的，CBO 将部门预算汇总成为总预算，进行分析，提出初步预算建议报行政长官。CBO 致力于将行政长官的公共政策目标体现为预算的数字和项目。CBO 的职员通常以挑剔的眼光来分析、审核地方政府各部门的预算要求等内容。接着的过程是 CBO 合理地引导行政首长审阅部门要求的大量预算数字，并协助行政首长选择预算政策，确定预算价值观、优先次序及所需的政策调整。CBO 应建议行政首长考虑那些没有提出预算要求的部门。行政首长根据各部门的要求及 CBO 的建议完成预算草案的编制工作。

推销及通过阶段。对地方行政首长来说，包装和推销是整个预算过程的中心环节。一套好的预算文件其各部分应该互相补充，并附有政策变化、提供的公共商品数量的优先次序变化的说明。预算草案送达立法机关后，立法机构将提交各执行委员会或财政委员会讨论。通常是 CBO 负责人或行政首长，或者两人同时出席立法机构会议，回答有关预算的问题并解释公共政策的内容。

预算草案获立法机构通过后就成为拨款的法律依据，该法案规定了支出上限和对各部门预算的授权。最终的预算将全部或汇总后编印，并提供行政官员及市民查阅。

执行及反馈阶段。CBO 在预算执行过程中扮演重要的角色，CBO 要协调各官僚机构执行立法机构及行政首长的意图，按计划控制支出并掌握地方预算收支信息。

地方政府预算的执行反馈系统所产生的信息应该能够用于对项目有效性的检查。项目的内部或外部审计是实现跟踪和反馈目的的重要手段。要重视审计工作，监控系统要求建立一套执行目标情况的评价标准和程序。监控过程同时可以提供基础资料用于明年地方预算的编制。

2. 地方政府预算的编制、审批、执行、调整和决算

地方政府预算的编制和审批，是围绕着地方政府管理社会公共事务、筹集和分配使用公共资源、提供公共商品等，由地方政府财政部门具体负责审核和汇总各部门的预算，并在综合平衡的基础上编制本级政府总预算草案，提交本级权力机关审批，正式成立本级地方政府预算，这一阶段所进行的广泛的行政、立法审查和决策，是为了确保地方政府及其财政预算活动的合法性和有效性。

即按照批准的地方政府预算，组织预算收入、及时拨付资金、监督预算执行，并按照法定程序调整预算。

地方政府财政决算是预算执行结束后，对预算执行的情况进行全面总结，编制政府决算草案，提交同级权力机关审批，同时，对有关公共项目还要进行审计和评价。对公共项目的审计和评价，可能要在财政年度结束后的几个月内才能完成，甚至可能需要几年的时间。

3. 地方政府财政预算范围

按照现代政府预算管理应该遵循透明、法治、公平、民主等原则的要求，各级政府预算都应全面反映政府活动的范围与方向。设立地方政府对于中央政府来说是一种分权行为。按照公共财政的要求分级提供公共物品，是市场经济国家各级政府共同的和基本的经济职能。但是，政府提供公共物品的受益面通常会受到地域的限制，只有少量公共物品的受益范围是全国性的。也就是说公共物品按照受益范围可分为全国性公共物品和地方性公共物品。地方性公共物品由地方政府提供有利于节约决策成本。因此，中央与地方公共财政收支内容的确定，实际上是解决三个相互关联的问题：一是中央与地方公共事务范围；二是中央政府与地方政府的预算支出范围；三是中央政府与地方政府的预算收入范围。

地方政府职能一般都有以下几个共同点：一是与当地居民日常生活直接相关的地方社会事务，是地方政府的主要职能；二是不直接参与和从事营利性经济活动，不承担直接的经济职能，但为地方经济活动提供所需的公共服务（如信息、咨询、产业导向等）；三是为当地居民的生活、工作创造良好的条件和环境，为当地的经济和社会发展提供所需的公共基础设施；四是通过财政补贴、投资、税收等手段支持和促进地方教育、文化等事业的发展，提高当地居民的文化素质和劳动力素质；五是各级政府之间在承担政府职能方面采用一种分工体制，即各级政府都有其专有职能（某一职能专属于某一级政府），各级政府各负其责；由两级或两级以上政府共同承担的职能（即交叉职能，如公共教育、公共卫生等），也往往要对各自的职能履行内容或费用负担标准做出明确的界定，防止相互推卸责任或转嫁支出负担。

地方政府的支出职责主要是为地方居民提供各种公共物品，也有一定程度的区域范围内的收入分配职能和宏观调控职能。一般来说，地方政府履行的职能主要是：中央政府交由地方政府管理比较方便、比较有效的公共事项；某些必须由地方政府管理的公共事项；某些政府可做可不做，但为特定地区公民所喜爱，为地方带来方便的事项。在中国，地方政府的公共财政支出范围主要包括：地方政府行政管理费、地方政府负责的公检法支出、地方政府负责的部分武警经费、民兵事业费、地方政府所辖的公共事业支出、城市维护建设支出、地方政府管辖的基本建设投资、国有企业的技术改造和新产品试制费、支农支出、价格补贴和其他支出等。

各个国家的地方政府分权度不同，公共预算收入的划分范围也就不同。例如，美国州和地方政府在决定财政支出和收入方面有较大的权利，而英国的地方税则是由中央统一立法的，但地方政府对税率有调整权，地方政府的资本项目支出和举债也要经中央政府批准。中国是单一制国家，分权程度较低。中国现行地方政府固定收入有：营业税（不含中央政府的部分）、地方企业所得税（不含中央政府的部分）、地方企业上缴利润、个人所得税、城镇土地使用税、固定资产投资方向调节税、城市维护建设税(不含中央政府的部分)、房产税、车船使用税、印花税、屠宰税、农牧业税、农业特产税、耕地占用税、契税、土地增值税、国有土地有偿使用收入等。除此之外,地方政府还有和中央政府共享的一部分收入。

4. 地方政府财政预算的原则

完整性原则。完整性原则是指地方政府预算所列示的各项收入和支出,必须覆盖政府收支的全部内容,即政府的全部收入和支出都必须纳入预算,不允许把一部分政府收支排除在政府预算之外而成为“小金库”,或者把大量的准公共财政活动排除在政府预算范围之外,不予确认、报告和披露。遵循完整性原则,要求在制度上保证政府各部门的资金都纳入财政管理,置于财政的监控之下,做到各项收支有制度和预算指标可依,有账可查。简单地说,完整性原则也就是要求财政有一本完整的账,完整地反映地方政府的公共财政活动和准公共财政活动的内容。

未来导向性原则。未来导向性原则是指地方政府在编制和执行年度预算时就应着眼于未来,把注意力导向当前公共政策的长期可持续贯彻执行。从定义上看,政府预算就是与未来相关的。现代预算管理理论认为,年度预算将关注的问题放在过于短促的时间内,限制了政府对未来的更为长远的考虑。在“政府为将来而预算”的理念支配下,多数 OECD 国家已采用了 3～5 年甚至更长时间的多年期滚动预算框架,以保持各预算年度之间的相互衔接,弥补年度预算的不足。

绩效导向性原则。绩效导向性原则是指地方政府预算资金的配置和使用应该以绩效或结果为本,把有限的公共预算资源优先分配于效率最高的公共项目上,以最大限度地增进当地社会公共福利潜力。绩效导向性原则的理论基础是两个:资源约束与制度约束。

透明性原则。透明性原则是指地方政府预算从编制、执行到决算都必须是公开、透明的,置于权力机关监督、舆论监督和广大社会公众的监督之下,以确保政府预算活动的有效性、完整性、合法性和可持续性。遵循地方政府预算的透明性原则，其基本原因在于：(1)透明度是公民作为“委托人”向财政当局、支出部门、政治家等从事财政活动的“代理人”施加制约的要求。(2)透明度是改革政府预算程序的前提条件。(3)透明度原则也是政府预算制度建设的现实需要。

可靠性原则。可靠性原则也称为谨慎性原则，是指各级地方政府的预算必须建立在积极、稳健、可靠的基础上。具体地说，一是各级地方政府的预算收入计划应当是可靠的、完整的，不允许编造假的、无法实现的收入计划。二是在支出上要留有余地。三是在支出上不留缺口。四是不打预算赤字。在中国，除中央政府的建设性预算在收支不平衡时允许出现赤字以外，各级地方政府都不允许打赤字预算。总之，可靠性原则是地方政府理财必须遵循的原则，也是实现地方政府预算收支平衡的关键。

合法性原则。合法性原则是指地方政府预算活动的各个环节都必须遵循法定程序，经立法机关批准，受立法机关约束。经法定程序审批后的政府预算，即成为具有法律效力的文件，行政部门必须无条件执行，不得随意更改。如遇特殊情况需要调整原定预算，同样必须遵循法定程序，不得在法律之外调整或变更预算。

5. 地方政府财政预算执行的目标与要求

政府预算执行系统中，存在着层层授权的制度安排。在中国，全国人大授权国务院负责中央预算的执行并监督、协调地方预算的执行工作，财政部则在国务院的领导下具体负责中央预算的执行工作；在中央预算执行系统中，又存在着国务院向一级预算单位授权、一级预算单位再向二级预算单位授权的制度安排。为了确保公共政策的一致性和协调性，实现中央政府既定的预算目标，地方政府预算的执行必须与法定授权相一致，各个层级的预算执行既不能越权办事，也不能在法定授权范围内推卸责任、不作为或乱作为。

地方政府收入预算执行的是一个具有法律效力的计划，但是，这一计划是建立在现行税收与非税实体法律法规基础上的，更确切地说，政府的年度收入预算是在对各种税源、费源预测以及既定税率、费率和纳税人或缴费人基础上的。因此,税与非税收入预算执行过程中的控制,就必须按照现行税收制度或政府收费制度,做到依法征收、依法减免、收足收实,既要防止偷税(费)、骗税等行为的发生,又要防止乱收费或收过头税等行为的发生。同时,地方政府在支出预算执行过程中要遵守财经纪律,长期稳定的地方政府预算需要财经纪律的约束。地方政府预算执行的基本要求是:

第一,管理高层应认识到预算执行的重要性并支持预算部门的工作。

各级政府本级预算的执行是在同级政府的直接领导下进行的,在中国,一个县级政府的本级预算,是由该县政府直接负责领导组织并由县财政部门具体负责执行的;一个政府组成部门的部门预算则是在同级财政部门的监督下,由该部门的行政主管负责执行。例如一个县级教育局的部门预算由该局领导负责执行;再如一所公办学校的预算则由该校校长负责执行。在这样的预算执行制度安排下,如果机构主管的意图是使预算超支或拒绝遵循预算制度,那么,预算执行必将陷入混乱,失去控制。机构主管并不需要开发预算执行的程序,也不需要事必躬亲,但机构主管必须支持开发程序的那些具体负责预算管理的人员,例如县政府的首长应该支持该县财政部门的预算管理制度创新。理想的情况是机构主管完全了解自己部门的预算情况与预算制度等,这样可敦促合理的预算执行。管理高层对预算部门的支持和对预算执行的重视是预算有效运作的关键。

第二,建立一支合格的具有公共责任感的预算管理队伍。

如果预算管理者不知道如何做好预算管理工作,就可能会发生严重的管理问题。如果预算管理者特别是机构高层,缺乏公共责任感,把自己的预算管理权看做是谋取个人利益或所偏好的某个部门利益的手段,那么,预算执行过程中不顾全局利益和长远利益的可能性就会增加。公共责任感还要求预算管理者应该关心公共活动的经济效率,特别是公共项目的有效性,政府预算行为本身就有推动支出最大化的倾向，注重效率的行为导向有助于克服这种预算倾向。

第三，建立严格的预算执行制度。

设计预算执行制度来监督公共活动的合法性、公平性和经济性，是预算执行中的一项重要任务。在设计和使用预算执行制度时，应该认真权衡这样几个因素：(1)组织的规模与结构情况如何，如行政区域、政府机关、公共领域等，其中，公共领域又要根据其承担的公共物品供给职能具体地加以区分，比如教育领域、卫生领域等；(2)在该组织中，哪些财务概念是专属的，哪些是属于政府预算管理通用的；(3)资金来源渠道有哪些，各项资金来源的性质以及对该组织预算执行影响的重要性程度；(4)应该收集哪些量化的部门财务数据、绩效评价指标以及如何收集等；(5)人员编制的上限以及人员限制如何在预算执行制度中得以反映；(6)预算报告制度应该采取什么样的方式、准则、频率等进行。无论是一级政府预算，还是一个部门预算或一个单位预算，都必须根据其自身承担的职能以及所处的环境等，认真考虑并回答这些问题，而对每个问题的认真思考与回答，又都能够帮助预算决策者或管理者更好地设计和运作预算执行制度。

第四，建立健全预算会计制度。

预算会计和相关的信息记录系统，是预算执行的基础性条件。与预算会计比较，预算执行是在一个更为广阔的背景下进行的，但对预算收支特别是购买性交易活动（如政府采购制度）应该进行真实记录反映，只有这样，才能对实际操作与预算中规定的计划操作相比较，分析预算实际执行与预算计划存在的差距，找出原因，有针对性地解决预算执行中存在的问题。

第五，建立完备的预算管理信息系统。

预算信息可以是预算管理信息系统(BMIS)的一部分，也可是一个独立的系统。BMIS采取复杂的计算机化的步骤和程序，将系统计算机化的好处是在处理大量预算管理信息时可提高速度和可靠性。BMIS的主要作用是：(1)控制，即保证实际发生的操作与预算一致，资金支出未超过可得收入；(2)计划与分析，即以准确、可靠和相关的可选择信息来对政府运作效率进行评价;(3)责任,即保证公共预算资金得以正确筹集和分配使用,对所有的交易留有可审计的记录。BMIS 的构成取决于政府的复杂性,几个可能的子系统通常包括:预算准备子信息系统、预算状况子信息系统、立法追踪子信息系统、经费分配与使用子信息系统等。

第六,加强预算执行的监督。

在预算执行过程中,要按照有关的法律法规和制度规定,对预算资金的集中、分配和使用过程中的各种活动加以控制,及时监督检查各预算执行单位执行预算和遵守财经纪律的情况,纠正预算执行中出现的各种偏差,使监督成为保证地方政府预算正确执行的有效措施。

四、地方政府公共财政支出

地方政府的公共财政支出是相对于中央财政而言的,泛指除中央财政以外的各级地方政府的财政支出,是地方政府理财活动的一个重要反映,是在市场经济条件下地方政府为了满足地方性社会公共需要所从事的经济活动或经济行为,具体是指生产和提供地方性公共物品和公共服务。地方政府公共支出的特征主要表现在:一是地方政府公共支出的提供者是各级地方政府,而不是中央政府;二是受益范围基本上被限定在某一个区域之内,并且这种受益在本区域之内散布得相当均匀;三是受益者主要是本辖区内的居民。

1. 公共财政支出的区分原则

一国的国家公共支出包括中央政府的公共支出与地方政府的公共支出,两者应当如何区分,首先需确定一般的原则。巴斯特布尔(C. F. Bastable)提出了关于划分中央与地方公共支出的三原则:

第一,受益原则。凡政府所提供的服务,其受益对象是全国民众的,则支出应属于中央政府;凡受益对象是地方居民的,则支出应属于地方政府。从政府投资的角度说,基础设施投资应由受益的那一级政府来承担。即中央政府应关心全国的基础设施项目，例如全国性铁路和公路等；而省级政府应该关心当地的项目，市及以下政府应对市、县、乡和村的基础设施负责。但是，基础设施的受益地区范围往往很难明确界定，例如发电站、道路和港口等设施带来的效益超出了所在的城市，对这些发挥跨地区效益的基础设施的投资应该划给更高一级的政府。

第二，行动原则。凡政府公共服务的实施在行动上必须统一规划的领域或财政活动，其支出应属于中央政府；凡政府公共活动在实施过程中必须因地制宜的，其支出应属于地方政府。从地方政府的角度看，支出职能的下放使地方政府可以更为有效地提供基础设施，因为它们比中央政府更加了解当地的需要。

第三，技术原则。凡政府活动或公共工程，其规模庞大、需要高水平技术才能完成的项目，则其支出应归中央政府，否则应属于地方政府的公共支出。

各国在确定中央和地方的公共支出时，基本上要遵循上述一般性原则。但由于各国的体制，具体情况不同，在支出划分上并不完全一样。

2. 地方公共支出的范围

在公共支出方面应首先明确各级政府的职能，确定各级政府公共支出的范围和支出重点，各级地方政府有权自主决定其支出项目和标准。

地方公共物品由地方政府来提供，这是地方政府的重要职责之一。中央政府与地方政府的职责分工主要有两个标准：第一个标准是政府职能分工的层次标准。根据这一标准，凡是具有调控性，具有全国性意义的事务都应该由中央政府支出，地方性的事务应该由地方政府支出。第二个标准是公共物品受益范围标准。即根据公共物品的受益空间来确定公共物品的提供主体，谁受益谁提供。

根据以上两条标准，可罗列出中央和地方政府的支出范围：

从中央政府的角度看，许多政府职能必须集中在中央政府。首先，有些公共物品和公共服务的利益是不可分割的，涉及全国的整体利益，所有公民都应均等地享有。这些公共物品和服务要由中央政府提供。有些公共物品和公共服务仅在一定程度上涉及全国利益，但由某一特定地区提供的公共服务所构成的受益会外溢到另一个地区，即受益的外在性导致无效率供应，因此需要高一级的政府加以调整，使各地区相互合作和协调。其次，由于地区间存在资源的自由流动，地区分配政策的作用难以有效发挥，为调整个人间收入分配，必须由中央行使这一政策，否则会降低再分配政策的能力，不能达到公平的目标。地方政府实行收入再分配政策，会产生人口的不正常流动，严重妨碍政策的公平性。例如，地方政府实行收入转移政策，就要增加对低收入者的养老金、失业救济、住房和教育支出，这些支出的主要来源是累进税收。贫穷地区要比富裕地区课征更高的税，才能满足地方政府的上述支出需要。不同地区之间税负的差别，导致中等和高收入者由高税的贫困地区向低税的富裕地区迁移，同时使更多有资格领取转移支付的穷人涌入高救济金的地区，给地方政府带来沉重的负担。这样既违背了收入分配政策的初衷，也不符合公平原则。在全国范围内实行收入再分配政策，不会出现由于各地方再分配标准不同导致的人口不正常地大量流动，使全国范围内的收入再分配政策更为有效。最后，中央政府还将负责地区之间的均衡财力问题，以使各个地方提供公共服务的能力趋向均等化，这就要求中央政府在收入能力不同的地区之间实行财政转移支付制度。

从地方政府的角度看，地方政府提供的是地区性的公共物品。各级政府间的职能划分取决于公共行为溢出效应地理范围的大小。每一种公共物品和公共服务仅对有限的人来说是公共的，其范围的大小决定了应该履行这一职责的政府的规模。地方政府提供的公共物品，可以有效地满足人们的需要。在不同的区域内，政府部门提供的公共物品不同，人们可以根据自己的愿望选择能够提供其需要的公共物品的区域。由于地方政府的选择更加切合实际，其决策与合理的市场更为接近，所以地方政府做出的支出决策往往比中央政府做出的支出决策更加合理。为了实现最好的经济效益，地方政府主要负责义务教育、部分社会保障和保险、公共卫生、警察及消防等。这些职能分散到各级地方政府，可以使各地区利益更好地与全国利益相结合。

但是，中央政府和地方政府在财政职能的划分上还存在交错的部分，即有些政府职能事实上是由中央政府和地方政府共同实施的。主要包括三种类型：

第一种是中央和地方政府共有的职能。例如，收入再分配职能。如前所述，不同地区政府之间的财政差别会导致资源非经济的或无效的转移。但对于在地方政府管辖范围内的收入调整，可由地方政府去做。只有在不同行政区域、不同经济地区间的收入合理再分配职责，才应由中央政府承担起来。

第二种是某项事业或工程属于中央政府的职能范围，但出于效率或其他方面的考虑，应由地方政府去执行，即中央与地方责任共担，但以中央政府为主。同时，在财政权力和财政利益上也应在收支形式上作相应的划分。

第三种是某项事业或工程属于地方政府职能范围，但由于其成本或效益涉及其他政府管辖的地区，应由中央政府帮助协调，联合有关的地方政府协作承担。

3. 地方财政支出的分类

在对地方财政支出项目进行分类时，可供选择的分类标准很多，各自从不同的角度去认识地方财政支出的内容及其作用。下面就我国以及国际上常用的几种分类标准（见表 9.1），来分析我国地方财政支出的内容及结构。

表 9.1　地方财政支出分类表

分类依据	地方财政支出分类
地方政府职能	经济建设支出、社会文教支出、行政管理支出、国防支出、债务支出和其他支出
地方财政的用途	地方公共部门的消费性支出、地方公共部门投资、补贴、经常拨款和资本转移支出
地方财政支出的使用部门	工业部门支出、农业部门支出、林业部门支出、水利部门支出、交通部门支出、商业部门支出、文化部门支出、教育部门支出、卫生部门支出、体育部门支出
地方财政支出受益的范围	一般受益支出和特殊受益支出
地方财政支出的经济性质	购买支出和转移支出
地方财政支出级次	省级支出、市级支出、县级支出和乡级支出

按地方政府职能分类，大体上可以分为以下几大类：经济建设支出、社会文教支出、行政管理支出、国防支出、债务支出和其他支出等。其中，经济建设支出主要包括地方政府用于国有经济的基本建设支出，企业挖潜改造资金支出，流动资金支出，科技三项费用支出，地质勘探费用支出，工、交、商业部门事业费支出和支援农业支出等。社会文教支出主要包括地方政府文化、教育、科学、卫生、抚恤和社会福利救济、社会保障等支出。

按地方财政的不同用途分类，在多数西方国家，按直接用途的不同，一般将地方财政支出主要分为以下几大类：地方公共部门的消费性支出，是指各级地方政府按现行市场价格购买商品和劳务的支出，包括工资、薪金、医疗费用等；地方公共部门投资，是指各级地方政府用于土地、建筑物、车辆、工厂及设备等固定资产的支出；补贴，指各级地方政府无偿给予公共或私营企业的补助性支出，通过弥补亏损、提供补助而达到某种政策性目的；经常拨款，指各级地方政府给予个人的款项拨付，主要包括养老金、失业救济金和贫困救助等社会保险及社会福利支出；资本转移支出，指地方各级政府给予私营部门的无偿投资性支出、债务利息支出等。

按地方财政支出的使用部门分类，可以分为工业部门支出、农业部门支出、林业部门支出、水利部门支出、交通部门支出、商业部门支出、文化部门支出、教育部门支出、卫生部门支出、体育部门支出等。财政支出按部门划分，有利于正确处理地方经济各部门之间，特别是农业、轻工业、重工业之间的比例关系，有利于促进地方国民经济各部门协调发展。

按地方财政支出受益的范围分类，可将地方财政支出分为一般受益支出和特殊受益支出两类。一般受益支出是指绝大多数居民都能享受的地方财政支出利益，如司法和警察支出、行政管理支出、环境治理支出等。特殊受益支出是指社会中某些特定居民或群体享受的地方财政支出利益，如教育支出、医疗支出、对居民和企业的补助支出等。

按地方财政支出的经济性质分类，可以分为购买支出和转移支出两类。购买支出是指政府在商品和劳务市场上购买所需的商品和劳务的支出。这里既包括政府购买日常行政管理所需的商品和劳务的支出，又包括政府投资兴办各种事业所需的商品和劳务的支出。这类支出大体上包括：各种经济建设支出、文教行政国防支出等。转移支付是指政府单方面的、无偿的资金支付，并不相应地取得商品和劳务。这类支出大体包括社会保险和救济方面的各种福利支出、对居民的补助支出、债务利息支出、捐赠支出。这种分类对研究地方财政支出对地方经济运行的影响有重要意义。当购买支出在财政支出总额中占有较大比重时，地方财政支出对经济运行的影响较大，其执行资源配置功能较强；当转移支出在财政支出总额中占有较大比重时，地方财政支出对收入分配的影响较大，其收入调节功能较强。

按地方财政支出级次分类，即依照地方政权的级次设置相应的地方财政支出。基本上每个级次的财政都有其本级次的支付范围，从事本级次的相对独立的财政活动。根据支出级次分类也是一种重要的分类方法。如美国是一个联邦制国家，其地方政权由州政府和地方政府组成，与之相对应，地方财政支出也由州财政支出和地方财政支出两个级次构成。又如日本是单一制国家，地方政府机构分为都道府县和市町村两级。相应地，其地方支出由都道府县支出和市町村支出两级组成。我国地方政权次级由省（自治州、直辖市）、市（自治区州、地区行署）、县（不设区的县级市、自治县）和乡（镇）四级构成。与之相对应，我国地方财政支出主要由省级支出、市级支出、县级支出和乡级支出四个级次组成。

4. 影响地方公共支出的人口因素和经济因素[①]

人口的数量、密度和人口增长率，都会对地方的公共支出产生影响。

人口数量是从需求和供给两个方面影响人均地方政府支出。在辖区规模扩大、人口增多的情况下，随之而来的社会问题也会增加，从而要求有更多用于社会治安方面的支出。此外，随着人口的增加，对其他公共设施和公共服务的需求也会增加，使得需求曲线向右移动，这就意味着公共支出的增加。此外，辖区内人口的增长使地方政府能够较大规模地提供公共物品，这将使供给曲线向右下方移动，从而降低了这些公共物品的价格。对于一个居民来说，公共物品价格的降低是由于单位成本下降，而公共物品价格的降低又使得每个人为单位公共物品所分担的税额下降。上述分析说明，人口数量的增加与人均地方政府公共支出的增加成正比关系，而地方政府较大规模地提供某种公共物品又会导致公共物品价格的下降。在公共物品供给和需求弹性都比较大的情况下，随着人口增加和价格的下降，人均地方政府财政支出会逐渐增加。

人口密度表示某一辖区内居民的分布情况。与人口数量因素类似，人口密度因素也是从需求与供给两个方面影响地方政府支出的。人口密度增加会增加居民区内的拥挤程度，因此一旦出现失火和传染病等灾害，就容易迅速传播开来。这将会导致对消防、治安和卫生防疫

① 邓子基：《现代西方财政学》，中国财政经济出版社 1994 年版，第 581 页。

等公共物品和服务设施的需求增加。另外，人们普遍认为人口密度的增加也会降低公共物品的单位成本，因为在人口密集的区域内，居民的高度集中使集中供应的公共物品的成本下降。这就意味着，人口密度的增加会使公共物品的供给曲线向右移动并使公共物品的价格下降。在需求弹性较大的条件下，随着公共物品价格的下降，人均地方政府支出会逐渐增加。

人口的增长会使人均支出减少，除非总支出增长率超过人口的增长率。由于种种条件的制约，许多辖区内政府财政支出规模的增加是比较缓慢的，支出增长落后于因人口增长而产生的对公共需求的增长。在这种情况下，人口的增长会使人均地方政府支出下降。这与人口数量、密度两种因素的作用是相反的。

经济因素的影响主要包括一般家庭的收入水平，超过某种收入的家庭数在总家庭数中所占的比重，人均财富拥有量等经济因素，对公共支出产生的影响。

政府所提供的均为居民所需要的具有公共物品特征的产品。辖区内一般家庭收入水平的增加会相应增加本辖区对公共物品的需求，同样会使人均地方政府支出增加；一般来说，假定其他条件不变，那么辖区内超过一定收入标准的家庭越多，对地方性公共物品的需求也就越多。而且在一些高收入家庭集中的辖区内，其公共物品的需求也就相应很高；财富的拥有量会影响公共物品的需求。在其他条件一定的情况下，财富的增加会导致人均地方政府支出的增加。因为，一方面财富的效应表现在它能够促使人们消费更多的公共物品；另一方面大部分地方政府都把财产税作为其财政收入的主要来源。财产税税基的扩大意味着地方政府可以按较低的税率课征地方税收来满足既定的支出需要。这样，财富的增加就会降低每个家庭负担的财产税比率和单位公共物品的价格，从而增加人们对公共物品的需求。

5. 地方财政支出的规模及其衡量标准

地方财政支出的规模就是一定财政年度内地方政府通过预算安排

的地方财政支出总额。它一方面直接反映了地方政府在履行其各项职能时所付出的总成本和地方政府在某一时期具体的政策取向及本地的社会成员对公共物品以及劳务的需求状况;另一方面,它也间接反映了政府提高整个地区的公共福利水平或社会收益水平的总体状况,也是确定并实施下一财政年度财政预算的依据。因此,分析地方政府公共财政支出的规模是非常重要的。

衡量地方财政支出规模标准主要有两个:绝对标准和相对标准。

绝对指标是指以一国货币单位表示的地方财政支出的实际数额。使用绝对标准可以直观地反映某一财政年度内地方政府支配的社会资源的总量。首先,这一标准不能反映地方政府支配的社会资源在社会资源总量中所占的比重,因此不能准确反映地方政府在整个社会经济发展中的地位。其次,绝对标准是以本国货币为单位的,也不便于进行国际比较。最后,绝对标准是以当时的价格水平计算得来的地方政府财政支出数额,没有考虑通货膨胀等价格因素对支出总量的影响,因此它所反映的只是名义上的地方财政支出规模,与以前年度,特别是在币值变化较大的年份的财政支出绝对额缺少可比性。

衡量地方财政支出规模的相对指标通常有两类:第一类是指地方财政支出占本地 GDP 或 GNP 的比重,它反映了一定时期内在该地区创造的社会财富中由地方政府直接支配和使用的数额,从而可以发现地方政府经济活动在整个地区国民经济活动中的重要性。第二类是指地方财政支出占全国财政支出的比重,这也包含着地方财政支出与中央财政支出的比例问题。这类指标反映了一定时期内地方政府在全部政府工作的比例或份额。相对指标便于进行区域比较,并且该方法或者是通过计算地方财政支出占本地 GDP 或 GNP 的比重,或者是通过计算地方财政支出占全国财政支出的比重来衡量地方财政支出规模的,这就剔除了价格因素的影响,反映出地方财政支出的实际规模,便于与以前年度的地方财政支出规模进行比较。

绝对指标和相对指标各有所长,也各有所短。应根据实际需要,采用不同的标准。在进行比较研究时，通常以相对标准作为衡量地方财政支出规模的主要标准。

在中央公共支出和地方公共支出之间的关系上，皮考克(A. Peacock)和威斯曼(J. Wisemen)认为，一国在经济增长过程中，中央政府在公共部门的经济活动有显著增加的趋势，而地方政府的活动则扩张得较为缓慢。这样，从长远看公共支出中中央公共支出的比重会上升，这就是所谓的集中效应(concentration effect)。

他们的观点是以英国的实证材料为基础的。其具体的依据包括：由于城市化的加快致使外部性增大；中央政府的活动更具有效率；公共性较强的基础设施适合由中央政府来完成；中央政府的财源筹措较为容易等。皮考克和威斯曼的论点大体上代表了那些主张加强中央财政比重的论点，但该论点受到第二次世界大战后许多国家地方公共支出膨胀的经济现实的挑战。

自从第二次世界大战以来，各国地方政府的公共支出迅速增加，这已成为一个不可争辩的事实。有人对巴西、哥伦比亚、肯尼亚、韩国、菲律宾、斯里兰卡、坦桑尼亚和土耳其等国家的资料进行了分析，发现这些国家(除土耳其和肯尼亚外)的地方公共支出占全国和地方总支出的比重，都有长期增加的趋势。根据世界银行的《1988 年世界发展报告》，从 1974～1986 年，南斯拉夫的地方开支占政府总支出的比重平均每年增长 74.9%；印度的地方开支占政府总支出的比重则每年增长 50%以上。英国是一个在财政上中央集权型的国家，但从 20 世纪 50～70 年代，其地方政府开支占总公共支出的比重也有所提高。上述情况说明，尽管中央政府支出在总支出中仍占大头，但地方公共支出已越来越构成各国公共支出的一个重要部分；而在中国，地方公共支出更是长期超过中央政府支出，自 1985 年以来在政府总支出中占比一直保持在 50%以上(见表 9.2)。

表 9.2　中央及地方政府支出占政府总支出的比重　（单位：%）

	政府总支出占GNP	中央政府支出占总支出	地方政府支出占总支出
所有国家	39.1	72.3	27.7
发达国家	47.6	65.9	34.1
发展中国家	31.7	77.8	22.2
中国(2006)	16.3	33.8	66.2

为什么地方政府的开支会在世界范围内呈现上升趋势？从理论上而言，这同中央政府与地方政府在职能上的差别有关。中央政府相对于地方政府而言，在稳定与分配功能上要求发挥更多的作用，而地方政府在资源的配置上有极大的作用潜力。这是因为不同地区的人民对于各国地方政府所提供的公共物品具有不同的偏好，所以在资源的分配上地方政府可依其地方人民的偏好而提供公共物品，以满足人民的需要。同时，从公共支出的数额来说，配置性支出往往是大量的，而稳定性支出与再分配支出在数额上一般要小于配置性开支。配置性开支尤其是为经济发展提供公共性的基础设施的费用，在一个国家的经济发展过程中会急剧上升。随着城市化进程的发展，在许多国家地方政府通常需要为公众提供一系列服务，这些服务将大大有利于提高生活质量和社会发展。它们包括基础保健与教育，街道照明和清洁，排水、排污和供电，开设公共市场和垃圾回收，主要交通运输网络，以及为商业与居住而进行的土地开发等。总之，随着社会经济的发展，收入水平和生活水平的提高，人们的需求结构、消费结构在发生变化，对由地方政府提供的地方性公共物品和服务的需求将会不断增加。

6. 地方政府的支出结构

地方政府的支出结构是指地方政府财政支出总额中各类支出的组合，依据不同的标准对地方财政支出进行分类，结果会形成不同的支出组合形式，或者不同的支出结构类型。分析地方财政支出结构的重要意义在于，通过地方财政支出结构了解地方政府支出的基本内容和各类支出的相对重要性，从而了解特定时期内地方政府财政支出结构的变化及影响地方财政支出结构的主要因素。

从按地方财政支出用途分类的支出结构看，支出组合为基本建设支出、流动资金支出、挖潜改造资金和科技三项费用、地质勘探费、工交商部门事业费、支援农村生产支出和各项农业事业费、文教科学卫生事业费、抚恤和社会救济费、行政管理费、价格补贴支出等；表 9.3 是 1998 年以来地方财政支出按用途结构分类和主要支出项目占当年地方财政支出的比例情况。

表 9.3　我国地方财政支出按用途分类和主要支出项目占当年地方财政支出的比例　（单位：亿元，%）

项目＼年份	1998	1999	2000	2001	2002	2003	2004
合计	7672.6	9035.3	10366.7	13134.6	15281.5	17229.9	20592.8
	100	100	100	100	100	100	100
1. 基本建设支出	778.24	1061.90	1092.93	1647.56	1889.84	1906.53	2093.70
	10.14	11.75	10.54	12.54	12.37	11.07	10.17
2. 企业挖潜改造资金	419.42	477.45	498.07	602.03	552.69	634.25	741.51
	5.47	5.28	4.80	4.58	3.62	3.68	3.60
3. 科技三项费用	73.33	94.38	120.67	142.48	177.29	190.38	228.05
4. 流动资金	20.90	24.73	21.56	9.21	2.08	1.40	1.29
5. 地质勘探费	1.03	8.22	44.14	69.27	72.99	81.36	88.70
6. 工业、交通、流通部门事业费	75.19	88.06	107.87	139.21	164.91	200.72	277.90
7. 支农支出	557.23	608.82	689.47	818.87	982.96	999.27	1551.99
	7.26	6.74	6.65	6.23	6.43	5.80	7.54
8. 文教、科学、卫生支出	1912.50	2150.40	2450.91	3000.93	3531.59	3997.57	4623.09
	24.93	23.80	23.64	22.85	23.11	23.20	22.45
9. 抚恤和社会救济费	164.92	177.66	210.82	264.76	370.29	493.69	555.74
	2.15	1.97	2.03	2.02	2.42	2.87	2.70

续表

项目 \ 年份	1998	1999	2000	2001	2002	2003	2004
10.行政管理费	1235.72	1410.30	1659.46	2054.92	2486.24	2898.18	3472.81
	16.11	15.61	16.01	15.65	16.27	16.82	16.86
11.政策性补贴支出	348.22	383.71	395.86	443.11	373.58	379.79	378.47
	4.54	4.25	3.82	3.37	2.44	2.20	1.84
12.城市维护建设支出	439.14	472.31	539.23	640.35	732.43	850.78	1061.92
13.支援不发达地区支出	110.80	119.62	122.95	133.51	141.01	155.99	172.53
14.商业部门简易建筑支出	8.68	—	—	—	—	—	—
15.其他支出	1527.26	1987.80	2412.71	3168.35	3803.55	4439.94	5345.11

资料来源:《中国财政年鉴 2005》,中国统计出版社 2005 年版。

由表 9.3 可以看到,在 1998 年至 1994 年间,我国地方财政支出结构中主要支出项目,从绝对数看,除了政策性补贴外,其余的项目,如基本建设支出、企业挖掘改造资金支出、支农支出、抚恤和社会救济费支出、行政管理支出都是上升的。从相对数角度来看,我国地方财政支出中的基本建设支出占地方财政支出的比重小幅上升,上升幅度从 1998 年的 10.14%增加到 2001 年的 12.54%,2004 年又回落到 10.17%,这与我国全部财政支出中基本建设支出所占比重下降的趋势相反,说明了地方政府加大了对基本建设的重视程度。政策性补贴支出的比重由 1998 年的 5.54%逐步下降到 2004 年的 2.20%,呈现下降的趋势,这与我国财政支出的总体趋势基本一致。支农支出的比重总体上呈现下降的趋势,这与全国的情况不一致,说明了中央财政加大了对农业的支持力度。其他主要支出项目的比重基本保持了平稳发展趋势,这与我国财政支出的总体趋势有一定差距。

从地方政府公共支出的地区结构看,因为地方财政支出是由多个省级政府支出和省级以下地方政府支出构成,而同一级政府的地方财政支出与其经济发展水平并不是完全一致的,下面分析一下我国省级政府支出与该省 GDP 的情况(见表 9.4)。

表 9.4　2004 年我国各地区 GDP 与地方财政支出

地区	地区 GDP（亿元）	财政支出（亿元）	财政支出占地区 GDP 的比重(%)
北　京	4283.31	898.28	20.97
天　津	2931.88	375.02	12.79
河　北	8768.79	785.56	8.96
山　西	3042.41	519.06	17.06
内蒙古	2712.08	564.11	20.80
辽　宁	6872.65	931.40	13.55
吉　林	2958.21	507.78	17.17
黑龙江	5303.00	697.55	13.15
上　海	7450.27	1382.53	18.56
江　苏	15403.16	1312.04	8.52
浙　江	11243.00	1062.94	9.45
安　徽	4812.68	601.53	12.50
福　建	6053.14	516.68	8.54
江　西	3495.94	454.06	12.99
山　东	15490.73	1189.37	7.68
河　南	8815.09	879.96	9.98
湖　北	6309.92	646.29	10.24
湖　南	5612.26	719.54	12.82
广　东	16039.46	1852.95	11.55
广　西	3320.10	507.47	15.28
海　南	769.36	127.20	16.53
重　庆	2665.39	395.72	14.85
四　川	6556.01	895.25	13.66
贵　州	1591.90	418.42	26.28
云　南	2959.48	663.64	22.42
西　藏	211.54	133.83	63.26

续表

地区	地区 GDP（亿元）	财政支出（亿元）	财政支出占地区 GDP 的比重（%）
陕　西	2883.51	516.31	17.91
甘　肃	1558.93	356.94	22.90
青　海	465.73	137.34	29.49
宁　夏	460.35	123.02	26.72
新　疆	2200.15	421.04	19.14

资料来源：《中国财政年鉴 2005》，中国统计出版社 2005 年版。

为了进一步论证财政规模在各地区的差异，我们采用表 9.4 的数据，对各地区的财政支出与各地区的 GDP 的关系进行截面回归分析，得出如下结果：

ZC＝234.37＋0.08GDP，R^2＝0.81，S.E.＝176.32，D.W＝1.8，F＝122.5，其中 ZC 代表各地区的财政支出。

由上式看到，我国各省级地方财政支出与该省的 GDP 相关程度比较高，R^2 为 0.81，省级地方财政支出占省级 GDP 的平均比重为 8%，但具体到各省，差距还是比较大的。

7. 中国地方政府公共支出存在的问题

地方财政支出压力逐渐加大。公共财政支出范围难界定，法定支出比例相互存在矛盾。随着社会主义市场经济的建立，按照公共财政的要求，需要加大对社会公共领域的投入。但由于我国的公共财政建设还不健全，公共财政支出包罗万象，范围很难界定清楚。该由市场解决的，由于体制改革的复杂性，财政还难以完全退出，而财政要保证的重点支出项目随着各项事业的发展却越来越多。同时各部门法与《预算法》相冲突，法与法之间不衔接，教育、科技、农业、社保等法定支出比例相互存在矛盾，财政收入的增长难以满足这些法定支出需求，财政如果要不折不扣地满足各部门的需求就无法保证收支平衡，就要打赤字预算，这又是与《预算法》相冲突的。因此在既不能打赤字预算，又要尽可能满足各方面需求的双重压力下，地方财政部门成为所有矛盾的焦点，每年在如何分配资金上费尽心思，压力之大可想而知。①

政府间事权划分模糊，支出责任不清。我国各级政府间的事权划分，与世界上各国通行的规则是基本一致的。中央主要负责稳定经济和再分配职能及全国性的公共物品供给职能，省级政府负责行政区内的资源配置职能和地区性公共物品供给职能，市、县级政府则主要负责为本地区内的居民提供公共服务的职能。各级政府的职责决定各级政府的支出责任，我国地方各级政府，尤其是最贴近居民的县级政府，承担着越来越大的支出责任。尽管事权划分和支出责任原则上似乎很明确，但实际上事权划分不够清晰，支出责任划分很多方面也不具体、不明确，实际执行中出现交叉重叠、错位、空位和责任下移现象。比如应该由中央承担的职能，因中央财力问题而转向地方，最典型的是再分配和稳定政策职能的下移，地方为保证充分就业和缩短收入差距而增大各种事业费等；价格补贴支出和抚恤救济支出主要由地方政府承担，而中央财政支出中该项比重很小。中央责任下移后，省级政府、市级政府又依葫芦画瓢，将支出责任转嫁给县级政府，造成县级财政超负荷运转。

统一、过细的预算支出制度妨碍了地方财政灵活有序运行。中央统一制定的规范细致的支出制度，难以适应地区间的差异，尤其是财政收入能力的巨大差异，也难以适应各地不断发展变化着的经济、政治、社会和财政情况。典型的如我国《教育法》、《农业法》中明确规定，政府在每年预算中，应对教育和农业每年增加 1 个百分点的支出。这种忽视各地财政收支能力、其他相关事业发展需要、年度之间事业发展变化的统一制度安排，在地方财政收支矛盾突出的省市，特别是贫困县市根本无法做到。至于更大项目的支出标准，如人员工资支出标准、公用经费支出标准、社保支出标准等，由于与当地的经济发展水平、社会公共

① 王银枝：《地方财政面临的问题与对策》，《河南金融管理干部学院学报》2007 年第 6 期。

实际需求相脱节，不仅在县级财政，在省级财政也很难被不折不扣地执行。

省级以下政府间缺乏规范、合理的收入分享机制，县乡财政困难。省级以下政府间形式繁多的收入分享制中，存在着一个普遍性的问题，即收入划分不尽合理，县乡财政困难日益加重。

这些问题，制约着我国地方经济的发展，亟须加以解决。

五、地方政府转移支付制度和政策

政府转移支付是指在一定的预算管理体制下，各级政府之间或同级政府之间通过财政资金的无偿拨付来调节各预算主体收入水平的一项制度。本节所言的地方政府转移支付是指中央政府对地方政府的转移支付以及地方政府不同级次间的转移支付。从财政转移支付的国际经验来看，转移支付是中央政府支出的一个重要部分，同时也是地方政府举足轻重的收入来源。在西方财政学中，政府支出被划分为两大类，即购买支出和转移支出，这种支出结构的划分方法足以说明了转移支付在政府支出中的重要地位。从地方政府的收入来源来看，来自中央政府的转移支出在大数国家是地方政府的第二大收入来源，仅次于地方政府的自有税收收入和收费收入，而在其他国家中，转移支付甚至是地方政府的第一大收入来源。

1. 转移支付存在的必要性

地方财政转移支付的存在，与诸多因素有着密切的关系。其中，地方财政纵向失衡和地方财政横向失衡问题的存在，地方财政支出外部性和规模性的存在，以及达成特殊的政策目标，是地方财政转移支付制度存在的决定性因素。

纵向财政不平衡是由于政府间事权与收入划分所形成的。在许多国家事关维护国家权益、税基广、增长快、潜力大和有利于实施宏观调控的税种划归中央收入，而税源分散、与地方经济和社会发展密切相关且易于征管的税种则划归地方收入。在这样的收支划分格局下，有可能使中央政府掌握较多的财力，而地方财政处于收不抵支的境况。所以，在分税制财政体制下，事权与收入在中央与地方之间的划分不是绝对匹配的。随着地方政府在供应公共物品和服务方面的作用日益重要，征税与支出结构越加不匹配。地方税收往往无法提供地方政府与所需支出相适应的收入。中央政府对地方政府的转移支付就是为了解决这种不匹配的问题，保证地方各级政府具有正常施政所需的财力。在这种情况下，中央政府实际上是代表地方政府征税，然后再将这部分收入返还给地方政府。

横向财政不平衡是指同级地方政府之间在收入能力、支出水平以及最终在公共服务能力上所存在的差异。导致横向不平衡的原因包括体制、经济结构、自然环境和人口状况等多方面因素。显然，横向财政失衡状况的存在和加剧是不利于各个地区均衡发展和社会共同进步的。首先，地区间的这些差异会导致人口大规模的流动，即贫困地区的人口向经济发达、社会福利好的地区流动，人口流动会在一定程度上导致人口流入地区的人均福利水平下降。其次，地区间的差异还会导致市场的分割和封锁，各地区为了本地的利益，避免本地资源外流，便会设置各种障碍，形成区间的市场封锁和经济割据，不利于全国统一市场的形成和发展。最后，地区封锁还会导致地区产业结构的趋同化，不利于产业结构的优化和稀缺资源的合理有效配置。

在各地区之间客观上存在横向财政不平衡时，作为代表国家整体利益和公平性的中央政府有责任通过转移支付进行平衡，以期达到全国范围内社会公共服务均等化的目标，协调各个地区之间的经济发展。与实现财政的纵向平衡目标相比，达到财政的横向平衡不是一个简单的收入再分配问题，而是实现全国各地公共服务水平均等化的必然要求。因此在转移支付的形式选择上应有所不同。一部分转移支付可以采取无条件形式，用于增强地方政府供应公共物品和服务的能力；另一部分转移支付应采取有条件形式，特别是配合形式。

地方政府投资的某些项目或提供的某些服务可能会对其他地区产

生外溢效应，这种外溢效应也称外部性。在地方政府自利的理性下，只有那些能够使得地方受益的公共服务，地方政府才愿意提供；对受益波及其他辖区的一些公共服务，除非上一级政府提供一些财力补助，否则地方政府不愿意独自承担成本。因此，上一级政府针对一些具有较强外溢的公共服务给下一级政府提供转移支付，可以有效地纠正辖区间的外溢效应，促进资源的有效配置。

比如，地方A提供的一项公共物品对地方D产生了外溢效应。从整个社会来看，该公共物品供应数量的最佳决策点是：$MB_A+MB_D=MC$。其中MB_A是A地区居民的边际效用，MB_D是D地区居民的边际效用，MC是该公共物品的边际成本。然而，如果A地方政府没有考虑效用外溢，则做出决策的供应数量的点为$MB_A=MC$，从整个社会来看，该公共物品的供应量不足。但是，如果中央政府对A地方政府提供每单位公共物品$MB_D/(MB_A+MB_D)$的补助，就能促使A地方政府供应公共物品的数量接近于社会最优供应水平。

地方性公共物品的供应存在规模效应。有些地方公共物品和服务，如公路和供电，具有规模经济效应，即只有扩大产出到足够大的水平才能获得成本上的节约所带来的利益。而由特定辖区独立供应，可能受财力限制达不到这样的产出水平，因此要求中央政府对地方政府进行补助，支持地方政府供应这些公共物品和服务。实现这一政策目标的最佳形式是匹配补助，它降低了地方政府供应公共物品和服务的成本，使地方政府扩大公共物品和服务的供应水平。

特殊政策目标，是指地方在遇到严重自然灾害、严重事故等非正常情况下，中央政府应对地方政府提供特殊转移支付，以帮助地方政府度过难关。这类转移支付有临时性、应急性的特点，可采取的最佳形式是非匹配补助。

2. 转移支付的形式及其经济效应

一般而言，世界各国的转移支付（也称财政补助）形式有两种类型，即有条件的和无条件的。政府转移支付采取有条件拨款还是无条件拨款，对于上级来说，支出是相同的，但其经济效应却不完全相同。

无条件转移支付也称为总额拨款，是指由上级政府划拨的可由地方政府按自己意愿使用的拨款。这是一种中央政府对地方政府的总额转移支付。它可以用于一般用途，也可以用于专门用途，如定性的分类补助。无条件转移支付对地方支出的决定所产生的影响，可以用图9.1来说明。

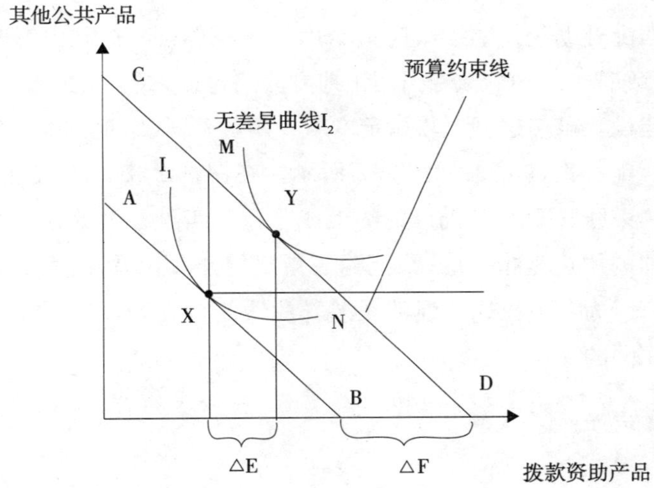

图 9.1　无条件转移支付的效果

在图 9.1 中，纵轴和横轴都代表了公共物品的具体品种。其中，横轴所代表的是上级政府拨款资助的公共物品。*AB* 为地方政府在原来的支出水平上的预算约束线，如果当上级政府对其增加了一笔总额为 $\triangle F$ 的拨款，这时的预算约束线将移动到 *CD*，而无差异曲线由 I_1 移动至 I_2，显然这时该地区的公共福利水平增加了。然而，事情还不止于此，从图中可以看出，由于无差异曲线的移动与 $\triangle F$ 是不相等的。在通常情况下，$\triangle F$ 将会大于 $\triangle E$，而 $\triangle E$ 代表的是地方财政收入总额的增加数。这就是说，在地方政府获得这一转移支付，扩大公共物品供给的同时，会减少税收征收，或减少收费。这就产生了另一个效果：接受补助的政府降低了其“价格”——即减轻了税收负担。因而，有利于那些不发达地区的经济发展和人民生活水平的提高。

有条件转移支付，也称为专项补助，是指上级政府规定其用途的拨款。这就是说，它规定地方政府只能购买指定的公共物品，而不能用于其他用途。当然，地方政府会改变未来的预算，以适应新的支出结构。

有条件转移支付因拨款的条件不同，还可具体分为非匹配补助和匹配补助。

非匹配补助是指上级政府指定用途，但不需地方配套的拨款。例如，上级政府拨出一笔款专门用于地方公路建设，或者资助地方农业现代化的建设。虽然这一拨款指定专款专用，但不规定地方配套资金。

非匹配补助的效果如图 9.2 所示。在图 9.2 中，AB 是未补助前的预算约束线，CD 为补助后的约束线。在非匹配补助的条件下，由于该补助款的用途是指定的，只能购买指定的公共物品，因而，补助后的预算约束线为一条折线。但就无差异曲线的位置看，其效果与无条件补助是相同的。

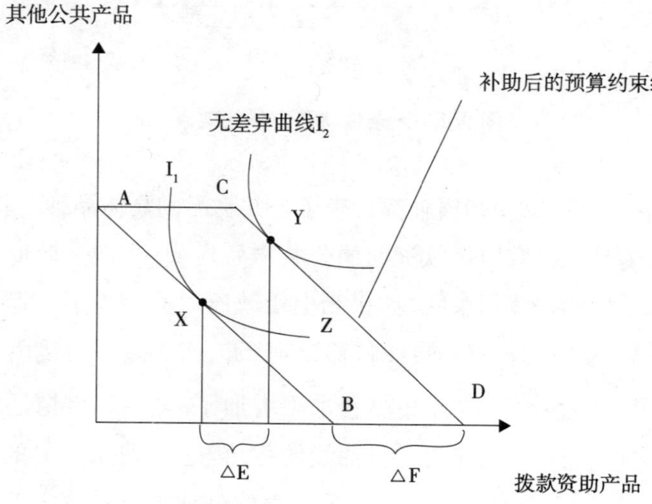

图 9.2　非匹配补助的效果

匹配补助是指上级政府指定用途，并要求地方配套的拨款。这类拨款的条件比较苛刻，它不仅规定了拨款的用途，而且规定了地方政府或者居民等受补助人需要配套的资金。例如，国家农业综合开发资金规定列入农业综合开发的项目，国家农业综合开发办拨款占项目投资的 1/4，地方政府占 1/4（包括省、地、市县）、乡和农民投入占 1/2。其中，农民资金不足的可以向政府财政和银行贷款。

匹配补助的效果如图 9.3 所示。在该图中，AB 是未补助前的预算约束线，AC 为补助后的约束线。I_1 为补助前的无差异曲线，而 I_2 为补助后的无差异曲线。上级政府对其补助额仍然为$\triangle F$，与前面相比，不难发现，$\triangle E$ 减小了，而 I_2 也在 I_3 的内侧，因而其效用较差。这说明，虽然上级政府花去的钱相同，但采用不同的补助措施，其效果却存在差异。通常，非匹配补助的效果要比匹配补助的效果更好些。

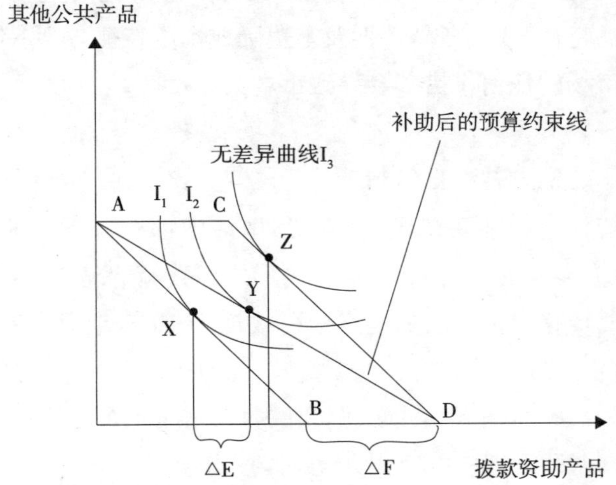

图 9.3　匹配补助的效果

有学者提出，可以让中央以下政府更多地利用收费来为其提供服务融资。伯德（Bird）、福斯特（Foster）、金及塞尔登（Seldam）等在有关著述中对收费问题进行了讨论。需要指出的是：

第一，利用收费方式是否合理，需要分别就每一种服务，或更准确地说需要根据某种服务的每一部分来掂量。例如，人们觉得学校午餐收费是合理的，而学校课程收费就不合理；处理工业垃圾收费是合理的，而处理生活垃圾收费就不合理。

第二，在考虑每种服务或某种服务的每个部分时，需要考虑效率和公平两方面的因素。站在公平角度来看，一般支持收费。如公路收费应该主要针对那些使用公路最多的人，垃圾收费应主要针对那些排出垃圾最多的厂家，而博物馆的收费应主要针对那些最经常参观的人。当然，收费对穷人会产生不良的再分配影响，特别是在那些税收融资的零价格服务领域里。若不用税收融资，这种服务（如教育）的费用就会很高，其再分配影响非常大。但是这些影响原则上可以通过向有关阶层提供（代替现金的）担保或额外的现金补助来抵消。相反，站在效率的角度来看，常常支持税收融资的零价格服务，至少对于那些通常由中央以下政府提供的服务而言是如此。因为如前所述，这些服务通常具有共用产品特性，或具备外部性及零边际成本的特征，这些都意味着热衷于传统市场的任何举措都会导致市场失灵。

3. 我国的地方转移支付制度

地方转移支付制度在经济和政治生活中都有着重要的作用和地位，我国地方转移支付的办法、支付的形式和数额情况如下：

过渡期转移支付办法的确定。财政部于1995年度办理与地方财政结算时，正式推出了《过渡期转移支付办法》。这一办法是在不调整各地既得利益的前提下，从中央财政的收入增量中拿出一部分资金，重点缓解地方财政运行中的突出矛盾，其技术性设计上的基本特点是把各地“财力”低于“标准支出”的差距，作为确定转移支付数额的基础。同时适当考虑各地的收入努力程度及支出结构，并对民族地区增加政策性转移支付。1996年和1997年，《过渡期转移支付办法》进一步规范化，改进了客观性转移支付的计算办法，以“标准收入”替代“财力”因素。

转移支付的形式。我国现阶段的政府间转移支付的形式可划分为无条件转移支付和有条件转移支付两类。在正常情况下，无条件转移支付是政府间转移支付制度的主体，其数额通常根据地区均等化目标加以设计，目的在于促进基本公共服务的地区均等化，所以有时又称为均等化补助。无条件转移支付主要有中央对地方的税收返还、体制补助、结算补助等。另一类是有条件转移支付，或称专项拨款。这里的“条件”是指上级政府要求下级政府必须达到一定的标准，才可得到这笔转移支付。我国目前的有条件拨款及专项补助有上百种之多，大致可以分为三类：第一类主要对地方经济发展和事业发展的项目补助；第二类是特殊情况的补助，如自然灾害的补助；第三类是保留性专项拨款。

转移支付数额的确定。目前，在我国政府转移支付中，4/5 属于无条件转移支付，有条件转移支付不到 1/5。在无条件转移支付中，中央对地方的税收返还占 80%左右。因此，我国政府间转移支付的数额确定主要是确定中央对地方的税收返还额。中央政府对地方政府的返还数额以 1993 年为基期年核定。1994 年以后，税收返还额在 1993 年基数上逐年递增，递增率按全国增值税和消费税的平均增长率的 1∶0.3 系数确定公式化的转移支付制度，它是 1995 年起实施的一种新的分配方式。这种方式主要采用数学公式即“公式法”来估算地方财政能力和支出需要，以决定中央对地方的转移支付，这是我国政府间财政转移支付制度规范化的一个重大进展。但由于支付额度较小，仅占中央财政收入 0.5%左右，与实际转移支付需要相差悬殊，作用甚微。

4. 我国地方转移支付制度有待完善

自从施行建立在分税制基础上的财政转移支付制度以来，有效地缓解了地方政府财政支出的压力，对地方经济的发展起到了积极的促进作用。但是就目前的情况来看，地方转移支付制度仍存在一些问题：

转移支付资金有限，各省的财力差距较大。虽然中央划拨各省的转移支付资金已具相当的规模，但与现实需求相比，尚有较大的资金缺口，而且各省的财力差距越来越大。这有三方面的原因，一是中央给予省级政府转移支付的资金过少；二是省级政府财政规模有限，分税制改革使中央从增量收入中分得较多的份额，而省级财政的份额较少，又由于存在“原体制上解继续上解”的做法，使得省级财政还得向中央上缴一部分收入，进一步削弱省级财力；三是各省由于所处地理位置、自然资源以及历史的原因导致了经济发展的不同步，差异较大，在现有的分税制度下，各省财政财力差距更加扩大。经济发展落后省份的财力贫乏会导致该省份的地方转移支付资金的缺乏和县级财政的困窘。

地方政府间财权和事权不清，造成地方转移支付责任不清。合理划分地方政府间的事权和财权，是制定地方转移支付的重要依据。在财权划分上，省级财政把地方税系中税源充裕的税种划归己有，而把一些收入不高、征管难度较大的小税种划归市、县财政，但在事权的划分上，省级财政却往往把一些本属于自己承担的责任下放到市、县。

地方转移支付没有起到保证最低社会公共服务的作用。地方转移支付的实施在某种程度上促进了地方间财力的均等化，但地方转移支付的目标在于社会服务的均等化。目前，各省更多地将“保吃饭”作为一般转移支付的重点，即保证政府机构的维持性支出和正常的机构运转，还没有财力顾及到保证一些具体的、应该普遍享受的社会公共服务，如教育、公共卫生、医疗保障等，转移支付的最终目标应该是要保证人人享有最基本的公共物品和公共服务。

地方转移支付方法不科学，转移支付缺乏透明度和公开性。我国目前的地方转移支付制度大部分实行的是因素法，按照因素法原理设计转移支付制度，首先需要合理科学地测算出标准收入和标准支出，但实际上在测算其过程中由于技术水平、地理因素、经济水平等因素，存在很多困难，计算结果往往与实际相差很远。另外，省级财政向下级政府转移的资金具有随意性，非透明性，缺乏规范性和稳定性，公众对转移支付的规模和结构等并不知情。

上述不足将会是下一步我国地方转移支付进一步完善的着力点。

六、地方政府公共财政预算与支出的效果评价

地方政府的公共财政预算和支出是政府从事资源配置活动的主要决策安排，它反映了地方政府的活动方向、活动内容和活动规模。预算管理的好坏，支出的优劣直接影响到地方政府所能提供的公共物品的数量与质量的高低。因此地方政府公共财政的预算与支出是存在效率问题的。

1. 公共财政效率的涵义

地方政府在进行决策时要以地区的社会福利最大化为目标，而不像私人部门那样仅以利润为目标。社会福利的最大化包括效率和公平两个方面。按照帕累托的最优效率原则，任何增进一部分社会成员的福利而又不损及其他社会成员的利益的安排才是有效率的。但对于任何一个政府项目，成本总是客观存在的，政府支出项目的实施必然要损及某些社会成员的利益，因此需要对效率原则进行一定的变通：只要某一政府活动能够使“得者之所得超过失者之所失”，就可以被看做是有效率的。

公共财政的效率包括两个方面的内容：一是配置效率，二是X负效率。

公共财政的配置效率是指若干公共财政的资源配置是按照消费者对于最终产品的偏好和预算限制进行安排的，就实现了资源配置的帕累托效率。理论的逻辑是：无论是对于私人品还是公共物品的需求，都应该由消费者的偏好来决定（当然是在消费者一定的收入预算约束下），如果确实按照这种需求实现了资源的配置则是有效率的。

公共财政的X负效率，即公共部门提供公共物品的生产效率，关键是在配置效率的要求下，公共部门以尽可能少的成本提供尽可能多的用以满足人们需要的公共物品。反之，作为公共物品或者混合品提供者的公共部门没有按照最低成本进行提供，那么这个体制中就存在

X负效率。

2. 影响地方政府公共财政预算和支出效果的因素

影响地方政府公共财政预算和支出效果的因素主要有政治因素、管理因素和技术因素。

政治因素。政府的公共预算是政治程序的产物，因此，政府的公共预算取决于政治结构。按照公共选择理论，在政治结构中，处于决策地位的是政治家。但是政治家必须得到当地民众的拥护才能够巩固政治，所以政治家的决定必须符合当地民众的需求。显然，民众的偏好在不同的政治结构下表达的能力各有大小。一个好的政治结构应该有利于民众的偏好表达。如果把地方政府作为一个组织来分析，那么地方政府机构可以被视为履行决策（公共预算）的执行机构。地方政府按照决策（公共预算）把资金提供给职能部门（主要是地方公共行政部门以及作为政府职能延伸的事业公共部门）去完成，地方政府相当于出资人，职能部门应该按照地方政府的意图提供公共物品或混合品。在这个过程中存在类似于公司的一系列委托—代理关系。无疑，委托人的行为取向、机构效率、机构规模等将直接决定公共财政的配置效率和X负效率。

管理因素。公共预算与支出在过程中是否偏离了公共预算的目标，偏离的幅度有多大，这其实是管理问题。因此，预算与支出管理的好坏在很大程度上决定了地方政府公共预算与支出的效率。影响预算决策效率的管理因素包括收入管理和支出管理。就财政的收入管理而言，主要涉及税费的征收制度、收税（费）成本等，因为税制一般由国家税法明文规定，地方政府的决策影响较小，因而本节对地方政府财政预算的管理事实上只集中在公共支出的管理方面。公共支出管理涉及地方政府预算资金的管理和调度、支付和使用等基本内容，它将对地方政府的预算效率产生重要的影响。

技术因素包括预算的编制形式和成本—效益分析技术。

预算的编制形式。预算本身是一种计划，因此是一种技术组织形式，不同的预算编制方法会带来不同的资金使用效果。在此介绍几种比较高效的预算编制形式：

设计—规划—预算制度是制定目标、找出可选途径、确定最佳途径的预算形式。设计—规划—预算的主要步骤是：确定目标，找出不同的实现途径，确定不同途径的成本和效益，根据不同途径的成本效益确定排序，选出最佳方案，以最佳方案编制预算。设计—规划—预算的优点是有明确的目标和详尽的计划，加强了预算的行政管理，使政府的资金能够比较合理、高效地使用，同时，也把各种信息实时地提供给了管理者，便于监视预算的进展情况以及评估项目的效率。但运用设计—规划—预算方法要求比较完备和复杂的计量技术，因此只能在某些部门的局部支出中使用，不能在地方政府的全部预算中运用。

业绩预算是地方政府先制定有关的事业计划和工程计划，在成本—效益分析的基础上确定实施方案所需要的支出费用，然后编制预算。具体的做法是：各个职能部门做出自己的事业或工程计划，通过对各项计划的最终产品成本及目的进行衡量并评估其业绩。在一定的业绩要求下，成本越小则说明资金的使用效率越高，则该预算方案越佳。业绩预算改变了传统预算重投入而忽视产出的做法，重视对预算支出的效率考察，提高了资金的使用效益。

专用基金预算是地方政府用作特殊用途的经济调节资金的预算。作为复式预算一部分的专用基金逐步从资本预算中分离出来，原因是资本预算形式逐步多样化，预算管理日益精细。许多投资项目和专款专用项目实质上属于预算资金，独立出来以后用基金的形式进行管理，以此提高资金的使用效率，强化监督。

成本—效益分析技术。在既定的财政收入约束下，确定了财政支出的范围后，有必要关注特定的支出用途或规划的配置问题：如何确保以合理的投入实现较高的产出，并达成意欲的目标。这是财政学中非常重要的财政绩效(fiscal performance)问题。20 世纪 30 年代以后发展起来的成本—效益分析技术目前已广泛地运用到很多国家的政府财政预算和财政支出效果的评价之中了。

尽管从狭义的角度上进行成本—效益分析被认为是针对某些特定的公共支出项目。但实际上，成本—效益分析可以作非常广泛的理解。广义的成本—效益分析包括了各种不同的经济学、管理学的评估方法，它是各种具体方法的总称。为保证公共部门活动的效率、公平和必要的透明，政府的一切活动原则上都应该建立在成本—效益分析的基础上，地方政府的公共财政预算与支出的活动也不例外。从经济学的角度讲，只有在证明政府的公共活动实际效益超过了成本的时候，政府介入经济才是有正当理由的，否则，这些活动最好留给私人部门去完成。

成本—收益分析是一种经济决策方法，它通过比较各种备选项目的全部预期收益和全部预期成本的现值来评价这些项目，以作为决策参考或者依据。进行成本—效益分析一般经过四个步骤：第一，确定一系列可供选择的方案；第二，确定每种方案的最终结构，也就是每种方案所需要的投入量和将会出现的产出量；第三，对每一种投入和产出进行估价，确定其价值；第四，汇总每个项目的所有成本和收益，以估计项目总的获利能力，最终决定采用的方案。

公共部门成本—效益分析法的特点是，许多政府项目的投入和产出不能直接用市场价格来估计。这主要是由两个因素决定的：一是与许多政府项目分析相联系的市场价格根本不存在或者无法衡量，因为政府提供的大部分产品不是在市场上进行交易的，比如市场上并不存在时间的价格、自然资源的价格、生命的价格等等；二是考虑到市场失灵现象的存在，在许多场合，市场价格并不能反映相关产品的真实社会边际成本或社会边际收益。由于成本—效益分析本身并未发展成一项完善的技术，想要用其准确评估政府财政预算和支出的效果是有一定缺陷的。

3. 提高地方政府公共财政预算和支出效果的途径

既然地方政府公共财政预算和支出的主要影响因素是政治的、管理的和技术的，因此相应地提高财政预算和支出效果的途径就包含这三个方面。

在政治因素方面，包括政治结构和政府职能机构的激励约束机制。①

在不同的政治程序中，预算决策所能反映的公众需求偏好的程度不同，其政府的预算和支出效率就会不同。为了消除政府政治结构对于资源配置的低效率影响，必须加强民主政治制度的建设，在制度上保证当地民众对于公共物品的需求能够尽量进入到决策层的视野，并且通过良好的决策程序把每个个体的私人偏好汇总为公共的偏好。

要解决公共部门提供公共物品高成本、低效率的现象，确保政府职能机构的充分有效的运作和管理者尽职尽心的工作，关键在于职能机构的组织建构和激励约束机制。通过职能机构的组织构建，一方面精兵简政，消除政府机构的臃肿，使机构人员减少的同时降低运行成本；另一方面职能机构内部要重视量化考核，以便在职能机构和出资者之间尽可能签订精细的合同来对管理者和实施者的行为进行必要的激励与约束。

在管理因素方面，包括编制完整统一的公共支出预算，完善政府采购制度和逐步引入竞争机制。公共支出预算的安排要从满足当地社会的共同需要出发，而不受个别部门的利益或集团利益的左右。因此，地方政府的全部支出应该纳入公共预算，以便社会公众和立法机构进行监督；要完善政府采购制度，确保地方政府预算资金的统一使用，降低地方政府的采购成本，提高政府预算资金的使用效率；要在公共支出模式中引入私人企业或者扩大公共项目的承担机构范围，通过竞争、招标等外在压力来提高公共部门财政资源的配置效率与生产效率。

在技术因素方面，尽管成本—效益分析并非十全十美，它不可能解决所有的公共预算与支出中的效果问题。但是，成本—效益分析能够促使决策者考虑公共项目和公共机构的成本，而不仅仅考虑"支出需要"；也促使决策者在考虑支出的效益后才决定是否"值得花钱"，而不仅仅是考虑开支的总额有多少。从技术的角度看，成本—效益分析能

① 李春根、廖清成：《公共经济学》，华中科技大学出版社 2007 年版，第 233 页。

够提供较为清楚的各种备选方案在货币收益、就业、减轻贫困等多方面的有价值的信息，从而为地方政府实现决策的科学化，减少决策的随意性和防止决策失误造成损失方面，提供实用的工具。因此，虽然存在着目标上的多重性和技术上的难题，成本—效益分析法仍然是地方政府提高预算和支出效率的一项重要手段。

第十章　地方政府财务的内部和外部审计监督

地方财政制度建设的目标在于实现财政管理的制度化、规范化和科学化，建立一种结构合理、管理规范、约束有力、讲求效率的财政管理新机制，从而在制度上铲除腐败滋生的土壤。因此，地方政府必须建立健全财务管理制度，加强内部和外部的审计监督。

一、地方政府财务管理目标、内容和存在的问题

地方政府财务管理是指运用价值形式对以政府公共部门为主体的财务活动和所体现的财务关系进行的管理。具体包括预算管理、收支两条线管理、国库集中收付管理和政府采购管理等主要内容。地方财务管理制度改革是构建社会主义公共财政的基础性工程，也是从源头上预防和治理腐败工作的重要举措。

众所周知，地方政府作为非营利组织，其财务管理的目标并非实现利润最大化，资金的获得和有效使用才是政府最应该关注的。所以，日本学者川口清史认为，非营利组织财务管理的目标可以描述为：获取并有效使用资金以最大限度地实现组织的社会使命。具体来说，地方政府财务管理不仅需考虑经济领域方面，还需要考虑政府的政治目标、社会稳定、上级机关的认同等问题。政府财务管理的目标不是单一的，而是一个目标体系，与普通财务管理相比，其范围更广、难度更大。因此，我们认为地方政府财务管理的目标可表述为：为达成特定公共目标，通

过特定的组织形式和制度，完善以绩效管理为核心的财务核算与监督体系。

地方政府财务管理工作的主要内容是：合理编制预算；依法组织收入；提高财政资金的使用效益；建立健全财务监督制度；处理好本部门与财政部门之间的关系、政府垂直的行政层次之间的关系、同级政府内部各部门之间的关系等。

从我国近年地方政府财务管理制度改革的效果来看，财政资金分配使用的规范性、安全性和有效性有了较大的改善，财政管理制度从源头防治腐败的功能得到了强化，但改革也还面临着一些困难和问题。主要表现以下几方面：

(1)政府财政预算体系尚缺乏统一性和系统性。在部门预算方面，预算编制的准确性和预算约束力不强。同时，政府的预算各自为政，没有形成一个统一的预算体系。最为突出的问题是，在项目支出预算编审过程中，监督意识及机制都较为薄弱，绩效观念并未被广泛重视。

(2)未建立起有效的资产管理制度。在现实中，由于政府公共部门资产的非经营性，多数地方政府在资产的购买、使用和处置等环节中，不计成本，不问效益；只重购置，不重管理；只反映支出，不反映存量及其质量状况；只注重财政预算的安排和经费的追加以及占有、使用和处置资产，而不重视现有资产的合理使用和管理等。更有甚者，视国有资产为“私有”财产，处置随意，导致国有资产大量流失和浪费。

(3)在国库集中收付制度方面，大多数二三级预算单位还没有实行集中支付，大量财政专项资金没有纳入集中支付范围；市县级财政部门国库集中支付制度改革进度不平衡，财政资金账户没有实行由财政国库部门统一管理，财政专户设置及管理情况有待进一步完善。

(4)在收支两条线管理方面，政府非税收入重“收”轻“支”的现象仍普遍存在，导致资金使用效率低下。同时，由于监督机制的不完善，未纳入部门综合预算的非税收入，往往也没有实行国库集中支付、政府采购以及绩效评价，形成了腐败滋生的土壤。

(5)在政府采购方面，由于绩效管理观念的缺失，政府在采购预算编制过程中不够准确和细化，计划性不强，存在随意性和不确定性。各级政府部门对采购结余资金的处理随意性较大，政府采购的政策功能未能得到应有的发挥。

(6)政府部门内部控制的薄弱，使绩效预算管理尚不能有效实施。从我国预算管理改革的方向看，将逐渐从传统的预算管理转变为绩效预算管理，这必然要求政府部门建立高效的内控体系，对结果进行监控。但从近年来各级审计机关发现的大量政府部门违法违规的现象看，内部约束、监督和检查都非常薄弱，这对实现绩效预算管理目标无疑是个重大的障碍。

二、改进和完善地方政府财务管理制度

地方财政管理制度建设的目标在于实现财政管理的制度化、规范化和科学化，建立一种结构合理、管理规范、约束有力、讲求效率的财政管理新机制，从而在制度上铲除腐败滋生的土壤。因此，地方政府财务管理制度的建立健全，主要应从以下方面入手：

第一，全面推行部门预算，加快预算管理的制度化、规范化、科学化。通过政府预算的编制、审查、执行和决算，严格控制每一分钱的申请、使用和决算各个环节，保证政府的收支行为从头到尾置于立法机关和社会成员的监督之下。大力推行国库集中支付制度，使预算单位每一笔资金的使用都透明化，实现对财政资金流向、流量的全程监控。防止了国家财政资金在使用上被层层截留挪用、损失浪费、效率低下的问题。推行完整的预算观念，防范预算外资金的滥用。

第二，坚持加快建立财政资金绩效评价管理新机制，提高财政资金使用的安全性、规范性和有效性。强化和完善财政绩效评价工作职能已成为财政改革的重要组成部分。绩效评价通过明确财政支出的绩效目标，用一系列指标来细化、强调财政支出所要达到的效果和效益，探索面向结果的管理理念和管理方式，丰富了财政资金管理的内容，符合公共财政改革的发展要求。

从财政支出绩效评价工作的成效看，一方面，通过逐步建立起鼓励先进、鞭策落后、奖惩配比的财政支出管理机制，减少并防止无效支出、盲目支出、不规范支出等行为发生，使整个财政资金的配置和运行合理、高效，能有力地促进财政资金分配使用效益的提高以及公共财政体制的完善。另一方面，开展绩效评价，可以引导各部门、各单位提高行政效率和能力，提供更多更好的公共物品和公共服务，保障公共事业的发展，也有利于增加财政支出的透明度，从源头上预防腐败，促进廉政建设。

第三，完善资产管理制度。政府公共部门的非经营性资产应当实行价值形态与实物形态的双重管理。这就要求我们不但在账务中对资产的取得、使用和处置进行严格的核算，更要求我们在日常资产管理过程中，加强实物资产质量和效率的管理，保障公共资产的安全和完整。

第四，在技术上，加强信息化建设力度，通过利用先进的信息技术手段，搭建以预算编制、国库集中收付和宏观经济预测为核心应用的政府财政管理综合信息系统。

事实上，信息化建设不仅仅是技术问题，更是管理问题，是对财政管理和整个财政系统建设的一次整合，它从源头上，从机制上，化解了冲突与对抗，实现了效率和透明，提升了工作效能，强化了预算约束，规范了财政管理，统筹了政府财力，促进了整个政府财务管理制度的进步。

三、加强地方政府财务内部审计监督的重要意义

《中华人民共和国审计法》第二十九条规定："国务院各部门和地方人民政府各部门、国有的金融机构和企业事业组织，应当按照国家有关规定建立健全内部审计制度。"而随着我国民主化进程的推进和加强政府责任的呼声日益高涨，政府内部审计也变得日益重要和必要。但从现实看，建立政府内部审计机构的部门并不多，从业人员也较少。即便

设立了内部审计机构，也因认识问题，大大限制了其工作范围，使其未能发挥出应有作用。也正因为如此，大力发展和完善政府内部审计也就显得格外重要，它是我国审计体系不可忽略的一部分。

地方政府内部审计监督是由部门、单位内设的审计机构从内部对其财务收支的真实性、合法性和效益性进行的审计监督。与外部审计监督相比，它具有服务内向、程序简单、范围广泛、工作独立性差等特点。

对于地方政府而言，内部审计具有双重任务：一方面要对部门、单位的收支等经济活动进行监督，促使其合法合规；另一方面要对社会，部门、单位的领导负责，保证地方政府财务的公开与透明。特别是在政府部门民主化进程不断进步的今天，公众对行政公开有了越来越高的要求，这也使内部审计监督的作用日益突出。

1. 监督政府部门各项制度、计划的贯彻情况，为本部门、本单位领导了解预算执行情况，评估绩效提供依据

现代政府内部审计已经从一般的查错防弊，发展到对内部控制和绩效管理的审计，涉及财政收支的各个环节。内部审计不仅可以确定本部门、本单位的活动是否符合国家的经济方针、政策和有关法令，又可以确定部门内部的各项制度、计划是否得到落实，是否已达到预期的目标和要求。通过内部审计所搜集到的信息，如收支情况、预算偏差、违规情况等，或发现的某些具有倾向性、苗头性、普遍性的问题，都是部门本身做出决策的重要依据。

2. 揭示地方政府财务管理的薄弱环节，促进部门、单位健全内部控制机制，实现政府部门的有效治理

在社会主义市场经济条件下，各部门、单位的活动不仅要受到国家财经政策、财政制度和法令的制约，而且要遵守本部门、本单位内部控制制度的规定。内部审计机构可以相对独立地对本部门、单位内部控制情况进行监督、检查，客观地反映实际情况，并通过这种自我约束性的检查，促进本部门、本单位建立、健全内部控制制度。

同时，在民主政治、公共财政透明化和政府财务活动有效性及效率性的约束下，要求政府部门必须改变职责履行方式，强化责任意识和绩效意识，加强自我监督和约束，完善政府部门的治理机制。目前，我国政府部门内部审计正是加强政府部门治理的一个重要工具。

3. 内部审计监督是实现绩效预算管理的根本保障

实行绩效预算，就是根据成本效益比较的原则，决定支出项目是否必要及其金额大小的预算形式。具体来说，就是要求有关部门先根据欲从事的事业计划和工程计划制定战略规划和绩效目标，再依据政府职能和施政计划选定执行实施方案，确定实施方案所需的支出费用所编制的预算。也就是说，在赋予部门使用预算资金的权力，强调部门为实现绩效目标的预算执行的自主性和灵活性的同时，引入权责发生制会计和政府绩效评价制度，进行成本核算和绩效衡量，将部门绩效实现情况作为下一个年度预算决策的依据。这实际是一种结果导向型的管理方式。通过建立和完善政府部门内部审计，不仅有利于预防和纠正目前预算执行中存在的违法违规问题，而且可使绩效预算、权责发生制会计等一系列结果导向改革的目标得以顺利实现。

4. 内部审计监督制度是监控政府部门财产的安全，完善资产管理的重要制度

内部审计通过对财产物资的经常性监督、检查，可以有效及时地发现问题，指出财产物资管理中的漏洞，并提出意见和建议，以促进或提醒有关部门加强财产物资管理，保证财产物资的安全完整。

5. 通过内部审计，可以完善我国的审计监督体系，加大监督力度

政府部门内部审计机构与审计机关开展审计的目的是一致的，都是为了促进政府部门规范管理，提高财政资金使用效益，实现政府管理的目标。作为政府部门的一种内部自我约束机制，内部审计越有效，政府部门出现违法违规问题和绩效低下问题的可能性越小。发展和完善政府部门内部审计，就等于在审计机关之外，又多了一堵防火墙，一定程度上弥补了审计机关审计力量不足的缺陷。审计机关与政府部门内部审计一道，可以形成审计合力，在规范政府部门管理、提高财政资金使用效益等方面更加有效地发挥作用。

四、地方政府内部审计监督的收支审计和经济责任审计

从传统意义上说，地方政府财务内部审计监督的内容主要就是进行日常的财政财务收支审计，但随着政府部门治理的不断变革，经济责任审计和绩效审计的地位和作用日益重要，构成了目前政府内部审计不可或缺的组成部分。

对于大多数地方政府来说，内部审计最基础和最重要的工作就是进行日常的财政财务收支审计，主要针对本部门、本单位及所属各部门、各单位财政财务收支进行的真实、合法和效益审计，从而帮助被审单位改进财政财务收支工作。由于各部门、各单位的资金来源状况及资产、负债管理情况不尽相同，内部审计的重点也各不相同。对有国家财政资金介入的部门、单位，不仅要审查其自身财务状况，还须重点检查财政资金的使用渠道和使用方向。我国对地方政府财政收支实行内部审计监督的制度，对强化审计监督在国家财政经济工作中的地位，健全和完善政府审计监督机制，提高审计监督工作的层次和水平，推进审计工作走向法制化、制度化和规范化，具有重要的现实意义。

2006 年 2 月经第十届全国人民代表大会常务委员会第二十次会议修订通过的《中华人民共和国审计法》明确了经济责任审计的法律地位。2007 年 10 月召开的党的第十七次全国代表大会也将健全经济责任审计制度写入了十七大报告中。经济责任审计是指通过政府内设的审计机关，对国家机关、事业单位、国有企业及金融机构的主要负责人有关经济责任的履职情况进行审计考察，从而达到监督管理领导干部

之目的。由此可见，经济责任审计在同样履行受托监管的职能外，还有一层政府对所管干部自查自纠、考察监督的意味。经济责任审计正是通过审计来正确检查评价干部任职期间履行经济职责、遵纪守法等情况，其结果为干部部门调整、任免领导干部提供依据，并借以促进干部管理制度的完善。

内部经济责任审计不同于国家审计对县以下的党政领导干部和国有大中型企业法定代表人离任审计，具有独立性、权威性、严肃性和一定的强制性，它主要取决于部门单位领导决策与指令，具有被动性、附属性、依赖性和一定的局限性。也正是这些特点，决定了提高内部经济责任审计水平，必须处理好以下问题：

第一，建立一套完整、合理的内部经济责任审计评价指标。对领导干部进行审计评价一定要从实际出发，依据单位的性质及其特点，合理确定评价指标。指标数量不宜过多，要选择最能客观、准确地反映领导干部业绩，与责任目标有关的指标作为评价指标。

第二，合理运用审计结果。经济责任审计能否发挥应有的作用，关键在于审计结果的正确处理和运用。为了防止出现审计结果运用不落实的弊端，应从以下几方面来完善经济责任审计结果的运用：一是对审计结果的运用要讲究方法、区别对待，慎重确定使用方式。二是在干部监督管理上，除了实行经济责任审计制度外，还要实行任职公示制度。三是要把审计结果作为考核干部的重要依据，运用审计的量化结果客观、公正地评价干部的功过是非。

第三，加强经济责任审计风险管理。这种风险主要源于制度因素。首先是经济责任审计法律、法规不完善；其次，对各级政府干部经济责任的评价指标体系模糊不统一；再次，经济责任审计承诺制度缺失；最后，没有建立审计联席会议制度，经济责任审计缺乏联动性。

五、地方政府内部审计监督的绩效审计

财政财务收支审计是内部审计的基础，绩效审计则是内部审计发

展到现阶段的特殊内容。而且，随着我国经济社会发展，转变政府职能，提高政府绩效，强化政府责任，成为建设社会主义法制国家的客观要求，政府绩效审计应运而生。

绩效审计是指对政府事业、项目、组织是否经济、高效率、有成果地运作的程度进行独立评价和检查，目的是为公共措施的执行和后果提供相关的信息。内部审计人员在财务收支审计的基础上进行绩效审计，有诸多方便之处：一是熟悉本单位情况，可以有针对性地做深入细致的调查工作；二是有足够的时间深入财务工作的各个环节，及时取得有关资料和信息；三是内部审计的相对独立地位，有利于提供客观、真实、可靠的信息。

1. 绩效审计的主要目标

绩效审计的主要目标：一是向政府中的决策者和社会提供信息来加强行政部门的责任；二是改进政府部门的质量，其方法是鼓励和促进更好的计划工作得力的管理方法，建立适当的综合信息系统，经济有效地使用资源。对原有方法不断进行评估，用适当的办法改进缺点，以达到预期目标。从其发展趋势看，绩效审计将由单纯的评价逐步扩大到防范管理漏洞，提高被审单位的自控能力，促进其进一步提高工作绩效。

可以将绩效审计目标分为一般目标和具体目标两个层次。一般目标定为审查、评价被审计对象经济活动的经济性（指节约地取得一定数量和质量的经济资源的程度）、效率性（指从投入与产出的比较关系上反映经济资源的有效利用程度）和效果性（指经济活动目标和结果的实现程度），即 3E 审计。具体目标则反映绩效审计的个性或特殊性，是一般目标在特定社会、政治、经济环境下的具体表现。

2. 完善政府绩效审计的评价体系

政府绩效审计离不开对其所辖地区（部门）管理结果的分析和评价，所以建立一套完善的评价体系是必不可少的前提条件。一方面，要对行政机关自身经费使用的经济性进行评价，即审查行政机关对各项经费的使用是否节约；另一方面，更重要的是要对行政机关资金使用的效果性进行评价，也就是对行政机关管理活动的绩效进行审查。我们可通过以下指标进行评价：

评价行政机关人员经费的使用效益：

$$\text{本年人均经费}=\frac{\text{本年实际经费支出数}}{\text{本年平均人数}}$$

评价行政机关办公经费的使用效益，包括：

$$\text{比上年经费节约率}=\frac{\text{本年实际支出总额}-\text{上年实际支出总额}}{\text{上年实际支出总额}}\times 100\%$$

$$\text{比预算经费节约率}=\frac{\text{本年预算经费}-\text{本年实际经费}}{\text{本年预算经费}}\times 100\%$$

$$\text{经费自给率}=\frac{\text{自筹经费数}}{\text{实际使用经费数}}\times 100\%$$

$$\text{单位工作量费用率}=\frac{\text{实际支出费用数}}{\text{实际完成工作量}}\times 100\%$$

评价行政机关所辖地区(部门)管理效果：

$$\text{所属地区社会总产值增长率}=\frac{\text{本年社会总产值}-\text{上年社会总产值}}{\text{上年社会总产值}}\times 100\%$$

$$\text{所属地区国民收入增长率}=\frac{\text{本年国民收入总额}-\text{上年国民收入总额}}{\text{上年国民收入总额}}\times 100\%$$

$$\text{所属地区引进外资增长率}=\frac{\text{本年引进外资总额}-\text{上年引进外资总额}}{\text{上年引进外资总额}}\times 100\%$$

$$\text{所属地区出口创汇增长率}=\frac{\text{本年出口创汇总额}-\text{上年出口创汇总额}}{\text{上年出口创汇总额}}\times 100\%$$

评价所辖地区(部门)的利税上缴的计划完成情况：

$$\text{本年利税完成率}=\frac{\text{本年实际上缴利税数}}{\text{上年上级下达利税指标数}}\times 100\%$$

行政机关对群众来信来访的处理情况：

$$\text{群众来信来访处理率}=\frac{\text{本年已处理来信来访件数}}{\text{本年来信来访总件数}}\times 100\%$$

县(市)长经济责任审计除审查以上内容外，还应对财政收入增长、税费上缴增长同 GDP 增长是否一致、财政结构比率进行分析；对贯彻落实国务院及国家其他法律法规条例规定情况进行检查；检查关系国计民生的热点，如社会保障、劳动就业等问题展开调查分析；评价行政机关所辖地区(部门)经济发展规划的合理性和实施的有效性,可采用实地考察、听取汇报及咨询专家意见等方法进行评价;经济责任目标完成情况,应审查农民人均纯收入、农业、科技、教育投入、固定资产投资、用电变量、公路等级等,并注明数字来源;审查重大经济决策情况,包括重大的对外投资、基本建设、引进外资等宏观经济管理措施及制度建设等;审查投资的程序是否合规合法,有无盲目投资、管理混乱,造成重大损失情况等。

3. 我国地方政府绩效审计存在的问题

我国绩效审计刚起步,由于公共管理体系的复杂多样,以及审计环境、审计主体的制约,给绩效审计带来了诸多困难,表现为:

第一,公共财政体制不健全,绩效审计观念淡薄,大多数部门仍以财务审计为主,导致绩效审计开展范围小、层次低。

第二,当前的绩效审计较多集中在财务成果的分析上,对经济管理活动本身所进行的审计评价缺乏深度。大多数单位对政府的效益审计没有展开,审计手段落后,事后审计居多。

第三,没有完整的绩效审计法律法规体系和科学可行的绩效审计评价标准。绩效衡量指标与评价体系是审计人员对效益的高低优劣进行评价或判断的标准,社会效益很难用定量指标来衡量,而定性指标有时难以保证公平。

第四,我国政府绩效审计的受托经济关系存在问题,导致绩效审计的独立性不够。

4. 我国地方政府绩效审计的改进措施

针对我国政府绩效审计开展过程中遇到的一系列障碍和问题,结合国内实际情况并借鉴国外的一些成功经验,可采用以下的应对措施予以改进。

第一,加强政府绩效审计的法律和相关制度建设。法律依据是深化和拓宽效益审计的关键和保证,要完善效益审计的法规体系,必须结合财政财务收支审计的审计准则，建立健全绩效审计的法规、规章，使审计有法可依，有章可循。另外，要加强审计制度建设，建立适合我国国情的绩效管理理论框架、方法体系及操作程序，使绩效审计系统化、规范化、科学化。

第二，建立一套科学可行的指标评价体系，使之成为审计人员对绩效优劣进行评价或判断的衡量标准。指标中应包括对经济效益、社会效益的评价，并结合定量和定性分析。

第三，完善绩效审计方法。在审计方法上，应不断吸取世界各国的先进经验，融入控制结构的战略性分析、组织行为学、国民价值增值分析等方法，加速智能化软件取证功能的开发，全方位提升审计技巧。

第四，处理好绩效审计与传统审计的关系。虽然开展政府绩效审计不能脱离传统的审计。但在实践中，我们一定要克服受旧思维定式的制约，使绩效审计立足于传统审计，却可以跳出传统审计的束缚。同时，如果发现被审计单位的财务收支活动严重不实，则应进行传统的真实性、合法性审计，再进行绩效审计。

六、发展和完善地方政府财务的内部审计监督应采取的措施

目前，我国《审计法》规定各单位和组织可根据实际工作的需要设置内部审计机构，对内审部门的组织机构及其权力与职责没有法律条文的严格规定，因而其法律地位处于一种不稳定状态。而从政府部门治理的客观要求看政府财政财务的内部审计势在必行，但实践中内部审计的有效实施尚存在着诸多问题，主要可概括为以下几方面：

(1)领导对内部审计工作重视不够，即便因制度要求设立了内部审计部门，也没能真正地履行审计的职能；

(2)政府部门治理结构的缺陷，导致内部审计机构独立性不足。政府内部审计制度是政府行政管理体制的一部分。在讲究“依法行政”的政府部门，内审机构缺乏独立审计的条件和环境；

（3）内部审计在机构设置、审计方法和模式、审计人员素质方面都较为滞后，导致审计质量不高；

（4）政府内部审计机构与国家审计机关和民间审计组织的协调不够，致使内部审计在信息处理、工作独立性上都有缺失。

因此，应该通过采取以下一系列行之有效的措施，发展和完善政府部门内部审计工作。

1. 积极完善政府部门内部审计的法律和规章

首先是修改关于内部审计工作的有关规定，增加对政府部门必须建立和完善内部审计制度的强制要求。其次是利用审计法、预算法、会计法等相关法律修改的机会，将有关政府部门内部审计明确写入法律。

2. 加强宣传教育，从思想观念上进一步提高对内部审计工作重要性的认识

国家审计机关要通过召开座谈会、举办讲座、进行审计工作培训等形式对政府领导、内部审计部门负责人进行宣传教育，提高他们对内部审计工作重要性的认识。政府领导、内部审计部门负责人也要努力学习审计知识和审计新方法，积极主动地抓好内部审计工作，充分发挥内部审计部门的职能作用。

3. 建立与政府部门治理结构相适应的内部审计的模式

众所周知，强化内部管理和控制，开展经常性的审计监督，客观上就需要一个地位相对独立、超脱的内部审计机构。如果在内部审计的机构和模式设计上不能保证其独立性，那么也就无从谈起审计效果的有效性。目前在我国地方政府内部审计的机构设置中，同体监督、防范体系单一是最突出的问题。由于任人唯亲现象的存在，使得一些地方政府上下级之间更多的是利益共享关系，而非监督与被监督之间的关系。至于设立的专门部门的监督防范，更是由于缺乏实质性的独立地位而形同虚设。另外，我国长期实行的议行合一的党委领导体制，党委

既是决策机关，又是执行机关，同时党内监督机关也在其领导之下，集党内三权于一体。因此，欲使地方政府中的内部审计真正发挥作用，必须使三权分离，使内部审计机构成为一个相对独立的部门，并提高其设置层次，方可最大化监督效果。

4. 加强与国家审计机关和民间审计组织的联系与协调

事实上，因为我国政府治理尚不完善，指望通过设置内部审计机构就解决所有监督问题并不可行，更多的还是应该由审计机关来推动和促进政府内部审计的责任。这就需要地方政府内部审计部门负责人应主动与国家审计机关联系，依法接受审计机关的监督指导，并向审计机关了解内部审计有关法律法规变化情况。同时，要经常保持与民间审计组织和其他企业审计部门的协调和联系，交流内部审计技术和方法。从而起到推动地方政府内部审计提高内部控制水平的作用。

5. 建立高素质内部审计队伍

其一，建立审计人员的准入和退出机制。建立审计人员的任职资格制度，严格准入条件，逐步实现统一的资格考试和持证上岗，提高审计队伍的整体素质。其二，建立审计人员培训体系，提高其职业技能。要形成一套行之有效的培训机制，不断提高审计人员的专业理论水平，提高审计人员业务素质和现场检查能力。其三，建立内部审计工作问责制度。明确内部审计工作责任追究、免责的认定标准和程序，加强审计尽职、履职情况的考核评价，提高审计工作的效率和质量。

七、地方政府财务的外部(审计)监督

地方政府财务的外部审计监督是指独立于政府机关和企事业单位以外的审计机构所进行的审计，以及独立执行业务会计师事务所接受委托进行的审计。由于这种审计是由本部门、本单位以外的审计组织以第三者身份独立进行的，所以具有公证、客观、不偏不倚的可能，因而

具有公证的作用。具体包括国家审计机关实施的政府审计和社会执业会计师进行的民间审计两类。

1. 内部审计监督与外部审计监督的关系

中国内部审计协会发布的《内部审计具体准则第 10 号——内部审计与外部审计的协调》，明确指出，所谓“内部审计与外部审计的协调”，就是指内部审计机构与会计师事务所、国家审计机关在审计工作中的沟通与合作。通过内、外部审计的协调，可以有效地减少重复审计，减低审计成本，提高审计的效率与效果。

内部审计在审计工作的范围、审计时间和费用等方面对外部审计监督都会产生积极的影响。

首先，从工作范围上看，内部审计的工作范围涵盖单位管理流程的所有方面，包括风险管理、控制和治理过程等，而外部审计更注重有关财务流程及与财务信息的内部控制，但外部监督需要使用内部审计中产生的各类信息数据以帮助寻找监督时的重点和范围。总体上内部审计可完成超过 25％的应由外部审计完成的工作量。

其次，在审计时间节约方面，根据国外学者研究，因信赖内部审计工作而使外部审计时间预算减少的百分比范围通常为 15％到 30％之间。

最后，从成本节约方面看，由于内部审计对外部审计师的帮助导致审计费用减少大约 10％。而且，外部审计师对内部审计的依赖越高，则外部审计费用就越低。

随着内外部审计工作范围的更多交叠重合，以及内部审计客观标准的不断提高，外部审计监督对内部审计有了更多的信赖。为了加强内外部审计监督的协调，应做好以下几方面工作。

第一，内外部审计关注会计系统和内部控制，如果外部审计监督认为内部审计采用了适当的方法进行风险评估并能提供内部控制健全性的保证时，就可以据此决定审计程序和重点范围，从而提高审计的效率。

第二，内外部审计都有揭示和防止舞弊的作用。这方面内部审计比外部审计有着更宽的角色，它可以执行系统审计包括对内部控制的健全性和有效性进行审计，像考虑财务经营系统审计的常规风险一样考虑舞弊的风险，内部审计也可以参与任何特定的舞弊的调查。外部审计则更为关注舞弊可能引起的财务报表重大误报的风险。

第三，在改进建议方面，提供整合治理报告内容方面的保证是对内部审计的要求，同时内部审计还可能对整合治理的程序进行检查和报告；外部审计则需要对整合治理的报告中有关内部财务控制方面的陈述进行检查。因此内部审计在编制整合治理报告中所起的作用和其关于整合治理方面的控制系统的意见，都会被外部审计在执行检查中加以考虑。

第四，在相互利用审计成果方面，外部审计关于单位内部控制制度的评审结果，特别是外部审计所指出的薄弱环节，内部审计要进行跟踪调查核实，看其是否已采取改进措施等。内部审计要利用外部审计发现的问题线索，确定审计的重点领域。内部审计要向外部审计提供所需要的审计成果，及时沟通情况，做到信息共享，扩大审计影响。

2. 对地方政府财务进行外部监督的必要性

地方政府财务活动的公共性、内部财务责任机制的先天不足和财务腐败的社会危害性决定了外部监督是非常必要的。

地方政府公共财务制度，不仅要有健全的、以绩效导向的公共预算制度，还要有健全的、科学规范的公共收入、公共支出、政府成本、公共投资、公共财产、公共债务管理制度和政府绩效考核制度。而且这些制度之间应当严密、相互衔接，避免由于政出多门而相互矛盾，从而形成公共财务制度链。也正因为如此，奢望仅仅通过内部审计监督就完成对政府这种复杂财务活动的监控并不现实，只有充分利用国家审计机关和社会审计组织更为独立的性质，才能有效地对地方政府财务起到监督作用。

政府内部财务机制的特点决定了外部监督不可或缺。当前，我国地方政府财务的特点是严格公共财政收支的管理；全面推行政府采购制度以提高政府公共支出的效率；建立规范的转移支付制度，实现地区公共服务的均等化；改革国库管理制度，建立国库单一账户管理体系，实行国库集中收付制度；深化预算管理改革，推行部门预算和综合预算管理制度。这些决定了政府财务活动运行有自身的利益追求和制度缺失可能。外部监督机制的建立，从制度上弥补了政府内部财务运行机制的缺陷，保证了政府财务活动的公正性和有效性。

外部监督是防范政府财务腐败的根本保证。腐败的产生，总是同一定的公共权力滥用密切相关的，领导干部违纪违法，对其权力监督不力是共性原因。当前，我国正处于社会主义市场经济初始阶段，新的权力监督制约机制尚未完全形成。因此，建立健全和完善外部监督制约机制，是改革体制、机制、制度，从源头上预防治理腐败的根本保证。

主要参考文献

1. A. B. 阿金特森、J. E. 斯蒂格里茨:《公共经济学》,蔡江南、许斌、邹华明译,上海人民出版社 1994 年版。

2. 奥尔森:《集体行动的逻辑》,陈郁、郭宇峰、李崇新译,上海三联书店、上海人民出版社 1995 年版。

3. 鲍德威、威迪逊:《公共部门经济学》,中国人民大学出版社 2000 年版。

4. 布坎南:《民主财政论》,穆怀鹏译,商务印书馆 1999 年版。

5. 曹荣湘:《蒂博特模型》,社会科学文献出版社 2004 年版。

6. 崔运武:《公共事业管理概论》,高等教育出版社 2006 年版。

7. 丹尼斯·缪勒:《公共选择》,王诚译,上海三联书店 1993 年版。

8. E. S. 萨瓦斯:《民营化与公共部门的伙伴关系》,中国人民大学出版社 2002 年版。

9. 高培勇、崔军:《公共部门经济学》,中国人民大学出版社 2001 年版。

10. H. 钱纳里、S. 鲁宾逊、M. 赛尔奎因:《工业化和经济增长的比较研究》,上海三联书店、上海人民出版社 1996 年版。

11. 哈维·罗森:《财政学》(第 6 版),中国人民大学出版社 2003 年版。

12. 江世银:《区域产业结构调整与主导产业结构研究》,上海人民出版社 2004 年版。

13. 马子红:《中国区际产业转移与地方政府的政策选择》,人民出版社 2009 年版。

14. 萨缪尔森、诺德豪斯:《经济学》,高鸿业译,中国发展出版社 1992 年版。

15. 斯蒂芬·贝利:《公共部门经济学:理论、实践和政策》,中国税务出版社 2005 年版。

16. 王雍君:《公共经济学》,高等教育出版社 2007 年版。

17. 王俊豪:《英国政府规制体制改革研究》,上海三联出版社 1998 年版。

18. 肖毅敏:《地方财政公共支出分析》,中央文献出版社 2007 年版。

19. 约翰·伊特韦尔、默里·米尔盖德、彼得·纽曼:《新帕尔格雷夫经济学大辞典》,经济科学出版社 1992 年版。

20. 杨全社、郑健翔:《地方财政学》,南开大学出版社 2005 年版。

21. 张帆:《环境与自然资源经济学》,上海人民出版社 1998 年版。

22. 张荐华:《政府经济学概论》,湖北人民出版社 1997 年版。

23. 藏旭恒、徐向艺、杨蕙馨:《产业经济学》(第三版),经济科学出版社 2005 年版。

24. 植草益:《微观规制经济学》,朱绍文译,中国发展出版社 1992 年版。

25. 中国内部审计协会:《中国内部审计规范》,中国时代经济出版社 2005 年版。

26. 周庆行:《公共卫生事业管理》,重庆大学出版社 2003 年版。

27. J. M. Buchanan, W. C. :"Stubblebine, Externality", *Economica*, Vol. 11, 1962, pp. 371 - 384.

28. Samuelson, P. A. :"The Pure Theory of Public Expenditure", *Review of Economics and Statistics*, Vol. 36, (November) 1954, pp. 387 - 389.

29. Samuelson, P. A. :"Diagrammatic Exposition of A Theory of

Pubic Expenditure", *Review of Economics and Statistics*, Vol. 37, 1955.

30. Tiebout, Charles. M.: "A Pure Theory of Local Expenditure", *Journal of Political Economy*, Vol. 64, (October) 1956, pp. 416 - 426.

后　记

这本《地方政府视角的公共经济学研究》，在经过两年多的努力之后，终于问世了。参加研究和写作的主要是云南大学经济学院和公共管理学院的老师和研究生。在写作过程中，参阅了大量国内外同行的相关文献，人民出版社对本书的出版给予了大力支持，责任编辑为本书的编辑出版花费了很多心血。在此，一并表示衷心的感谢！

本书的作者如下：

绪论（张荐华）

一、公共经济学理论与地方政府（陈涛）

二、地方性公共物品的供给与需求（马桑）

三、城市化与地方政府对城乡建设的管理（马子红、曾伟）

四、区域产业发展与地方政府产业政策（付庆华、马子红、曾伟）

五、地方政府教科文卫事业管理的经济学分析（侯江红、薛勇军）

六、地方政府人口、就业和社会保障管理的经济学分析（黄河、杨荣海、刘毅佳）

七、地方政府经济规制与市场监管（胡洪斌）

八、地方政府公共财政收入管理的经济学分析（秦成逊、刘翔涛、胡峰）

九、地方政府公共财政预算与支出的经济学分析（蒋冠、马桑）

十、地方政府财务的内部和外部审计监督（毕冶）

在上述作者对书稿反复修改完善的基础上，我与马子红博士和马桑博士对全书加以统稿、修订，统一了格式体例，尽管如此，书中仍难免有错误纰漏之处，恳请读者不吝批评指正。

张荐华

2010 年 1 月于昆明

策划编辑:郑海燕
封面设计:周文辉
责任校对:张杰利

图书在版编目(CIP)数据

地方政府视角的公共经济学研究/张荐华 马子红 马桑 等著.
-北京:人民出版社,2010.7
ISBN 978-7-01-009071-9

Ⅰ.①地… Ⅱ.①张… Ⅲ.①地方政治-公共经济学-研究-中国
Ⅳ.①F127

中国版本图书馆 CIP 数据核字(2010)第 122239 号

地方政府视角的公共经济学研究
DIFANG ZHENGFU SHIJIAO DE GONGGONG JINGJIXUE YANJIU

张荐华 马子红 马桑 等著

人民出版社 出版发行
(100706 北京朝阳门内大街 166 号)

北京瑞古冠中印刷厂印刷 新华书店经销

2010 年 7 月第 1 版 2010 年 7 月北京第 1 次印刷
开本:710 毫米×1000 毫米 1/16 印张:17
字数:240 千字 印数:0,001—3,000 册

ISBN 978-7-01-009071-9 定价:35.00 元

邮购地址 100706 北京朝阳门内大街 166 号
人民东方图书销售中心 电话 (010)65250042 65289539